高等职业教育公共素质教育类系列教材

劳动教育与实践

LAODONG
JIAOYU YU SHIJIAN

主　编　朱忠义
副主编　禹　云　晏　然
参　编　谢　明　钱朝军　周莎莎
主　审　龙　伟

北京理工大学出版社
BEIJING INSTITUTE OF TECHNOLOGY PRESS

内 容 提 要

本书紧贴国家劳动教育方针，对劳动教育进行了系统的论述。全书共六章，主要包括崇尚劳动、弘扬劳动精神、践行劳模精神、培育工匠精神、提升劳动素养、加强劳动保障等内容，对劳动教育具有很强的理论和实践指导意义。

本书可以作为高等职业院校学生通识教材，也可以作为广大读者的参考读物。

版权专有　侵权必究

图书在版编目（CIP）数据

劳动教育与实践 / 朱忠义主编.—北京：北京理工大学出版社，2020.9（2021.8 重印）

ISBN 978-7-5682-9057-9

Ⅰ.①劳… Ⅱ.①朱… Ⅲ.①劳动教育－高等职业教育－教材 Ⅳ.①G40-015

中国版本图书馆CIP数据核字（2020）第176682号

出版发行 /	北京理工大学出版社有限责任公司
社　　址 /	北京市海淀区中关村南大街5号
邮　　编 /	100081
电　　话 /	（010）68914775（总编室）
	（010）82562903（教材售后服务热线）
	（010）68944723（其他图书服务热线）
网　　址 /	http://www.bitpress.com.cn
经　　销 /	全国各地新华书店
印　　刷 /	河北鑫彩博图印刷有限公司
开　　本 /	787毫米×1092毫米　1/16
印　　张 /	13.5
字　　数 /	279千字
版　　次 /	2020年9月第1版　2021年8月第2次印刷
定　　价 /	46.00元

责任编辑 / 李慧智
文案编辑 / 李慧智
责任校对 / 周瑞红
责任印制 / 施胜娟

图书出现印装质量问题，请拨打售后服务热线，本社负责调换

前言 PREFACE

　　劳动是成功的必由之路，是创造价值的源泉，也是养活自己、照顾家庭、服务社会的唯一途径。劳动教育是中国特色社会主义教育制度的重要内容，直接决定社会主义建设者和接班人的劳动精神面貌、劳动价值取向和劳动技能水平。

　　2020年3月，中共中央、国务院印发《关于全面加强新时代大中小学劳动教育的意见》（以下简称《意见》），强调劳动教育是中国特色社会主义教育制度的重要内容，就全面贯彻党的教育方针、加强大中小学劳动教育进行了系统设计和全面部署。《意见》的出台，让全社会进一步认识到加强劳动教育的重要意义，有利于推动劳动教育与德育、智育、体育、美育相结合，更好地发挥劳动育人功能，促进学生形成正确的世界观、人生观、价值观。

　　习近平总书记强调："要在学生中弘扬劳动精神，教育引导学生崇尚劳动、尊重劳动，懂得劳动最光荣、劳动最崇高、劳动最伟大、劳动最美丽的道理，长大后能够辛勤劳动、诚实劳动、创造性劳动。""德智体美"之外，为什么还要强调"劳"？动手实践、出力流汗的劳动教育，对一个人的成长意味着什么？现实中，一些青少年中出现了不珍惜劳动成果、不想劳动、不会劳动的现象，根源就在于劳动教育被淡化、弱化。事实上，挥洒劳动的汗水、体会劳动的艰辛，才能收获劳动的快乐，也才能真正理解劳动的内涵。

　　劳动教育具有树德、增智、强体、育美的综合育人价值。通过劳动教育，学生能够理解和形成马克思主义劳动观，牢固树立劳动最光荣、劳动最崇高、劳动最伟大、劳动最美丽的观念；体会劳动创造美好生活，体认劳动不分贵贱，热爱劳动，尊重普通劳动者，培养勤俭、奋斗、创新、奉献的劳动精神；具备满足生存发展需要的基本劳动能力，形成良好劳动习惯。实践证明，爱劳动、会劳动不仅不会耽误学习，反而能够促进学习，有助于人的全面协调发展。

  基于以上原因，我们编写了本书。本书共六章，涵盖了崇尚劳动、弘扬劳动精神、践行劳模精神、培育工匠精神、提升劳动素养、加强劳动保障等内容，并设置了"知识导航""课程引入""案例""阅读延伸""实践课堂""思考题"等小栏目，将课堂教学灵活化。

  本书由娄底职业技术学院朱忠义担任主编，由娄底职业技术学院禹云、晏然担任副主编，娄底职业技术学院谢明、钱朝军、周莎莎参与编写。具体编写分工如下：谢明负责编写第一章，钱朝军负责编写第二章和第四章，晏然负责编写第三章，周莎莎、谢明负责编写第五章，禹云负责编写第六章，晏然、周莎莎、谢明负责编写附录。全书由娄底职业技术学院龙伟主审。

  本书在编写过程中参考了国内一些专家、学者的相关成果和网络资源，在此表示衷心的感谢。

  由于编写时间仓促，编者水平有限，书中难免存在疏漏之处，恳请各位读者不吝指正，以便修订时完善。

编 者

目录 CONTENTS

第一章　崇尚劳动 ··· 1
　　第一节　劳　动 ·· 2
　　第二节　树立正确的劳动价值观 ·· 14

第二章　弘扬劳动精神 ··· 29
　　第一节　劳动精神的来源及现实要求 ··· 31
　　第二节　弘扬和践行劳动精神 ··· 42

第三章　践行劳模精神 ··· 53
　　第一节　劳模和劳模精神 ··· 54
　　第二节　践行劳模精神的方式 ··· 80

第四章　培育工匠精神 ··· 97
　　第一节　工匠精神的内涵与现实要求 ··· 99
　　第二节　争做匠心报国的大国工匠 ··· 111

第五章　提升劳动素养 ··· 125
　　第一节　劳动素养的概念和内涵要求 ··· 127
　　第二节　劳动素养的提升途径 ··· 143

第六章 加强劳动保障 ……………………………………………… 153
第一节 劳动者的权利与义务 ……………………………………… 154
第二节 劳动防护用品 ……………………………………………… 161
第三节 劳动救护 …………………………………………………… 171

附 录 劳动实践项目 …………………………………………………… 189
项目一 日常生活劳动 ……………………………………………… 190
项目二 生产性劳动 ………………………………………………… 197
项目三 服务性劳动 ………………………………………………… 204

参考文献 ………………………………………………………………… 208

第一章

崇尚劳动

知识导航

1. 了解劳动的概念、劳动的价值与劳动教育的演变过程。
2. 增强对劳动的理性认知,提升劳动意识的自觉性与坚定性。
3. 引导大学生树立新时代劳动价值观。

第一章　崇尚劳动

劳动创造美好生活

这些日子，陕西省柞水县金米村的村民们忙得不亦乐乎。

4月21日，习近平总书记来到金米村考察脱贫攻坚情况，称赞村民们把小木耳做成了大产业。柞水木耳成了网民追捧的网红产品，购物直播间里十几吨木耳被"秒光"，经营网店的村民赵少康说，村民们昼夜赶工仍然供不应求。

金米村位于秦岭深处，曾经是极度贫困村，这些年，在扶贫政策和扶贫干部的支持和帮扶下，村里建起了培训中心、智能联栋木耳大棚，发展木耳、中药、旅游等产业，村民们用劳动和创造实现了整村脱贫，唱响了大山深处的奋进之歌。

2020年是脱贫攻坚战的决胜之年。金米村的故事，是贫困地区人民群众在党和政府的关怀与帮助下，用劳动创造美好生活，打赢脱贫攻坚战的缩影。

（资料来源：央广网）

第一节　劳　动

习近平总书记在全国教育大会上指出，"培养德智体美劳全面发展的社会主义建设者和接班人"，要在学生中弘扬劳动精神，教育引导学生崇尚劳动、尊重劳动，懂得劳动最光荣、劳动最崇高、劳动最伟大、劳动最美丽的道理，长大后能够辛勤劳动、诚实劳动、创造性劳动。这些重要论述，高扬劳动教育的气质，丰富发展了党的教育方针，具有重大的时代价值和鲜明的现实针对性，对高校提出了加强劳动教育的新任务、新目标。

一 劳动的概念

（一）关于劳动概念的几种提法

在马克思主义经典著作中，关于劳动的论述很多。从某种程度上讲，马克思主义的整个思想体系是围绕着劳动问题展开的，《资本论》和很多手稿则是围绕"雇佣劳动""剩余劳动""自主劳动"等展开论述的。马克思将劳动定义为"劳动首先是人和自然之间的过程，是人的自身的活动来引起、调整和控制人与自然之间的物质交换的过程"。

《现代高级英汉双解词典》中对劳动的解释为"劳动是心或身之劳作"。劳动是指人们使用一定的劳动工具作用于一定的劳动对象，创造某种使用价值或效用以满足人类自身需要的有目的的活动。

也有学者阐释，"劳动是人们为了满足物质、精神文化的需要，以及实现自身全面发展所进行的有目的的活动，是人能主动地、创造性地利用自然资源、社会资源和人类自身潜能与客观世界进行物质交换并创造精神文化产品的过程"。

简而言之，劳动是人们为了创造使用价值以满足物质和精神需要而对体力与脑力的耗费。通俗地讲，劳动就是以养活自己、照顾家庭、服务社会为目的的活动。

案例

从外来工到全国劳模

"'非学无以广才，非志无以成学'。我深深体会到知识改变命运，这是一个充满机遇的好时代，只要有梦想，只要够努力，每个人都能成为更好的自己。"近日，全国劳模尹利平被广东省东莞市总工会聘为"职工书屋公益代言人"，她在活动现场的精彩发言让人们对这位外来工的成长故事有了更多好奇。

1977年10月，尹利平出生在湖南攸县的一个小山村，1996年中专毕业后来到东莞打工。她利用业余时间克服重重困难坚持学习，以优异成绩拿到了大专、本科文凭，还取得了中山大学与美国明尼苏达大学合办的EMBA硕士学位。

2012年起,她先后担任东莞市政协委员和广东省政协委员,提交了30多份有关民生的提案。

尹利平说,自己把人生中的每次经历都当作一份礼物和财富,"每个人在不同阶段都会经受一些风雨和挫折,需要借助一些方法应对压力、调适心态,趟出一条路来"。

尹利平说,她想以真诚的态度、朴实的语言和真挚的情感来分享自己的成长经历、职场经验和个人感悟。即使一个人的起点再低,只要拥有成长型的心态和积极向上的进取心,就有很多机会能够改变自己的命运。

(资料来源:http://character.workercn.cn/350/202007/20/200720070851223.shtml,有删减)

(二)劳动概念的内涵和外延

进入21世纪以后,随着劳动时代内涵的不断丰富,劳动的外延也在不断拓展。劳动的内涵就是它所含本质属性的总和,而其外延是适合"劳动"的某些对象的范围及性质。理解劳动的内涵和外延,有助于进一步了解"劳动"这一概念。

1. 劳动的内涵

我国宪法明文规定"公民有劳动的权利和义务"。这是要求每个有劳动能力的人,都要将劳动看成自己的光荣职责和神圣使命,必须以主人翁的态度对待劳动。

一般来说,劳动可分为脑力劳动和体力劳动两大类。劳动的成果是创造的物质财富和精神财富,所以,体力劳动与脑力劳动统一在人的生产实践过程中,两者相互渗透,并没有完全的分割界限。

劳动精神作为一种意识活动,会反作用于劳动实践过程。一方面,劳动精神会激发人们投身劳动的热情;另一方面,在劳动精神的作用下,人们将克服劳动中的困难,培养不怕辛苦、敢为人先的毅力和品质。

随着时代的变迁,要牢牢把握劳动的内涵,因为劳动的外延是随着时代的发展而有所不同的。对"劳动"的认识也应该发展,也应该跟上时代的要求。"劳动"这一概念应该是与时俱进的,随时代变化而具有不同时代特征。因此,要在当今时代背景下把握"劳动"这一概念。

2．劳动的外延

劳动的外延是人类实践活动的一种特殊形式，多指创造物质财富和精神财富的活动。

"实践"一词也可指"劳动"。实践是指人能主动地改造客观世界的物质活动，是人所特有的对象性活动。人的实践活动具有自主性，人通过实践不但能够认识客观规律，而且能够利用客观规律，使客观规律为人所用。在《中国大百科全书（哲学卷）》中，劳动被定义为"人类特有的基本的社会实践活动，也是人类通过有目的的活动改造自然对象并在这一活动中改造人自身的过程"。

阅读延伸

陶行知批评过去的教育以学校作为知识的唯一来源，将王阳明的"知是行之始，行是知之成"的观念奉为圭臬。陶行知也曾经相信这一思想，但后来发现，需要将王阳明的话"翻筋斗"，改为"行是知之始"，"行"才是知识的来源，也是创造的基础。陶行知（1931）曾对行动、知识与创造三者的关系进行过非常形象的阐述，说"行动是老子，知识是儿子，创造是孙子"，无论是获取知识，还是进行创造，前提都必须行动，都需要做或是实践，在实践中获得知识，然后进行创造。陶行知将行动放在首要位置，体现出他对实践的重视。

《左传·宣公十二年》中有句话"民生在勤，勤则不匮"。睿智的祖先很早就理解了"不匮"与"勤"的因果关系。人的辛勤劳动能产生大量的社会财富，是社会安定幸福的前提。改革开放以来，中国人民通过辛勤的劳动创造了巨大的财富。随着时代的变化，劳动的内涵和外延经历了巨大的改变，劳动的形式更加多样，如今，"五谷不分"不再是区分劳动的标准，办公室劳动、车间劳动、实验室研究劳动、图书馆写作都可以称为劳动……在某种程度上，在学校努力学习也是一种劳动。劳动不仅仅是指一项意义重大的工作，日常清洁是劳动，制造工具也是劳动。

当今的知识经济时代与马克思所处的时代相比，劳动无论在内容和结构形式上都发生了重大变化，劳动的各个对象的性质也会有相应地扩展和改变。

（1）劳动形式的单一性和多样性。劳动不是固定不变的，而是一个充满丰富内容的可变活动，它随着社会生活实践的发展而不断丰富。随着科学技术水平的提高，物质产品不再能完全满足社会需求，部分社会需求必须通过有形或无形的精神产品及其服务来满足。

（2）劳动范围的区域性和全球性。随着经济全球化的发展，劳动已超出传统意义上一个企业、行业甚至一个社会、国家的范围，而具有世界意义。无论是劳动的创造还是劳动价值的实现，都因时代发展而具有全球性。生产一件商品的劳动是否为社会所需要、是否能创造并实现其价值，不再仅仅由一国市场决定，而是越来越多地由世界市场来决定。

（3）劳动要素的整体性和分离性。劳动是一种现实性的活动，只有各种要素在劳动过程中统一起来，才会有整体的劳动过程。

在知识型经济条件下，劳动不再等同于一般劳动，知识劳动成为重要的劳动形式并影响整个劳动活动过程。它更多地表现为掌握了现代科技和劳动技能的劳动者，利用现代化的设备和技术体系，与劳动对象发生作用。知识经济条件下的劳动，劳动的主体和客体及工具出现了一定程度的分离，使创造财富的劳动过程变得有序而简化。但是需要注意的是，分离没有也不可能否定劳动的整体性，而是更加突出劳动的整体性，是劳动整体性与分离性的统一。把握劳动要素的整体性与分离性的统一，为认识和把握劳动与劳动结果的科学内涵奠定理论基础。

（4）劳动本质具有稳定性和发展性。"劳动是改造客观世界、引起物质变换的对象性活动，任何劳动都会产生一定的劳动结果；劳动是人类的本质活动，离开劳动，人类就不能生存与发展；劳动创造世界，劳动创造人本身"。对劳动的这些基本认识表明，劳动的本质具有稳定性，但在不同的经济时代和资源条件下，人类劳动的内涵和外延都会随之发生重大变化。在知识经济条件下，人类认识自然、改造自然的能力不断提高，科学技术发展迅速，赋予劳动本质以新的内涵。劳动的内容将会更加丰富多彩，形式也越来越富于变化，劳动者的流动性将会增强，体力支出将会减少，智力支出则会越来越多，劳动的世界性将把人类联结为一体，生产率也会越来越高，高效率人才的重要性会越来越突出，对人才的争夺也会越演越烈。当然，劳动仍然是人们谋生的重要手段，但其也渐渐发展成人们生活的第一需要。

习近平总书记高度重视劳动精神，主要表现在对劳模精神的提倡和弘扬上。他指出"榜样的力量是无穷的，劳动模范是民族的精英、人民的楷模，要大力弘扬劳模精神、发挥劳模作用"，"劳动精神丰富了民族精神和时代精神，是我们极为宝贵的精神财富"。由此可见，劳动精神对劳动实践活动具有重要的激励作用。只有以积极、昂扬、向上的精神状态投入劳动实践，劳动实践活动才富有朝气、活力和创造力。

梦桃精神穿越时空
——记"三秦楷模"

岁月峥嵘，总有一种精神熠熠生辉；时光荏苒，总有一种信念生生不息。

党的好女儿赵梦桃离开我们已经57年了，咸阳纺织业也经历了翻天覆地的变化，而"高标准、严要求、行动快、工作实、抢困难、送方便"的梦桃精神一直激励着无数一线工作者砥砺前行。

赵梦桃是原西北国棉一厂细纱车间的一名普通工人，进厂的11年里，她曾42次被评为劳动模范、红旗手，连续7年每月全面完成生产计划，并帮助13名工人成长为工厂和车间先进生产者。她创造的一套先进的"巡回清洁检查操作法"在陕西省全面推广。

时代变迁，赵梦桃小组的精神接力依然不辍。这背后是一代代组员长期的付出。

"进赵梦桃小组之前，总觉得能进小组很光荣；进入小组之后才知道，赵梦桃小组不光意味着荣耀，更意味着要比别人吃更多的苦、受更多的累。"赵梦桃小组第11任组长刘小萍深有体会地说。2003年，为了满足市场需求，企业技改频繁，一批高、密、细、薄织物成为主要生产品种。赵梦桃小组试纺135高支纱时，现有的摇车方法落纱时造成的断头率达90%以上，白花增多，产量下降，小组的生产管理和生产计划受到很大影响。而用同样的摇车方法落45支纱时，断头率仅有5%。经过反复实验、分析、总结，赵梦桃小组创新性地推出"高支纱落纱方法"，使60支以上的高难品种落纱断头率由50%下降到10%。新操作法在60支以上的高难品种上推广后大大提高了质量和效率，提高了产品市场竞争力。

赵梦桃小组第9任组长徐保凤至今难忘她刚进厂时的情景。当时，她练技术很不适应，便觉得委屈、辛苦。周围35℃左右的潮湿热气、不绝于耳的机器轰鸣声，还有直钻耳鼻的飞絮，感受可想而知。她的手也被纱线划破了，钻心地疼。种种困难让徐保凤常常半夜躲在被子里哭。她曾经想过放弃，但小组"大家庭"般的温暖让她最终留了下来。时光飞逝，光阴如梭。赵梦桃小组命名以来，已经走过了57个春秋，先后经历了13任新老组员的不懈征战。

2019年11月，习近平总书记对赵梦桃小组亲切勉励："希望大家继续以赵梦桃同志为榜样，在工作上勇于创新、甘于奉献、精益求精，争做新时代的最美奋斗者，把梦桃精神一代一代传下去。"

"习近平总书记给我们的亲切勉励让我们感到格外振奋，这是对赵梦桃小组每个组员最大的精神鼓舞。作为新时代的纺织青年、梦桃精神的传人，我们一定不负众望，将梦桃精神继续传承好、发扬好，在平凡的岗位上做出不平凡的业绩。"赵梦桃小组现任组长何菲坚定地表示。

这是一条让人赞叹的光荣之路，从20世纪60年代初延续至今。串串足迹传颂着英雄劳模们接力奋进的动人故事，书写着梦桃传人们敬业奉献的精彩华章。

这是一座令人仰望的精神高地。57年间，组长换了一任又一任。高、严、快、实的优良传统和作风丝毫没有丢。

在喧嚣嘈杂的织机飞转轰鸣声中，在无穷无尽的纱海布浪里，吴桂贤、王西京、翟福兰、王广玲、张亚莉、韩玉梅、刘育玲、徐保凤、周惠芝、刘小萍、王晓荣、何菲，一代代梦桃传人始终将提高产品质量和挖掘生产潜力作为奋斗的方向，做表率、当先锋，带领小组成员一棒接着一棒跑，用热血和汗水谱写了感天动地的奋斗者之歌。

（资料来源：http: //news.cnwest.com/bwyc/a/2020/03/26/18598192.html，有改动）

二 劳动的价值

（1）劳动创造了辉煌灿烂的历史，让每一个中华儿女无比骄傲与自豪。站在岁月的肩膀上回望，看到蜿蜒盘旋的万里长城，怀抱着祖国的大好河山，如一条巨龙守护着中国的心脏；看到金碧辉煌的故宫、紫禁城，屹立于世界建筑之林，传承着中国几千年的历史；看到四大发明，使古老的中国异彩纷呈，让国人更加聪颖；看到丝绸、瓷器远涉重洋，促进了国内外的交流发展。这一切都来自祖先的辛勤劳动，是劳动让祖国的历史如此辉煌，这样弥久。

（2）劳动创造了奇迹，让异想天开成为现实。西游记中的孙悟空，一个筋斗飞十万八千里，而今天，宇航员乘坐中国制造的神舟飞船遨游太空，"坐地日行八万里"，圆了中国人的飞天梦！传说中有嫦娥奔月，今天，中国的嫦娥一号、嫦娥二号先后畅游月球，圆了中

读书笔记

国人的探月梦!三峡水电站、南水北调,一个个宏伟的治水治山工程,圆了中国人的兴利除患、驾驭江河梦!越来越多的中国车、中国桥、中国网站、中国制造让国人更加有底气,更加有信心,也正是因为中华儿女的辛勤劳动和不懈努力让中华民族许许多多美好的梦,神奇的梦,都能美梦成真。

神舟飞船 20 年:中国载人航天工程从这走向太空

1999 年 11 月 20 日 6 时 30 分,酒泉卫星发射中心,长征二号 F 运载火箭托举神舟一号飞船发射升空。大约飞行 10 分钟后,飞船与运载火箭成功分离,准确进入预定轨道。

2003 年 10 月 15 日,中国首位航天员杨利伟乘坐的"神舟"五号载人飞船,上午九时整在酒泉卫星发射中心载人航天发射场成功发射升空。

次日凌晨 3 时,地面指挥中心向飞船发出返回指令。在绕地球运行 14 圈、遨游太空 21 小时后,神舟一号飞船于 11 月 21 日 3 点 41 分顺利降落在内蒙古中部地区的着陆场。

这是中国载人航天工程的首次飞行,标志着中国在载人航天飞行技术上有了重大突破,中国载人航天工程从这开始走向太空。

神舟一号是中国载人航天工程发射的第一艘无人实验飞船,主要任务是利用长征二号 F 运载火箭首次飞行实验的机会,着重考核整个载人航天工程总体设计方案的可行性,重点验证飞船返回舱控制及回收技术,考核飞船系统与其他系统的接口关系,以最小配置突破飞船无人状态下的关键技术。

20 多年前神舟一号飞船的首飞成功,令国际同行刮目相看。

在恶劣的太空环境中,神舟飞船就是航天员的"安全之舟"。飞船研制团队要实现"上得去""待得住""下得来",必须攻克多达 18 个重大技术难关,破解成百上千个技术难题。

载人飞船 13 个分系统、600 多台设备、50 多万个软件程序、300 多根电缆、8 万多个接点,还有 300 多个协作单位,一个都不能出现问题,其难度之高,可以想象。

神舟飞船达到 8 吨级,创造了当时中国航天器重量的新纪录。长征二号 F 运载火箭不仅要把这么重的飞船送上天,还要确保航天员的安全,其可靠性高达 0.97,安全性高达 0.997。

另外，这次发射首次采用了在技术厂房对飞船、火箭联合体垂直总装与测试，整体垂直运输至发射场，进行远距离测试发射控制的新模式。

中国在原有的航天测控网基础上新建的符合国际标准体制的陆海基航天测控网，也在这次发射实验中首次投入使用。飞船在轨运行期间，地面测控系统和分布于公海的4艘远望号测量船对其进行了跟踪与测控，成功进行了一系列科学实验。

放眼全国，载人航天工程除110多个直接研制单位，还有3 000多个协作单位，涉及数十万人，带动众多学科领域齐头并进。工程首飞首胜，成为中国高科技事业跨越发展的标志之一，同时，也是中国航天史上的重要里程碑。

从此，中国人开辟出一条属于自己的太空轨道。在随后的几年中，神舟二号、三号、四号无人实验飞船相继发射，为载人航天飞行奠定了坚实基础。天地往返、出舱活动、交会对接、航天员中期驻留，这一系列激动人心的太空活动彰显着中国载人航天的非凡速度。

在神舟飞船发射20周年之际，中国载人航天工程首任总设计师王永志写下了这样的寄语："20年来，中国载人航天飞行任务接连成功，关键技术不断突破，应用效益日益显现，谱写了中国人探索太空的壮美篇章。未来，中国空间站必将为人类经济社会发展做出更多中国贡献，中国人探索太空的脚步必将迈得更远、更远。"

如今，中国空间站工程正稳步推进，预计2022年前后建成运营。到那时，中国空间站将成为中国乃至人类的太空家园，成为人类在浩瀚宇宙中新的精神坐标。

（资料来源：https://baijiahao.baidu.com/s?id=16507297973529218866&wfr=spider&for=pc）

（3）劳动铸造了优秀的品质，让生活坚韧而有尊严。中华民族历来是勤劳的民族，中华民族的伟大复兴走的是与西方发达国家截然不同的发展道路，即紧紧依靠全民族的精诚团结与艰苦奋斗。正是凭着全体劳动者的辛勤劳动，中国创造了一个又一个举世瞩目的伟大奇迹。

中华人民共和国成立不久，中国人在一穷二白的基础上逐步健全了自己完整的工业体系。尤其是改革开放以来，中国经济多年保持高速增长，人民生活水平日新月异。中国的腾飞，离不开劳动创富。"神舟"系列宇宙飞船的成功发射、月球探测工程的开展、港珠澳大桥的建设和通行……在奋斗的过程中，我们的民族铸成了许多优秀品质。勤奋劳动、热爱劳动，以勤劳俭朴为荣、以好逸恶劳为耻等，这些精神绵绵不断、经久不衰，成为中国人最鲜明的内在素质，更成为引领全国各族人民走向更加美好幸福生活的"导师"。

案例

"劳动是一种尊严，也是最好的证明"

讲述人：湖南安邦制药有限公司公益文化部部长齐文英

我三岁患病，双腿瘫痪，像正常人一样劳动对我来说似乎很遥远。出生在农村的我，刨过土、种过菜、拿过杆秤、卖过猪肉，很早就体会了生活的艰辛与不易。正因如此，我打小就有了读书改变命运的想法。

我花了整整20年，拄着双拐从小学读到研究生。小学六年，我每天要走五六里山路去上学。初中以后开始寄宿生活，一切都需要自己打理。

毕业后，从公司文员到部门负责人，我十年如一日地坚守岗位。劳动于我而言，是一种尊严，也是一种享受。

我所在的企业是一家有200多名残障员工的福利企业。公司老板在接管企业之初，动过开除残障员工的念头。一天中午，他到生产车间视察，看到很多操作工仍在岗位加班。他很好奇，问大家为什么不休息，但是没有一个人回答。陪同视察的秘书拿出纸笔，把问题写下来递给其中一个女孩。女孩用稚嫩的笔迹写下："我们想利用休息时间多包点货，多赚点钱，我们需要工作养家。"

这句话，打消了老板开除残障员工的念头。在他的支持下，我们成立了"学习张海迪"组，我担任组长。为了帮助残障员工更好地适应企业管理，也让社会感知这个群体的特殊价值，八年来我坚持在做一件事，就是利用周末时间带着他们做公益。

很多人问我："你是做财务的吗？""是搞计算机的吗？""是文秘吗？"我都会摇摇头："我是做公益的。"我始终相信，通过自己劳动挣来的生活是有尊严的，通过帮助别人而获得的快乐是最长久的。劳动于我们而言是最好的证明："我们不是社会的负担，我们也能靠劳动实现梦想和价值。"

（资料来源：http://epaper.gmw.cn/gmrb/html/2020-04/30/nw.D110000gmrb_20200430_4-07.htm）

（4）劳动是养活自己、服务社会的唯一途径。《孟子·尽心章句上》："穷则独善其身，达则兼善天下"。后人习惯将"兼善"改作"兼济"。思想史上流行的观点认为，"穷则独善其身，达则兼济天下"是作为中国文化精髓的"儒道互补"的体现：前半句显示出道家的豁达态度与出世境界，而后半句表达了儒家的理想主义和入世精神。其含义需要通过劳动才能最终实现，更是劳动价值的重要体现。

一个人命运不济或遇人生逆境时，既不放弃自己也不拖累他人，更不危害社会，而是通过自律劳动来修养品质、提升技能，将自己的小家经营好，实现个人的生存和发展；在默默发光发热的成长过程中，待自身有足够能力时，由养活自己的劳动观向服务社会的劳动观转化，通过施他人以援手，付社会以贡献，实现个人的社会价值，整个社会才得以文明有礼，和谐有序！

三 中华人民共和国成立以来的劳动教育演变

波利亚曾说过："学习任何知识的最佳途径是由学生自己去发现，因为这种发现，理解最深，也最容易掌握其中的内在规律和联系。"自我发现的过程，其实就是学生自己动手的过程，就是一种劳动教育。

曾经，"劳动教育"是培养"德智体美劳"全面发展人才的关键一环。然而，近些年来，无论是社会、学校还是家庭，都过于关注应试，让"劳动教育"逐渐淡出人们的视野。谈到"劳动教育"，对于现在的学生而言，似乎都很陌生。在他们的思维里，学习是第一要务，什么都可以不干，只要好好学习就可以了。新时代，让学生认识劳动、了解劳动的意义是非常重要的。

中华人民共和国成立以来，党和国家针对与时俱进的社会背景，提出了与之相适应的劳动教育的目的、任务与要求。早在1934年，毛泽东同志就将"教育与生产劳动联系起来"列为中华苏维埃政府文化教育总方针的主要内容，20世纪90年代，教育"必须与生产劳动相结合"的提法被写进《中华人民共和国教育法》。

（1）新民主主义社会向社会主义社会过渡时期（1949—1956年）。这一阶段开始注意根据工农业发展形势进行生产技术教育，初步建构了系统的生产劳动技术教育体系，但因超出了大多数学校的教学条件而无法真正实施。

（2）社会主义建设探索时期（1957—1977年）。毛泽东同志在《关于正确处理人民内部矛盾的问题》中明确提出："我们的教育方针，应该使受教育者在德育、智育、体育几方面都得到发展，成为有社会主义觉悟的有文化的劳动者"，确立了培养劳动者的教育目标。

（3）改革开放后至21世纪前（1978—1999年）。党的十一届三中全会后，教育战线上对新时期劳动教育在全面发展教育中的地位等问题进行深入讨论。1986年10月，国家教委副主任彭珮云提出德智体美劳"五育全面发展"的说法，五育并举的表述开始统一为"培养德、智、体全面发展的社会主义建设者和接班人"，这绝不意味着可以忽视美育和劳育，而是将其归到"德、智、体"中。

（4）全面建设小康社会以来（2000—2012年）。21世纪伊始，我国加快推进社会主义现代化新的发展阶段，劳动创造价值高度彰显，劳动光荣、创造伟大成为时代强音；新时期对劳动者的人本关怀成为中国共产党执政的重要价值取向。树立正确劳动观正确认识社会的劳动领域和劳动群体发展态势，由衷热爱与尊重体力劳动和体力劳动者，为建构一个所有"劳动者参与发展、分享发展成果的"公平正义的社会而奋斗，成为当代劳动教育的重要目的之一。

（5）新时代以来（2012年至今）。劳动教育是新时代党对教育的新要求，是中国特色社会主义教育制度的重要内容，是全面发展教育体系的重要组成部分，是大中小学必须开展的教育活动。党的十八大以来，习近平总书记在多个场合、多次提及劳动和劳动者。尤其对劳动有多重要、如何对待劳动、树立什么样的劳动观念、弘扬什么样的劳模精神、如何关心和爱护劳动者、工会应该为劳动者做什么等多个方面都做出重要论述。崇尚劳动、让劳动者更光荣更被提高到一个历史新高度。"德智体美劳"五育并举逐步向融合贯通方向大步发展。新时代以来，实施劳动教育的重点是在系统的文化知识学习之外，有目的、有计划地组织学生参加日常生活劳动、生产劳动和服务性劳动，让学生动手实践、出力流汗、接受锻炼、磨炼意志，培养学生正确的劳动价值观和良好的劳动品质。

读书笔记

第二节 树立正确的劳动价值观

马克思主义劳动观

劳动,是马克思用以分析人类历史发展的核心范畴之一。人类历史是以人的物质劳动作为载体的历史,劳动在整个人类社会和社会历史的发展中处于关键性地位。在历史唯物主义的视域中,马克思对人类劳动的基本价值进行的分析主要表现为劳动创造世界、劳动创造历史和劳动创造人本身三大主张。

(一)劳动创造世界

马克思认为,构成人类赖以存在的现实世界的关键要素之一正是人的劳动,而且这种劳动是现实生活中的人的感性物质劳动,即作为人类实践活动最基本形式的"生产劳动"。马克思认为,这是区分人与动物的关键。"当人开始生产自己的生活资料,即迈出由他们的肉体组织所决定的这一步时,人本身就开始将自己和动物区别开来。人们生产自己的生活资料,同时间接地生产着自己的物质生活本身"。从这里可以看出,人类的生产劳动都是有意识、有目的的活动,试图创造出一个可以满足人类生活需要的物质世界。

但是,在马克思看来,从事生产劳动的个体"并不是处在某种虚幻的离群索居和固定不变状态中的人,而是处在现实的、可以通过经验观察到的、在一定条件下进行的发展过程中的人"。这使得劳动个体的生产劳动并不只是单一地生产出外部物质世界的现实性,而且生产出人类社会生活的现实性。因此,马克思历史唯物主义所理解的世界,本身是人类的现实生产劳动的结果,而不是与人类的现实生产劳动无关的抽象的外在实体。

也正是通过劳动,人类和外部世界的关系才发生了根本性的转变，原先自在意义的自然世界逐渐成为自为意义的人类世界。在这一世界中，关键性的问题不再是通过劳动来解释或直观，而是改变或改造世界。作为人类最基本实践活动形式的劳动，也不再只是单纯地依靠人的感性活动，而是将感性活动转变为人的现实社会活动。由此，马克思正式揭示了劳动的社会规定性，并从人与人的社会关系层面来理解和把握劳动，从而实现了历史唯物主义对之前一切旧唯物主义的根本性超越。

（二）劳动创造历史

在马克思看来，只有人类的生产劳动才真正构成人类历史的基础，才是解开人类历史发展秘密的钥匙。他说："人们为了能够'创造历史'，必须能够生活。但是为了生活，首先就需要吃喝住穿及其他一些东西。因此，第一个历史活动就是生产满足这些需要的资料，即生产物质生活本身，而且，这是人们从几千年前直到今天单是为了维持生活就必须每日每时从事的历史活动，是一切历史的基本条件。"因此，只有立足于生产劳动才能真正理解人类历史的发展，只有劳动人民才是历史的创造者，而人类创造历史的行动蕴含在日常生产劳动之中。马克思由此批判了各种独立于人的生产劳动之外的唯心主义历史观，并将劳动看作建立历史唯物主义的基石，人类历史发展的一切现实性都离不开人的劳动过程。对于马克思的这一伟大发现，恩格斯曾经鲜明地指出，"历史破天荒第一次被置于它的真正基础上；一个很明显的而以前完全被人忽略的事实，即人们首先必须吃、喝、住、穿，就是说首先必须劳动，然后才能争取统治，从事政治、宗教和哲学等，这一很明显的事实在历史上的应有之义此时终于获得了承认"。总的来看，在马克思的历史唯物主义中，劳动被看作"一切历史的基本条件"和"人类的第一个历史性活动"，既是人类历史发展的事实起点，也是整个历史唯物主义架构的逻辑起点。马克思正是通过劳动来揭示物质资料生产的作用，发现了人类社会关系发展的客观规律性；并由此肯定了人的主体地位，继而发现劳动人民在历史发展中的伟大作用。而这正是马克思全面建立历史唯物主义的两个理论准备。

（三）劳动创造人本身

马克思深刻指出，劳动不仅创造出人类的物质世界和社会历史，同时，创造了人类自己。"劳动首先是人与自然之间的过程，是人以自身的活动来中介、调整和控制人和自然之间物质交换的过程。"这

读书笔记

是由于为了能够在对自身生活有用的形式上占有自然物质，人类必须使身上的自然力——臂和腿、头和手运动起来，而当人类通过这种运动作用于自身外的自然并改变自然时，也就同时改变自身所处的社会生活及人类本身。因此，"劳动是整个人类生活的第一个基本条件，而且达到这样的程度，以致在某种意义上不得不说：劳动创造了人本身"。对此，恩格斯在《自然辩证法》一书中依据当时的科学研究成果，从人类起源的意义上论证了劳动在从猿到人的转变过程中具有决定性作用。这种决定性作用主要体现在两个方面：不仅在人类的起源意义上，是劳动创造了人本身，而且在人类的进化意义上，也是劳动创造了人本身。正是在改造世界的劳动过程中，人类才真正地证明自己是类存在物，而劳动就是人类能动的类生活。人只有通过作为类生活的劳动，"自然界才表现为他的作品和他的现实。因此，劳动的对象是人的类生活的对象化：人不仅像在意识中那样在精神上使自己二重化，而且能动地、现实地使自己二重化，从而在他所创造的世界中直观自身"。总之，劳动不仅是人的本质规定，更是人类自身生产和再生产的创造过程。

案例

老干妈的故事

老干妈一年能卖出 6 亿瓶，这是一个天文数字！

其创始人陶华碧在今年新财富 500 富人榜中以 90 亿元排名第 334。但是，你只看到老干妈和陶华碧的人前显贵，却不知道她背后经历的苦难有多么深重！那么，是什么支撑着陶华碧，让她没有被苦难击垮，反而逆袭创造了别人难以企及的成就呢？

老干妈的创始人陶华碧出生于 1947 年，那个时候中华人民共和国还没有成立，她是家里的老八，一出生就吃不饱穿不暖，每年只有到过年的时候才能吃一顿肉。

在 20 岁的时候，命运出现了转折，她嫁给了地质队的一个会计，生活上衣食无忧。可是，不久丈夫患了重病，卧床不起。她既要赚钱为丈夫治病还要抚养两个未成年的儿子，全家的重担落到了她柔弱的肩膀之上。

不久，丈夫不幸去世，留下她们孤儿寡母，为了孩子，她坚决不改嫁，独自一个人承担起抚养两个孩子的重任。

本以为孩子逐渐长大她可以轻松一下，但是，在农村有两个儿子，就像有两座大山压着她，必须要赚钱为两个儿子盖房子、攒聘礼，才能让两个儿子娶上媳妇。

为了挣钱，陶华碧忘掉了自己是一个女人，她干了男人都不愿意干的活！

为了挣钱，她在建筑公司背过黄泥巴，每次都要背100多斤，别人一天背十几趟，而她要背几十趟。

为了挣钱，她抡过铁锤，最小的都近20斤，一般男人抡4个小时就受不了，而她为挣钱要抡十几个小时。

为了挣钱，她摆摊卖过菜、开过凉粉摊，还开过简易的饭店，可以说，为了挣钱养家，她干了力所能及和力所不能及的脏活、累活！

可以说，陶华碧前半生经历的所有苦难，是很多人难以承受的，在她人生最困难的时候，没有人伸出援助之手！她可以抱怨，她可以恨，恨老天对她不公平；她同样也可以仇视亲戚朋友、仇视社会、仇视所有人。

但是，如果陶华碧那样做了，她就只不过是一个怨妇而已，就没有了现在老干妈的辉煌！

那么，是什么支撑着陶华碧，让她没有被苦难击垮，反而逆袭创造了别人难以企及的成就呢？

有人说是因为陶华碧有文化，能够起"老干妈"这样一个好的名字。

的确，一个品牌名字起好了，就成功的一半。但是，"老干妈"这个名字的由来和陶华碧的文化没有一毛钱关系，因为她没上过学，而且也只会写自己的名字。"老干妈"名字的真正由来只和两个字有关，这就是"善良"！

1989年，42岁的陶华碧开了一家饭店叫实惠饭店。听名字叫饭店好像很大，其实就是她用废弃的砖头、旧石、棉瓦，盖的简陋的棚子，棚子里面摆设也很简单，几张桌子，几把椅子，再加上一口锅和碗筷。

饭店开张后因为特别实惠，所以生意兴隆。

饭店旁边有一所学校，学生们经常来吃饭。陶华碧发现其中有一个孩子，不好好学习，还经常打架斗殴。陶华碧觉得这个孩子如果这样下去这辈子就完了。

经过打听陶华碧得知这个孩子家里很穷，父母没钱给他买午饭。为了有饭吃，这个孩子就在同学里面充当老大，这样一些有钱的孩子，会主动"孝敬"他。

陶华碧明白了，这个孩子不是本身愿意打架，而是为了生存，从此以后，这个孩子再来吃饭，陶华碧就不再收他的饭钱，而且对孩子嘘寒问暖，百般关心。

渐渐这个孩子被陶华碧的良苦用心感动了。有一天，他吃饭后，突然忽然叫了陶华碧一声"干妈"。

见有人喊"干妈"，孩子们就一起喊了起来，因为陶华碧并不是帮这一个孩子，其他孩子如果衣服破了，他也帮着补，吃饭没有带钱，她就记账，也从来不催要。

这些孩子的父母因为忙于生计，大部分都没有时间管他们，陶华碧对他们就像母亲一样，他们心里早就认可陶华碧为"干妈"。

陶华碧已经快50岁了，有些人在喊"干妈"的时候又在前面加了一个老字，就这样，附近的人都知道有一个实惠饭店，实点饭店有一个善良的"老干妈"。还有人说，老干妈之所以能成功和陶华碧把自己的头像印在上面很有关系，因为这让很多人想起了妈妈的味道。

他们觉得陶华碧非常懂得营销，是一个营销的天才。其实，更是无稽之谈了，陶华碧没有上过MBA，也没有去学习过任何企业管理课程。

那么，陶华碧为什么会把头像印在瓶子上面呢？其实也是源于她的善良。

陶华碧觉得自己做产品质量永远是第一位，把头像印在瓶子上，就是给消费者一种承诺，一种安心。如果质量出现一点问题，所有的人都能认得出她。

所以，把头像印在瓶子上，这对她是一种督促，更是源于她内心的一种善良。

格局决定一切成败：有很多人热衷学习经济管理，可是学习了那么多，自己的企业仍然经营不好。为什么？因为那都是"术"，他们没有抓住"道"。没有"道"，那些"术"都是无根之木，无源之水。

陶华碧没有"术"，她只用"善良"这个"道"，成就了今日的成功。

（资料来源：http://www.360doc.com/content/18/0822/21/16534268_780437875.shtm）

二　习近平新时代中国特色社会主义劳动思想

党的十八大以来，以习近平同志为核心的党中央站在历史的高度，立足中国国情和发展实际，在继承和发展马克思主义劳动哲学的基础上，逐步形成习近平新时代中国特色社会主义劳动思想体系，为实现"两个一百年"奋斗目标和中华民族伟大复兴的中国梦提供了强大的理论支撑。

在2013—2016年的五一国际劳动节，习近平总书记连续四年发表系列重要讲话，就劳动、中国梦、劳动者、劳模精神等内容进行了深刻阐述。党的十九大报告中也提出一系列与劳动息息相关的重要论断。习近平新时代中国特色社会主义思想在充分继承马克思主义思想的基础上，进一步发展了马克思主义劳动观，开创了新时代中国特色社会主义思想的新境界。习近平新时代中国特色社会主义劳动思想包含了劳动实践观、劳动发展观、劳动价值观等丰富内涵，成为推动党和国家事业发展的强大思想武器与具体行动指南。

（一）新时代的劳动实践观

习近平总书记指出"人类是劳动创造的，社会是劳动创造的"。从马克思的"劳动创造了人本身"到习近平总书记强调的"劳动是人类的本质活动"，既是对唯物史观劳动思想的继承与发展，也是在新时代中国特色社会主义伟大事业中的生动诠释。从这个意义来说，习近平新时代中国特色社会主义劳动哲学的继承和发展，是马克思主义中国化的最新成果，也是新时代中国特色社会理论体系的重要组成部分。

"社会主义是干出来的"，也充分体现了马克思主义的实践观思想。新时代中国特色社会主义劳动思想夯实了全民族"实干兴邦"的劳动实践观，鼓励劳动人民以辛勤劳动、诚实劳动和创造性劳动成就中华民族的伟大梦想。

案例

周树春：焊花飞溅写青春

"一点都不能差，差一点都不行"，这是中国十九冶职教中心教师、中冶集团首席技师周树春在他焊接世界里践行的工作准则。

全国五一劳动奖章、全国冶金建设行业技术能手、全国冶金建设高级技能专家、全国青年岗位能手、全国技术能手……多年来,周树春不断获得各种荣誉。不仅如此,作为焊接项目中国代表队主教练,周树春带领参赛选手连续参加最近三届世界技能大赛,取得了该项赛事中国首枚银牌、首枚金牌。

从入行时的茫然无措到现在的焊接之星,20多年来,周树春用焊花书写着青春之歌。1974年出生的周树春,在18岁时作为一名轮换工走进了父亲曾经工作的企业。上班第一天,面对自己从未见过的机械构件,周树春感到茫然无措。但性格质朴的他却不肯服输,暗下决心:无论多苦、多难、多累都不能退缩,一定要成为一名优秀的焊工。从此,焊枪成了他形影不离的"伴侣",从来没有接受过专业学习的他勤勉努力,虚心求教,白天忙干活,晚上学理论,他发誓要做一名技术过硬、理论扎实的现代工人。多年来,他自学了《管道焊接技术》《焊接热过程与熔池形态》等几十本专业书籍,读书笔记达数十万字。

功夫不负有心人,辛勤的耕耘终获丰厚的回报。周树春先后掌握了12种国际、国内前沿焊接技术,提炼总结出13种焊接操作方法。他不但成长为公司的技术精英,而且在专业学术领域斩获颇丰。

熟悉周树春的人对他评价最多的就是"这是一个踏实勤奋、善于钻研、肯动脑筋的年轻人!"在许多施工项目中,都有他凭借精湛技艺攻坚克难的故事。

昆钢高炉焊接,作业面狭窄,焊口隐蔽,管道内空气流动性大。周树春主动请缨,大胆采用在管道中充氩气置换、隐蔽部位用镜子反射焊口的巧妙办法,一举攻克难关。300多道焊口,检测合格率达98%,展示了他独树一帜的精湛技艺。

邯郸高炉炉体风口大套焊接,坡口及工艺措施不当,接头产生严重层状撕裂。他仔细分析接头产生层状撕裂的原因,运用"Z因子"控制原理,编制了炉皮与风口大套现场焊接工艺,严格按施工工艺操作,成功地解决了焊接裂纹问题,挽回经济损失上千万元。

巴布亚新几内亚瑞木镍钴矿浆管道铺设,地形复杂,高温多雨,且第一次焊接全球最大口径长输矿浆管道X60管线钢。周树春结合现场地质、气候条件,通过数百次的实验,精确计算出焊接电流电压、焊接速度、送丝速度、焊丝伸出长度等参数,成功创造出纤维素型焊条和药芯焊丝自保护下向焊的X60管线钢焊接新工艺,将矿浆管道每道焊口的焊接时间由3小时缩至40分钟,为顺利施工提供了坚强有力的技术支撑。

由周树春研发的X60管线钢焊接工艺填补了国内该类工程焊接技术的空白。经此工艺焊接的6 000多道焊口,经X射线探伤检测,合格率达98.7%;经12.3 MPa水压检测,合格率达100%。在巴布亚新几内亚国土蜿蜒的66.9千米的"银色巨龙"——镍钴矿浆管道,既是周树春焊接青春的光辉写照,更是中国焊工创造奇迹的见证。

"中国焊工,焊接世界"的口号响彻神州!

作为一名普普通通的中国共产党党员,周树春在平凡的岗位上,用勤勉敬业的态度、敢为人先的冲劲、大公无私的奉献演绎出了新时代工人党员的本色。

(资料来源:http://scnews.newssc.org/system/20170514/0007788484html,有改动)

(二)新时代的劳动发展观

习近平总书记指出,"劳动是推动人类进步的根本力量",进一步强调了劳动创造的历史价值和重要意义,丰富和完善了马克思主义劳动观。从马克思认为的"劳动是任何一个民族存在和发展的基础"到习近平总书记的"劳动开创未来",揭示了劳动与社会发展的本质联系。实现中华民族伟大复兴是中国未来的发展方向,劳动则是实现社会发展走向民族复兴的根本路径。劳动是通向未来的必经之路,只有脚踏实地的劳动,才能描绘出更加绚丽的美好未来。

读书笔记

(三)新时代的劳动价值观

习近平总书记在多次讲话中阐述了劳动态度、劳动模范和劳模精神等在中国特色社会主义事业中的重要作用,他号召全社会应始终弘扬劳模精神、劳动精神和工匠精神,为党和国家事业发展汇聚强大的动力,为实现中国梦提供了"崇尚劳动"的价值引领。从国家维度,要始终弘扬劳动精神,为实现中华民族伟大复兴的中国梦注入强大的精神动力。从社会维度,弘扬劳动精神有利于在全社会营造崇尚劳动的浓厚氛围和敬业风气,为中国特色社会主义事业汇聚起精神能量。从个人维度,榜样的力量是无穷的,劳动精神可以感染并引领广大劳动者勤奋做事、勤勉做人、勤劳致富,培育和践行社会主义核心价值观。

案例

梁增基：黄土地上的育种人

在陕西省长武县流传着一句话："要吃粮、找老梁"，说的是长武县农业技术推广中心退休研究员梁增基。82岁的老梁是广东人，大学毕业后一头扎进大西北黄土高原的山坳里，潜心于小麦育种的难题攻关，一待就是半个多世纪。由他培育出的7个小麦新品种先后通过国家和省级的审定，被大面积推广，推广后累计增产小麦25亿千克以上，增加经济效益40亿元以上。如今，已到耄耋之年的梁增基还成天"泡"在地里，和他的种子打交道，延续着他的"育种传奇"。

梁增基操着一口夹杂着广东口音的陕西话，乍一听不太好懂，但对于长武当地的农民来说，特别熟悉、特别亲切。这几天，梁增基正在地里忙着指导农民整理实验田。风很大，老梁的旧皮鞋上早已沾满了细细的黄土末，花白的头发梢、粗糙的黑脸庞也蒙着薄薄一层，但他顾不上掸一下，眼睛紧盯着锄头，怕碰伤了田里的麦苗。

秋收的季节刚过不久，冬小麦也冒出了头，82岁的梁增基却还是闲不住，成天拎着挎包和水杯往田里跑，一待就是一整天。女儿梁瑞芳笑着说，爸爸20多年前就退休了，但他们愣是没感觉到，因为老人从工作到现在从没有放下过工作，也没有节假日，应该是退而不休，在家里坐不住，谁都挡不住他。

这样的工作状态已经延续了50多年。1961年，从西北农学院毕业的广东青年梁增基被分配到西北腹地的长武县搞小麦种子培育工作。刚到长武县，他就被眼前的景象震住了，漫山遍野的沟壑，光秃秃的山坡，水土流失这么严重，哪里能长出麦子呢？

土生土长的长武县农民王连和回忆说，小时候，家里餐桌上只有榆树叶、红薯秧、窝窝头，就这还少得可怜，人们饿得发慌，上学的时候总是饿着肚子。

梁增基发现，在长武县，农民们种的大头儿是小麦，吃的大头儿却是高粱糜子。小麦产量太低，亩产50千克就算好收成。究其原因，是这里的小麦抗冻性和抗病性太差，来一场条锈病，就能让产量损失70%。"抗冻"和"抗锈"成了梁增基的两块"心病"。

周而复始，年复一年，梁增基在地里整地划区，拉行开沟，各式各样的品种撒进实验田，锄草、施肥，小麦扬花抽穗时一株一株选、一棵一棵做记号，通过无数次品种杂交、摸索规律，梁增基终于取得了成功。在农民王连和的回忆里，从1971年往后，大家伙儿终于可以撒开欢儿吃白面馍馍了。"一亩地能打八九百斤（1斤=500克）粮食，老百姓能吃饱而且有余粮，一家种一亩多地现在还有余粮呢。梁老师给长武人办了实事。"

农业专家评价说，"梁增基不光让农民吃饱了饭，他更大的贡献是将小麦条锈病挡在了地处陕西最西边的长武，阻断了条锈病向东传播的通道。长武县形成了条锈病隔离带，守护着陕西的西大门，关中这几年粮食增产的效益是无法估量的。"

从一个吃着稻米长大的"岭南人"，到习惯了蒸馍、面条的"西北人"，梁增基在旱塬上的一个县级农技站扎根50多年，取得了多项重大科研成果，创造了黄土地里的育种奇迹。也曾有大城市的大单位要挖他，甚至专程派人到长武，把新房钥匙送到他家中，但梁增基拒绝了。他说，黄土地里的人生让他感到畅快，能看着麦苗蹭蹭长大，他就打心眼里高兴。

（资料来源：http://scnews.newssc.org/system/20170514/000778848.html，有改动）

三 树立正确的劳动价值观

读书笔记

劳动是国家发展的动力，是民族复兴的基石。中华人民共和国成立后，党中央高度重视五一国际劳动节，通过表彰全国劳动模范和先进工作者，弘扬劳动精神，树立正确劳动观和价值观。青少年时期是树立正确价值观的关键时期，作为学生，我们要从以下几个方面树立的正确的劳动价值观念。

（一）为建设社会主义、实现共产主义而劳动

无产阶级劳动观集中反映了无产阶级和广大人民群众的根本利益，它能够促进社会主义物质文明和精神文明建设的深入发展。我们应在工作实践中努力树立无产阶级的劳动观。我国已经走过了70多年艰难曲折而又光辉灿烂的道路，各方面都取得了巨大的成就。但我国是发展中国家，摆在面前的困难仍然很多，距离社会主义现代化建设目标的宏伟蓝图还差很远，距离实现共产主义的最终奋斗目标相差更远。我们的任务是艰巨的，还须付出比当今发达国家更加艰辛的劳动，才能缩短差距，逐步达到我们的理想境界。如何更加勤奋、科

读书笔记

学、有效地通过我们的劳动，加速社会主义现代化建设，是摆在全国人民、特别是我们青年一代面前的严峻课题。

正因为如此，广大青少年要深学本领，为社会主义现代化建设勤勉劳动，为共产主义理想的早日实现，贡献智慧和力量。

（二）尊重劳动人民

劳动人民是历史的创造者，是社会主义建设的主力军，是他们通过劳动创造了财富，推动了历史的发展。我们应牢牢树立尊重劳动人民的观念，加深对劳动人民的理解，培养与劳动人民的亲密感情。

尊重劳动人民，要树立全心全意为人民服务的思想，培养与劳动人民同甘共苦的思想感情。现代著名作家赵树理，深入农村，与农民一起生活了十几年，虚心学习农民勤劳、善良、质朴的优秀品质，使自己的感情、衣食住行和言谈举止完全农民化。他就是怀着对农民群众的深厚感情，在深入体验生活的基础上写出了许多著名的反映农村生活题材的中长篇小说。高级农艺师、共产党员周君敏，不恋上海的繁华，大学毕业后扎根胶东山区，一干就是近 40 年，她生活俭朴，工作勤恳，如今已是 60 多岁的人了，仍为农村的果林建设而忘我工作，为山区人民的致富流尽了汗水，也赢得了人民的尊敬和爱戴。这些老前辈，在与工农相结合的道路上，在全心全意为人民服务的思想作风上，为我们树立了光辉的榜样。

习近平与劳动人民在一起

民生在勤，勤则不匮。中华民族是勤于劳动、善于创造的民族。正是因为劳动创造，我们拥有了历史的辉煌；也正是因为劳动创造，我们拥有了今天的成就。

打坝、修渠、种树、打糍粑、磨豆花……数十年来，习近平总书记所到之处都留下了他与人民同劳动的温暖记忆，彰显出人民领袖的劳动本色、为民情怀。

从黄土地走来的习近平总书记

"我们的根扎在劳动人民之中。"

习近平青年时期的基层经历和劳动经验，让他深知劳动是锤炼作风、联系群众的重要法宝。

1969年年初，不满16岁的习近平主动申请到陕北农村插队，来到延川县文安驿公社梁家河大队。

在梁家河，他与劳动人民吃住在一起，"真诚地去和乡亲们打成一片，自觉地接受艰苦生活的磨炼"，从一个"不谙世事的孩子"成长为"种地的好把式"。

成为梁家河大队党支部书记后，他与乡亲们一起种地、打井、打坝、修公路，发展生产，改变家乡的面貌……

习近平后来回忆感慨，"我生活在他们中间，劳作在他们中间，已经不分彼此"，同时他也在劳动人民中间"学到了农民实事求是、吃苦耐劳的精神"。

离开梁家河，习近平依然坚持劳动不忘本的良好习惯。

在正定，乡村考察时正赶上乡亲们锄地、间苗，习近平拿起锄头、撸起袖子就跟乡亲们一起干起来，手法和老农一样熟练。这让同行的人不由都吃了一惊。

在宁德，他不仅参与劳动，还对劳动进行了深层次的思考。他曾在《摆脱贫困》一书中写道："农村劳动力如果继续束缚在原有规模的耕地上，倚锄舞镰，沿袭几千年来日出而作、日落而息的耕作老传统，进行慢节奏、低效率的生产劳动，那就不是一件好事；反之，用改革开放的眼光看待劳动力的大量转移，会惊喜地发现，我们又获得了一种极其宝贵、可待开发、可能创造巨大价值的崭新资源。"

在浙江，他换上矿工服，戴上安全帽，乘罐笼下到近千米的井底，弯腰弓身沿着低矮狭窄的斜井走了1 500多米，来到采矿点看望慰问在井下采煤的工人，并与工人们一起吃饺子。

赞美劳动者、致敬劳动者

从劳动人民中间走出来的习近平对于劳动者一直十分关心支持。党的十八大以来，他多次与劳动群众一起出席活动，同代表谈心，给劳模回信，为劳动者鼓劲，展现了人民领袖同劳动群众面对面、心贴心、实打实的深情厚谊。

2013年4月28日，习近平来到全国总工会机关，同全国劳动模范代表座谈并发表重要讲话。他强调，全社会都要贯彻尊重劳动、尊重知识、尊重人才、尊重创造的重大方针，维护和发展劳动者的利益，保障劳动者的权利。

2014年4月30日，正在新疆考察工作的习近平在乌鲁木齐接见劳动模范和先进工作者、先进人物代表，并同他们座谈。习近平在座谈会上强调，劳动模范和先进工作者、先进人物不仅自己要做好工作，而且要身体力行向全社会传播劳动精神和劳动观念，让勤奋做事、勤勉为人、勤劳致富在全社会蔚然成风。

2015年4月28日，习近平在庆祝"五一"国际劳动节暨表彰全国劳动模范和先进工作者大会上发表重要讲话。他指出，全面建成小康社会，进而建成富强民主文明和谐的社会主义现代化国家，根本上靠劳动、靠劳动者创造。因此，无论时代条件如何变化，我们始终都要崇尚劳动、尊重劳动者，始终重视发挥工人阶级和广大劳动群众的主力军作用。

2016年4月26日，习近平在安徽合肥主持召开知识分子、劳动模范、青年代表座谈会。他指出，劳动模范是劳动群众的杰出代表，是最美的劳动者。劳动模范身上体现的"爱岗敬业、争创一流、艰苦奋斗、勇于创新、淡泊名利、甘于奉献"的劳模精神，是伟大时代精神的生动体现。

2018年4月30日，习近平给中国劳动关系学院劳模本科班学员回信。他在信中写道，社会主义是干出来的，新时代也是干出来的。希望你们珍惜荣誉、努力学习，在各自岗位上继续拼搏、再创佳绩，用你们的干劲、闯劲、钻劲鼓舞更多的人，激励广大劳动群众争做新时代的奋斗者。他同时强调，全社会都应该尊敬劳动模范、弘扬劳模精神，让诚实劳动、勤勉工作蔚然成风。

习近平总书记的这些话，凝聚着一个鲜明的主题：崇尚劳动、致敬劳动者。一句句饱含深情的话语，让广大劳动群众倍感温暖与振奋，也成为新时代全体劳动人民努力奋斗的不竭动力。

（资料来源：http: //news.cnr.cn/native/gd/20200501/t20200501_525075362.shtml）

（三）珍惜劳动成果

珍惜劳动的成果，是我国劳动人民的传统美德。今天我们不仅要继承和发扬它，还要世世代代传承下去。对劳动成果的珍惜，主要从保管、使用和爱护公共财物等方面着手践行。

所谓"珍惜"，就是将有益于人民、有益于社会的劳动成果当作珍宝一样地爱护。因为每一项成果的完成，都需要花一些时间，流一些汗水，付出一些精力，有的甚至牺牲生命。我们日常生活中吃的、穿的、用的、住的都需劳动创造，有些科研成果，往往要花费几年、几十年的精力，经历几十次、几百次的实验，才能取得成功。一位日本学者，为了帮助人们战胜梅毒，耐心地实验了600多种药品，直到研制出满足一定要求的第605种药品为止。可见，有许许多多的劳动成果都是来之不易的。只要某种成果对人民有好处，无论它是普通的，还是特殊的；无论它是古人留下的，还是当代新发明创造的；无论它是自己的，还是别人的。我们都要对它细心保管，精心爱护，决不能让它随意流失、腐蚀和损坏；还要注意节俭使用，不能铺张浪费。

勤俭节约，是中华民族的光荣传统。毛泽东同志说过："贪污和浪费是极大的犯罪。"为什么？贪污，即贪占了人民的劳动成果，是一种不劳而获的可耻行为；浪费，是对人民的劳动成果不珍惜的行为，同样是对人民的犯罪。中国共产党历来号召全党同志、全国人民勤俭办一切事业。对劳动成果用之得当，可以说是"勤俭节约"的一个重要方面。我国是个大国，人口众多，家大业大，但目前财力不够富足，因此，在社会主义建设中的每一项事业，都应当计划得当、科学设计、节约开支。即使一个家庭，在安排生活时，也要精打细算。总之，勤俭节约这个问题，从大处说是我们的建国方针，从小处说是我们每个人应具备的文明行为。"爱护公共财物"，过去我们将它列为"五爱"之一（另外"四爱"是爱祖国、爱人民、爱劳动、爱科学），今天，党和政府又将它写进宪法，强调了它是每个公民应尽的义务。公共财物，是集体的乃至全民的共同的劳动成果，因此，爱护公共财物又属于共产主义道德范畴。作为青年学生，应当怎样珍惜劳动成果呢？首先应当懂得，国家拨给我们的教育经费，是劳动人民辛勤劳动得来的；学校里的桌子、椅子、黑板、房舍等公共财产，都是工人师傅用血汗换来的；我们吃的每一碗饭，每一碟菜，都是农民伯伯起早贪黑耕种的。所有这些，我们都应注意珍惜和爱护节约使用。在日常生活中，从点滴入手，从小事做起，爱护教学仪器，严格实验操作规程，爱护门窗玻璃，决不破坏公共设施，爱护图书资料，不能随意涂抹撕毁，爱护每株花草、每棵树木……节约每一滴水、每一粒米、每一张纸、每一度电……并要同一切破坏公共财物的行为做坚决的斗争，还要做到从思想上重视，在行动上落实。

读书笔记

课堂小活动

请搜索关于珍惜劳动成果的名言或名人事迹，并分享出来。

（四）积极参加劳动，养成劳动习惯

良好的劳动习惯主要表现在热爱劳动，习惯于劳动，适应于劳

动，自觉自愿地参加劳动。良好的劳动习惯不是与生俱有的，而是在长期的社会实践中逐渐养成的。青年学生在思想品德等方面可塑性很强，应加强修养和学习，同样，在劳动习惯的培养和劳动观念的树立上也具有很强的可塑性，也需要在实际的各类劳动中加以磨炼和培养。

（1）端正劳动态度。作为青年学生应努力树立正确的劳动观，将劳动看作锻炼自己、发挥自己才干的必要条件，看作不断完善自己理想人格的重要前提，只有这样才不至于将劳动看作额外的负担，而皱着眉头去被动地应付，劳动态度端正了，劳动积极性被调动起来了，劳动成为一种愉快的活动，它的经济效益和社会效益也会相应地提高。

（2）投身劳动实践。作为青年学生，应首先积极参加自己职责范围内的劳动和自我服务性质的劳动。从日常学习生活的值日（扫地、擦黑板、擦桌椅门窗等）劳动做起，从环境卫生的打扫做起，从提水洗衣寻找"乐趣"。作为青年学生，切不要自命不凡，误认为自己不是做"小事"的材料，大事做不来，小事不屑做，总想将来必定会成就一番所谓的"大事业"，结果到头来成了"拨一毛利天下而不为"的人，一个什么事也做不了的庸庸碌碌的人。生活中此类的教训不少，很值得人们引以为戒。

（3）养成劳动习惯。在"全心全意为人民服务"的思想指导下，在"当人民老黄牛"的吃苦精神的鞭策下，在众多的像雷锋那样的先进模范人物的英雄事迹影响带动下，积极主动地经常参加义务劳动，争做好人好事，如果一个人不经长期实践的锻炼，只愿偶尔做做样子，摆摆花架子给别人看，那么他为人做好事的心理素质、对消极舆论的承受能力都是靠不住的，更谈不上养成良好的劳动习惯。

思考题

1. 新时代，应该怎样做到珍惜劳动成果？
2. 认真学习领会习近平新时代中国特色社会主义劳动思想，并写出具体的改进措施。

第二章
弘扬劳动精神

知识导航

1. 认识劳动精神,分析不同时代劳动精神的内容。
2. 理解弘扬劳动精神的意义。
3. 掌握弘扬和践行劳动精神的途径。
4. 积极参与实践,感悟劳动精神。

课程引入

1969年1月，习近平第一次来到梁家河村与其他知青一起插队，很不适应，几个月后离开梁家河村回到北京，再半年后，习近平再次来到梁家河村，经过"五关"的历练，各个方面发生了"巨大的变化"。

在节目中，习近平回忆了在延安插队过的"五关"，包括跳蚤关、饮食关、生活关、劳动关、思想关。

习近平在节目中详细地回忆了这"五关"：

第一关是过跳蚤关。很有意思，我一去最受不了的就是跳蚤，不知道现在还有没有了，当时那个跳蚤很多，我这个皮肤很过敏，一咬就是成片的红包，最后红包就变成水泡了，水泡会烂掉，哎呀，痛不欲生啊。但是3年过去了，那也真是叫"牛肉马皮"了，不怕咬了。

第二关就是饮食关。刚才讲了什么都不会吃、不爱吃，五谷杂粮，那哪是五谷杂粮？是糠菜半斤粮，慢慢地我们就学会了，什么都吃了，没有吃的还不吃吗？最后最爱吃老百姓送来的东西。这家送一个玉米糕，那家送来一个高粱米的团子，吃得都很好。酸菜成为我最喜欢的美味佳肴，以至于到后来，我甚至现在还想念酸菜。

我们曾经可能都有几个月不吃肉的经历，见到了肉以后，我和我那个同学切下来就忍不住生肉都吃了。经过这么一个过程，这是饮食关。

第三关就是生活关。生活关就是什么也不会做，什么都要依靠别人，后来就慢慢什么都学会了。我们都学着捻毛线，但是织袜子我还是织不好，羊毛袜子，但是缝衣服、缝被子这些活都是自己做，所有的这一套生活上的事情都会自己料理，所以这个是受益无穷啊。到现在为止我们的生活自理能力很强，就是在那打下的基础。

第四关就是劳动关。劳动，刚才讲了嘛，我刚去上了山就气喘吁吁，后来给我们评的分是6分，当时6分是什么呢？刚刚参加劳动的小女孩，十五六岁，我们当时也十五六岁，拿跟我们一样的工分，我们觉得简直是一种歧视，实际上是自己没本事。但是这一年下来我就干得没黑没白，风里雨里我们都在窑洞里铡草，牲口圈里铡草，然后一样一样地学。当然这些，一年过去了以后全掌握了，体力也上来了。后来就评成10分，10分还是里边最壮的劳动力。像我们到夏天担麦子，那也就是最多200斤，10里山路一口气就下来了。这个是第四关。

第五关就是思想关。开始是格格不入啊，我刚一去了以后，看到我们这个窑洞在半山上，星星点点的煤油灯，我跟我的同学说，我说你们感觉有没有像山顶洞人的感觉，那都是说得很不像话了，但是后来我们就是在这样的环境中住了7年。

对老百姓是从怕他上炕，到请他们跟我一起睡觉。我这个窑洞里有四五个小伙子陪着我，晚上不仅是他们，村里的其他人，都是陆续地吃完饭以后进了我的窑洞，来串门，来听我讲古今，因为我的故事多啊。问我这个问我那个，北京什么样子，知道还有国外，美国是怎么回事，很好奇。你们都吃些什么，在北京吃什么，什么最好吃，你们都还见过什么稀罕事，《三国》《水浒》《红楼梦》是怎么回事。后来我就给他们讲了，讲《三国》《水浒》《红楼梦》，跟大家都成为好朋友。

（资料来源：2004年8月，时任浙江省委书记的习近平接受延安电视台《我是延安人》的节目专访）

第一节　劳动精神的来源及现实要求

伟大的时代需要伟大的精神，伟大的精神来自伟大的人民，劳动精神是关于劳动的理念认知和行为实践的集中体现。劳动是推动人类社会进步的根本力量，中华民族历来就有勤劳勇敢、自强不息的优良传统，在悠久的文明中孕育出辛勤劳动、诚实劳动、创造性劳动的理念和劳动最光荣、劳动最崇高、劳动最伟大、劳动最美丽的价值观。

无论是科技革命的巨变，还是智能化时代的到来，我们都需要重视劳动精神的培育与养成。从农耕社会"耕读传家久"的传统，到现代社会"劳动创造幸福"的箴言，劳动的形式在改变，但劳动的精神内核始终未变。劳动，是人生的第一主题。只有劳动才可能使人在生活中强大。了解劳动精神的历史底蕴，广大青年在动手实践、出力流汗中播撒崇尚劳动的种子，在接受锻炼、磨炼意志中涵养艰苦奋斗的精神。有梦想、有奋斗，每个人都有机会在实现中国梦的伟大实践中，通过自己的辛勤劳动，创造自己的精彩人生。

读书笔记

 我国劳动精神的形成与发展

在漫长的历史进程中，中华民族不仅创造出光辉灿烂、享誉世界的中华文明，也塑造出独特的劳动精神品格，形成了崇尚劳动、吃苦耐劳的优秀传统。这一传统贯穿中华民族筚路蓝缕的奋斗历程，推动着中华民族的一路向前、发展壮大，是中华民族重要的精神标识。劳动创造了中华民族,造就了中华民族的辉煌历史,也必将创造出中华民族的光明未来。

(一)勤劳是中华民族几千年贯彻始终的精神倡导

人类劳动发展可分为奴役劳动、谋生劳动、体面劳动、自由劳动四个阶段。中华民族对社会劳动的热爱和推崇,在中国古代典籍及艺术作品中留下鲜明印记。《大戴礼·武王践阼·履屦铭》中写道:"慎之劳,则富。"强调的是财富和劳动的关系,即勤劳才能创造财富。《史记》记载,周武王每年都会举行隆重的"亲耕"仪式,皇帝亲耕作为我国封建社会的一项重要制度起到劝民农桑的作用。中国传统文化对劳动的肯定和赞美作为一项重要内容,《尚书·周官》中写道:"功崇惟志,业广惟勤。"《左传·宣公十二年》中写道:"民生在勤,勤则不匮,是勤可以免饥寒也。"意思是人们的生计在于勤劳,勤劳就不会缺乏衣服与食物,勤劳能够让人避免饥饿与寒冷。荀子在《天论》中所说:"强本而节用,则天不能贫。"表达了对勤劳耕作和勤俭节约的认同。

中华民族重视劳动的传统。在先贤思想中得到系统的阐释。墨家是劳动者的学派,主张"兼爱、非攻、尚贤",它是以劳动为本位的积极性劳动理论,也是劳动和知识的有机结合。《墨子·非乐上》说:"民有三患:饥者不得食,寒者不得衣,劳者不得息,三者民之巨患也。"《墨子·非命下》说:"必使饥者得食,寒者得衣,劳者得息。"这是中国社会福利、劳动保障思想的萌芽。墨家思想兼容并蓄,形成了中国先进文化的必要成分,是民族振兴、国家进步的精神力量。清仁宗在《味余书室全集》中写道:"农夫不勤则无食;桑妇不勤则无衣;士大夫不勤则无以保家。"意思是农民不勤劳就没有吃的,采桑养蚕的妇女不勤劳就没有衣服穿,士大夫不勤劳就无法贡献国家。法、儒两家主张繁衍人口,认为劳动力是发展生产的根本保证,孟子曾提出"民为贵,社稷次之,君为轻"的重民思想,经过长期的文化大融合,儒、释、道、墨、法等多家思想互相渗透、互相影响,"勤于劳动"被看作"修齐治平"的根本性的道德品质,深深滋养着一代代华夏儿女的精神心田。

(二)古代劳动人民的辛勤劳动创造了生活本身和精神意境

古代劳动人民通过辛勤的劳动实践,留下了劳动美好的精神向往和价值追求。魏晋时期诗人陶渊明所作《归园田居·其三》中写道:"种豆南山下,草盛豆苗稀。……衣沾不足惜,但使愿无违。"这首诗展现出我国古代人民早起劳作,傍晚收工,期待有好收成的场景,展现出劳动人民辛勤劳动的形象。唐代诗人李绅《悯农》中写道:"锄禾日当午,汗滴禾下土。谁知盘中餐,粒粒皆辛苦?"融洽地将珍惜食物与辛勤劳动结合起来,一直影响塑造着中国人的勤俭节约的美德。唐代诗人王维写道:"屋上春鸠鸣,村边杏花白。持斧伐远扬,荷锄觇泉脉。……"这首《春中田园作》的前四句展现出了古代人们愉快劳动的情境和勇于探索的精神。劳动不仅可以磨炼人的意志,劳动的协作性还可以培养人的互助和团结精神。自强不息是古代劳动人民战胜困难的智慧之源,古代物质资源匮乏、自然条件恶劣,勤劳的中华儿女自强不息,积极探索。到了宋明时期,科技、手工业都变得十分发达。宋朝时发明了天文仪等多种精密仪器,明朝时期郑和七次下西洋代表了那个时代科技、造船业的世界先进水平。古代劳动人民智慧的结晶反映在各个领域:栩栩如生的兵马俑、巍峨的长城、巧夺天工的都江堰、贯通南北的大运河;素纱禅衣、榫卯结构、记里鼓车等,无一不是凝聚劳动者勤劳智慧的伟大成果,尽责、乐业、精益求精的工匠精神使这些遗宝成为历史的烙印和华夏子孙精神的内核。

读书笔记

案例

曾国藩治家之道中的劳动精神

曾国藩治家有道、教育有方,离不开他亲手制定的"治家八字诀",分别是早、扫、考、宝、书、蔬、鱼、猪。这八个字让曾家得以长期保持农耕生活方式,子弟勤奋好学,家风严谨、和善而又朴实。曾国藩的持家治国思想在某种程度上影响了湖湘文化中吃苦霸蛮、重视耕读的文化基因。

早,就是起早,或者喝早茶。一年之计在于春,一日之计在于晨。扫,要干净,要整洁。流水不腐,户枢不蠹,即要经常打扫卫生,贵在持之以恒。养成良好的习惯不是一朝一夕的事情。考,"考"就是"孝",指祖先祭祀,敬奉考妣,不忘先辈教诲。这里就是要教导中华民族的优良传统,尊老爱幼,孝敬父母,关爱他人。宝,"亲族邻里,时时周旋,贺喜吊丧,问疾济急",所谓"人待人,无价之宝也"。以邻为宝,和亲睦邻,建立自己周边互帮互助的友好朋友圈,多沟通、多交流,不仅能够得到互相帮助,更能开阔眼界,舒展胸怀。书,就是读书治学。养成读书的好习惯,同时要建立良好的学风,"三人行,必有我师焉",同时知书达理,修身养性。蔬,代表着农耕;鱼,代表着"渔",猪,代表着"畜牧养殖",意思是保持农耕的生活方式,注意健康的饮食习惯，五谷杂粮不偏食。同时告诉我们技不压身，农田耕作、捕鱼狩猎、种植养殖等技术都要掌握，没有职业的高低之分，只有分工的不同。这句话也预示了要自力更生、艰苦奋斗、不要坐享其成。

八字诀中饱含重视劳动精神的内容，正是曾国藩对家庭严格要求和教育，才使整个家族繁荣兴旺，连绵不衰。曾国藩作为晚清四大名臣之首，作为中国儒家核心思想的典范在精神与文化层面影响着他的家族，给世人以无限的启示。

（资料来源：《曾国藩传》）

（三）中国共产党是中华民族劳动精神的忠实继承者和坚定弘扬者

在革命、建设、改革各个历史时期，中国共产党都强调劳动的重要性，重视发挥劳动精神的能动作用，重视劳动，提倡和践行自力更生、艰苦奋斗，使劳动精神得到进一步发扬光大。早在革命战争年代，党就提出劳动是"世界上第一桩神圣事业"，"没有劳动，便没有现在的社会"；"尊重劳动"，"无工无食"；社会主义是"劳动问题的根本解决方法"，"实行社会主义，是我们劳工的责任"；劳动者要觉悟，要联合起来，向资本家争取"人的生活"，进而实现劳动阶级的彻底解放。延安时期，以八路军第三五九旅为代表的抗日军民在南泥湾大生产运动中一边练兵，一边屯田垦荒，在短短的三年内，三五九旅发扬"自力更生，艰苦奋斗"的革命精神，将荆棘遍野、荒无人烟的南泥湾变成了"处处是庄稼，遍地是牛羊"的陕北好江南，创造了"南泥湾精神"等宝贵的劳动精神。中华人民共和国成立以来，在中国共产党的带领下，伟大的劳动精神迸发出巨大力量，千千万万的劳动者怀着建设新中国的无比热情，投入无限的劳动中，各行各业涌现了大量的优秀劳动者和建设者，在科技落后的特殊时期，发扬了劳动者伟大的梦想精神、伟大的团结精神、伟大的奋斗精神和伟大的创造精神，进一步形成和丰富了劳动精神的内涵，如大庆精神、雷锋精神、大寨精神、两弹一星精神等。只要有志气，有闯劲，普通劳动者都可以在宽广舞台上实现自己的人生价值。许多劳动模范平凡而感人的事迹，就充分地说明了这一点。"蓝领专家"孔祥瑞、"金牌工人"窦铁成、"新时期铁人"王启明、"新时代雷锋"徐虎、"知识工人"邓建军、"马班邮路上的信使"王顺友、"白衣圣人"吴登云、"中国航空发动机之父"吴大观等一大批劳动模范和先进工作者，带动人们锐意进取、积极投身改革开放和社会主义现代化建设，为国家和人民建立了杰出功勋。

大量劳动者形成的伟大劳动精神，是我们极为宝贵的精神财富。

阅读延伸　　　　　毛泽东和他的菜园

1939年，大生产运动在陕甘宁边区展开。当时，边区政府成立了生产委员会，采取有效措施，鼓励生产。在延安，党政军学各界人士都被动员起来，数万人投入大生产运动中，掀起了"人人动手"的大生产热潮。

一时间，延安的沟沟岔岔都是锄头的碰击声、人畜的嘈杂声，每个机关、每个部队、每个学校都有自己的生产计划、生产任务。"到生产战线上去""我们要做劳动的先锋""我们要做劳动的英雄"成为当时大家的誓言。

作为党政军负责人的毛泽东，不仅是大生产运动的倡导者，也是实践者。

大生产运动一开始，毛泽东就向大家发出了"一面工作，一面学习，一面生产"的号召。他在窑洞门前选择了一块空地，自己动手开荒种地。众所周知，自长征以来，毛泽东喜欢在夜间办公，一直到次日凌晨。因此，一大早，延安城和周围的窑洞还在沉睡中，劳累了一夜的毛泽东在未睡觉之前，就扛着锄头出来开荒了。干一会儿后，他才回窑洞休息。办公一阵，又出去挖地。

警卫员、勤务员一见毛泽东下地，急忙回到窑洞里，拿起锄头跟上去，和毛泽东一起挖。毛泽东立刻阻止说："你们有你们的生产计划，我有我的生产任务，就这点地，你们都挖了，我没有挖的了。"

大家一边笑，一边挖。毛泽东满脸淌着汗水，衬衫都被浸湿了，还是不肯放下锄头。手握锄头，毛泽东有一种说不出的亲切感。他6岁时就开始学着干轻微的体力活；13岁时，家里缺少劳动力，父亲让他停了学，翻田、锄草，什么活儿都干。他锄草特别认真，别人的田只锄两遍，他的田总要锄上3遍，有时根本不管遍数，见了草就锄。结果，他种的庄稼总是比人家长得好。

毛泽东这位种地能手现在又派上了用场。挖了不多久，他根据小时候种田的经验，认为有一亩地，挖得差不多了。叫人来一量，果然一亩地。

地挖好了，毛泽东和警卫员们在地里垒起了个小水坝，用来引水浇地。几天后，毛泽东的地里就种上了洋芋，栽上了茄子、西红柿及他最爱吃的辣椒。

菜种好了，毛泽东站起身，拍拍手，乐呵呵地把警卫员及临时来帮忙的警卫排其他战士叫过来。

"来吸烟，来吸烟。"毛泽东逐一给战士敬烟，然后关心地问，"你们天一明就上山生产，夜晚还要放哨，很辛苦吧？"

大家争着回答说："我们青年人，都是庄稼汉出身，不觉得辛苦。"

毛泽东细细地问着:"你们警卫排订了生产计划没有?除了开荒种谷子、糜子之外,是否还种菜、养猪、打柴、烧炭呀?"

排长回答说:"根据大队部(中央教导大队)的指示订了计划,养猪、打柴、烧炭,我们去年就这样干了。"

毛泽东接着说:"耕田种地也要讲究技术,深耕细作,多犁地、多除草、多上粪才行。老百姓不是说'一籽下地,万籽归仓'吗,你们说对不对?"

大家一齐回答:"对,一点也没有错!"

毛泽东接着问:"你们谁会种菜?"

排长指着一位班长说:"他是延安县的人,在家就种过菜。"

毛泽东笑着说:"那很好,我就拜你做师傅。西红柿我还不会种,你教教我好吗?"

那位班长脸色忽然变得通红,低着头,羞羞答答地笑着对毛泽东说:"务菜我是务过,但务得不好。"

毛泽东笑着说:"经验不多不要紧,我们大家一齐来研究研究吧!三个臭皮匠,合成一个诸葛亮呀!"

一场春雨过后,毛泽东的那块地里的菜齐刷刷地出了苗,谁看了都夸奖。村里的人从地边经过,都要好好看看周围,怕有猪呀、鸡呀的把毛泽东的这块苗给毁了。

第二年,毛泽东请来杨家岭的老乡当顾问,他一有空便到菜地里施肥、浇水、锄草,不久,地里便有了黄瓜、白菜和丝瓜。最让毛泽东感到高兴的是地里种出了他最喜爱的红辣椒,吃着自己种的红辣椒,心里特别舒坦。除供自己吃外,他还经常拿这些劳动果实来招待客人,或送给周围的同志。

(资料来源:http://www.wenming.cn/djw/djw2016sy/djw2016dsgs/201703/t20170323_4136052.shtml)

请寻找在革命及建设时期的劳动故事,并对他(他们)的事迹进行评价。

  劳动精神的内涵及时代要求

(一)劳动精神的内涵

劳动精神是每一位劳动者为创造美好生活而在劳动过程秉持的劳

动态度、劳动理念及其展现出的劳动精神风貌。劳动精神是全体劳动者共同的精神财富。劳动精神是对广大劳动者劳动实践的高度肯定与科学总结，也是人类为了自身的幸福而不懈努力奋斗的实践结晶。人民创造历史，劳动开创未来，劳动是推动人类社会进步的根本力量。"劳动创造了人本身""劳动是唯一价值源泉""劳动创造财富、劳动使人幸福"等，积淀成为劳动者的精神力量。正是一代代劳动者的共同努力，创造了辉煌的人类历史，书写了人类家园的绚烂篇章。

习近平总书记强调，必须坚持崇尚劳动、造福劳动者。劳动是财富的源泉，也是幸福的源泉。人世间的美好梦想，只有通过诚实劳动才能实现；发展中的各种难题，只有通过诚实劳动才能破解；生命里的一切辉煌，只有通过诚实劳动才能铸就。全社会都要贯彻尊重劳动、尊重知识、尊重人才、尊重创造的重大方针，维护和发展劳动者的利益，保障劳动者的权利。要坚持社会公平正义，排除阻碍劳动者参与发展、分享发展成果的障碍，努力让劳动者实现全面劳动、全面发展。全社会都要热爱劳动，以辛勤劳动为荣，以好逸恶劳为耻。

劳动精神在理念认知上表现为全社会尊重劳动、崇尚劳动、热爱劳动，在行为实践上表现为劳动者辛勤劳动、诚实劳动、创造性劳动。两者构成劳动精神内涵的整体。

尊重劳动是指对劳动的认识，将劳动作为人类的本质活动，作为创造财富和获得幸福的源泉，尊重一切有益于人民、造福于社会的劳动者及其劳动价值；崇尚劳动是指对劳动的态度，认为劳动价值有大小，劳动分工无贵贱，劳动最光荣、劳动最崇高、劳动最伟大、劳动最美丽；热爱劳动是指对劳动的情感，焕发劳动热情，积极投身劳动，珍惜劳动成果，将劳动与实现自身价值紧密结合起来。尊重劳动、崇尚劳动、热爱劳动这3个层面涉及对劳动的理性认知、感性把握和内在情感，体现为从对劳动共通的社会认识到个人的品行追求这样一个由表及里、逐步内化的过程。

辛勤劳动是指勤奋敬业、埋头苦干，是劳动者应有的基本要求，是诚实劳动、创造性劳动的基础和保障；诚实劳动是指脚踏实地、恪尽职守，遵守法律法规和政策，遵循职业道德规范和工作标准，实事求是地认识和对待劳动过程和劳动成果，是辛勤劳动的升华，也是创造性劳动的前提；创造性劳动是指敢闯敢试、开拓创新，体现了体力劳动和脑力劳动、简单劳动和复杂劳动的结合，是辛勤劳动、诚实劳动的发展。

（二）新时代的劳动精神

马克思主义劳动观认为，劳动是人的根本属性，劳动创造了人这个概念。人在劳动的过程中生产满足人类物质需求和精神需求的产品，极大地丰富了人类的物质生活和精神生活，改造了人的主观世界，使劳动现实化。在劳动价值论的指引下，通过中国特色社会主义的具体实践探索，最终构成了具有中国特色的社会主义劳动精神。它进一步引领人民群众在中国特色社会主义道路的建设过程中竭力前进，开始了新时代中国特色社会主义道路的探索。

改革开放以来，党带领人民在继承和弘扬伟大劳动精神的基础上，赋予劳动精神以新的时代内涵。改革开放进程中涌现的一系列时代楷模和榜样群体，在平凡的岗位上做出不平凡的事迹，都生动地展示着新时代的劳动精神。"雕刻火药的大国工匠"徐立平，在悬崖绝壁上书写精彩传奇的"当代愚公"黄大发，用生命叩响"地球之门"、让中国进入"深地时代"的战略科学家黄大年，勇担民族复兴大任的"天眼巨匠"南仁东，对党忠诚、心系群众、忘我工作、无私奉献的优秀县委书记廖俊波，爱生如子、甘做学生成长引路人的高校思想政治理论课教师曲建武……这些代表着当代中国精神高峰的时代楷模，在各自的岗位上心怀大我、至诚报国，书写了当代中国最美的时代华章。郭明义、沈浩、杨善洲、张丽莉、吴斌、高铁成……一个又一个"最美教师""最美司机""最美护士"在中国大地上接连涌现，他们用爱心和善行，用坚守和执着，在危急时刻做出英雄壮举，在生死关头展现人间大爱，彰显出当代中国劳动者的风采。他们爱岗敬业、淡泊名利、甘于奉献的劳动品格，他们求真务实、积极探索、勇于创造的劳动精神，他们自强不息、艰苦奋斗、顽强拼搏的劳动态度，都是中国人民在改革开放的伟大实践中展现出来的崭新精神风貌和高尚精神品格，是建设新时代中国特色社会主义、实现中国梦的强大精神动力。

（1）爱岗敬业、甘于奉献的劳动精神。爱岗敬业是社会主义核心价值观的重要内容，奉献是社会主义道德的鲜明特征。作为新时代劳动者，首先要做到的就是立足于自身的岗位，服务他人，服务社会。在2020年抗击新冠肺炎疫情这场没有硝烟的战斗中，广大卫生健康工作者勇于担当，毅然逆行，深入疫情防控一线救治患者，奋力遏制疫情蔓延，守护人民群众生命安全和身体健康。他们是最美逆行者，也是最美劳动者。其中既有国士无双的钟南山、李兰娟院士不顾高龄深入病房一线，也有渐冻症院长张定宇的瘸腿坚守。另外，还有快递小哥、医疗垃圾处理工等无数劳动者默默坚守岗位。这些可爱的劳动者身上体现了中国劳动者的奉献精神和担当精神。

（2）艰苦奋斗、勇于创新的劳动精神。革命战争年代，革命先辈爬雪山、过草地的"长征精神",开垦陕北好江南的"南泥湾精神";新中国建设初期的第一代劳动者,宁可少活20年,也要拿下大油田的"大庆精神",战天斗地改造自然的"红旗渠精神";新中国一穷二白的情况下,大批海外学子心怀殷殷报国心,以钱学森、华罗庚、朱光亚等为代表的海外专家学者破除一切艰难险阻,怀抱对祖国的浓浓感情,纷纷归国效力,为新中国科技事业发展做出了突出贡献。到1957年,归国的海外学者已经达到3 000多人,约占中华人民共和国成立前全部海外留学生和学者的一半以上。他们中大多数人成为新中国各个领域科学技术发展的奠基人或开拓者,在那个激情燃烧的年代,带领着全国科研人员在极为困难的条件下自力更生、艰苦奋斗,创造了一系列举世瞩目的科技奇迹,更给后人留下了宝贵的精神财富。

读书笔记

案例

1960年5月1日,王进喜在指挥工作的时候,一根上百斤的钻杆突然掉了下来,正好砸伤了王进喜的大腿。当工人们赶过来的时候,王进喜已经陷入昏迷。但是不一会儿,王进喜醒了。当他看见工人为了救他,竟然放下了手头的工作,怒吼道:我又不是泥捏的!说完,他立马指挥大家干活,而王进喜的大腿正流淌着鲜血。工人们知道不干完活,王进喜是肯定不会去医院治疗的,他们只好加快速度。

活忙完后,王进喜被送到医院,经过简单的包扎后,他立马拄着拐杖回到了工作岗位,因为他心中正想着一件急事——一个新的井位正处于高压区,十分危险,很容易发生井喷!

王进喜担心的事情最后还是发生了,当钻机打到高压层后,井喷发生了。如果不堵住缺口,后果不堪设想。在这千钧一发之际,王进喜突然跳进了泥浆里。他奋力地晃动自己的身体,用自己的身体把泥浆池底的水泥搅上来,经全队工人奋战,最后井喷被制服。

60年过去了,大庆油田产量突破50亿吨,按照5 000元/吨的标准,大庆油田创造的经济价值就已经达到了25万亿元,而作为大庆油田的开创者之一,王进喜创造的经济效益也起码在百亿以上。

(资料来源:https://www.sohu.com/a/232511653_507315)

（3）勇于创新、敢于创业的劳动精神。时代在发展，在全球化竞争中，我们作为劳动者，除吃苦耐劳外，更需要勇于创新，敢于创业，在科技、军事及服务社会方面永立潮头，做强国富民的青年劳动者。在纪念五四运动 100 周年的大会上，习近平总书记褒奖的青年英杰，他们之中有展示中国硬核实力的北斗团队，有航天报国的嫦娥团队、神舟团队，20 岁出头的申一菲是中国 5G 技术最年轻的核心研发人员，比肩马斯克的舒畅成功地发射了第一枚民营火箭。他们在创新报国的道路上一路飞奔、创新，谱写出时代劳动者的最美青春！经过改革开放 40 年的发展，中国涌现出一批又一批优秀的企业家。他们释放才能、发挥创造力，成为社会财富的创造者、创新活动的实践者，在市场经济中发挥了重要的作用，这早已成为人们的共识。而今天在经济发展新常态的时代背景下，转变经济结构、振兴实体经济，我们需要富有企业家精神的创新创业者。

案例

交大西迁背后的人和事

20 世纪 50 年代，一批交大人响应党的号召，"打起背包就出发"，从上海迁至西安。如今，西安交通大学已发展成为享誉海内外的著名高等学府，持续为西部发展、国家建设奉献智慧和力量。

2020 年 4 月 22 日，习近平总书记走进西安交通大学西迁博物馆，勉励广大师生弘扬西迁精神。《中国科学报》发表文章披露了交大西迁背后的故事。

1955 年 5 月 25 日，时任交通大学校长的彭康向师生们公布了西迁的决定。

"心系祖国"的爱国精神

交大西迁之时，彭康已步入天命之年，却以非凡的毅力和卓越的领导力，完成西迁使命。在对迁校问题发表意见时，他开宗明义："我们这个多科性工业大学如何发挥作用，都要更有利于社会主义建设"，"我们的国家是社会主义国家，因此考虑我们学校的问题必须从社会主义建设的合理部署来考虑"。

短短数语，道出了老校长心系国家发展、为人民办好教育的真切情怀。而他的这种情怀，也在交大众多教职员工的身上得到了体现。

在迁校时，被誉为中国"电机之父"的著名电机工程专家、电机工程教育家钟兆琳已经 57 岁。他婉拒周恩来总理考虑他年龄比较大，夫人需要卧床养病，可不必去西安的照顾，孤身一人前往西安。他的感人事迹，在西安交大师生中口口相传，称颂至今。

在钟兆琳精神的感召和带动下，他所在系的绝大多数教师都迁至西安。

"艰苦创业"的劳动精神

当时西安的条件十分艰苦：马路不平、电灯不明、电话不灵，用水非常紧张。建校初期，野兔在校园草丛中乱跑，半夜甚至能听到狼嚎。冬天教室仅靠一个小炉子取暖，洗脸水得到工地上去端……虽然条件艰苦，但是大家都精神饱满，干劲十足。

总务长任梦林作为学校后勤事务的大管家，领衔承担新校建设任务。为了保证交大顺利西迁，他所率领的交大工作组与工地建设人员必须在一年的时间内，完成11万平方米的建设任务。当时，参加施工的有2500名工人，他们没日没夜地干，每天晚上加班，过春节也只休息三天，大年初四即照常施工。

据当时参加建设的基建科科长王则茂回忆说："那年冬天特别冷，经常风雪交加，地面积雪盈尺，气温低至零下15 ℃。施工组的同志们住在工棚，与工人同吃同住，同甘共苦，没有什么人叫苦，没有任何埋怨。大家从不考虑个人，只有一个共同目标，就是完成迁校任务，支援大西北。"

"无私奉献"的标杆精神

我国热力工程学界先驱陈大燮作为迁校带头人之一，卖掉了在上海的房产，义无反顾地偕夫人首批赴西安参加建校工作。

被学校授予"终身教授"的赵富鑫同样在1956年随校西迁，一去便扎根西安43年。他一生从事大学物理教学、研究近70年，为交大物理基础课程的改革与建设以及中国大学物理教材的编订等做出了突出贡献。

（资料来源：http://wb.qdqss.cn/html/lnshb/20200427/lnshb444002.html）

第二节 弘扬和践行劳动精神

读书笔记

我们要大力弘扬劳动精神，通过诚实劳动来实现人生的梦想，通过艰苦奋斗来改变自己的命运，反对一切不劳而获、投机取巧、骄奢淫逸的思想，反对鄙视劳动的职业观。让爱劳动、能劳动、会劳动成为个人和社会美好未来的基石。勤劳勇敢的中国人民培育、继承、发展起来的劳动精神，既是我们实现自身价值，进而养活家人、回报社会的精神力量，同时，也是中华民族风雨无阻、高歌前进的根本力量。践行和弘扬劳动精神能进一步激发劳动者的劳动热情，用劳动托起中华民族伟大复兴的中国梦。

 一　提出和弘扬劳动精神的意义

劳动是推动经济社会发展的根本力量，是人的本质。劳动精神是习近平总书记关于工人阶级重要论述的组成部分。全面建成小康社会，进而建成富强民主文明和谐的社会主义现代化国家，根本上靠劳动、靠劳动创造。习近平总书记高度重视尊崇劳动、十分关心关怀劳动者，对劳动和劳动者的地位、作用、意义做出了深刻论述，成为党中央新理念、新思想、新战略的重要内容。明确提出和弘扬劳动精神，是党的全心全意依靠工人阶级根本方针、"尊重劳动、尊重知识、尊重人才、尊重创造"重大方针的深化，是对以人民为中心的发展思想的坚持和发展。

延伸阅读　　学习总书记回信精神　凝聚劳动精神劳动力量

2020年4月30日,五一国际劳动节前夕,习近平总书记给郑州圆方集团全体职工回信,向他们并向全国各族劳动群众致以节日的问候。习近平总书记指出,面对这次突如其来的疫情,从一线医务人员到各个方面参与防控的人员,从环卫工人、快递小哥到生产防疫物资的工人,千千万万劳动群众在各自岗位上埋头苦干、默默奉献,汇聚起了战胜疫情的强大力量。希望广大劳动群众坚定信心、保持干劲,弘扬劳动精神,克服艰难险阻,在平凡岗位上续写不平凡的故事,用自己的辛勤劳动为疫情防控和经济社会发展贡献更多力量。

当前,新冠肺炎疫情给我国经济社会发展带来前所未有的冲击,随着境外疫情加剧蔓延,世界经济下行风险加剧,不稳定、不确定因素增多。2020年是全面建成小康社会和"十三五"规划收官之年,也是脱贫攻坚决战决胜之年,突如其来的疫情给我们完成既定目标任务带来挑战。前不久,习近平总书记给参与"东方红一号"任务的老科学家回信,强调无论条件如何变化,自力更生、艰苦奋斗的志气不能丢。越是在这样的特殊时刻,越需要广大劳动者发扬自力更生、艰苦奋斗的优良传统,秉持勤于劳动、善于创造的优秀品质,有力有序推动复工复产提速扩面,确保夺取疫情防控和决胜全面小康、决战脱贫攻坚的双胜利。

在制度上,构建尊重劳动者、鼓励创造的政策体制环境。人民是推动我国经济社会发展的基本力量和基本依靠,实现我国经济社会发展,归根结底要靠广大劳动者的劳动创造。各级党委和政府要坚持以人民为中心的发展思想,践行全心全意为人民服务的根本宗旨,把全心全意依靠工人阶级方针贯彻党和国家政策制定过程,把党的群众路线贯彻治国理政全部活动。加强顶层设计,加强统筹规划,做好政策衔接和政策创新,把党和国家相关政策措施落实到位,推动产业工人队伍建设改革落地见效,努力造就一支有理想守信念、懂技术会创新、敢担当讲奉献的宏大的产业工人队伍。

在精神上,大力弘扬劳模精神、劳动精神、工匠精神。伟大的事业需要伟大的精神,伟大的精神来自伟大的人民。党的十八大以来,习近平总书记在多个场合向全国人民发出劳动集结号和奋斗动员令,总书记礼赞劳动创造、讴歌劳动精神的名言金句,点燃了亿万劳动者在新时代劳动创造、拼搏奋斗的满怀豪情,汇聚起各行各业劳动者向着实现中国梦的美好前景进发的时代洪流,更是这次坚守一线的广大劳动者投身抗击疫情斗争的强大精神动力。应在全社会大力弘扬劳模精神、劳动精神、工匠精神,大力宣传劳动模范和其他典型的先进事迹,树立辛勤劳动、诚实劳动、创造性劳动的理念,涵养全社会的劳动信仰、劳动情怀和劳动品格,鼓励劳动者恪尽职业操守、崇尚精益求精、奋力追求卓越,激发全社会凝心聚力决胜全面建成小康社会、决战脱贫攻坚的雄心壮志。发挥劳动的独特育人价值,把劳动教育纳入人才培养全过程,凝聚劳动精神、激发劳动力量,让劳动最光荣、劳动最崇高、劳动最伟大、劳动最美丽蔚然成风。

在素质上，搭建劳动者更好成长成才成就的平台。劳动者素质对一个国家、一个民族发展至关重要。2018年我国制造业增加值占世界份额达到28%，2019年我国首次跻身全球制造业创新指数15强，但中国制造还面临着"大而不强"的境况，还存在质量效益不高、技能人员缺乏等短板。应进一步完善现代职业教育制度和现代职业教育体系，提高契合度、突出多元化、优化大环境。加强技术技能培训力度，开展多层次、多样化培训和劳动竞赛，释放"互联网＋职业技能培训"的潜力和动能，推动做好新冠肺炎疫情期间及今后一个时期的职业技能线上培训工作，通过多种形式不断提高劳动者素质和就业能力，培养更多高技能人才和大国工匠。

在权益上，依法维护劳动者的合法权益。全心全意为工人阶级和广大劳动群众谋利益，是我国社会主义制度的根本要求，是党和国家的神圣职责。应健全党和政府主导的维护群众权益机制，关注一线职工、农民工、困难职工等群体，加大对医务人员的关爱和对困难职工群体的帮扶，帮助广大劳动者排忧解难。面对疫情带来部分企业缺工严重、稳岗压力大和重点群体就业难等突出问题，积极推动实施就业优先政策，全面落实稳就业举措，扎实做好"六稳"工作，落实"六保"任务。完善政府、工会、企业共同参与的协商协调机制，引导职工依法理性有序表达利益诉求，构建和谐劳动关系，帮助劳动者实现体面劳动、全面发展。

（资料来源：http://theory.people.com.cn/n1/2020/0511/c40531-31704373.html）

（1）劳动精神是对广大劳动者劳动实践的高度肯定与科学总结。在革命、建设和改革中，广大劳动者展示了奋勇拼搏、艰苦创业的风采，成为激励一代又一代劳动者的强大精神力量。随着社会发展和科技进步，资本、知识、技术的力量凸显，人们对劳动的理解发生了很大变化，有人忽视劳动的价值，低估劳动者的作用，急功近利、心态浮躁、期望走捷径、一夜暴富。然而，无论劳动的具体形态、劳动与其他生产要素之间的关系怎样变化，劳动是唯一价值源泉这一点始终都不会改变。劳动精神的提出和弘扬，对于进一步焕发广大劳动者劳动热情，释放创造潜能，为实现中华民族伟大复兴的中国梦建功立业，将产生重要的推动作用。

（2）劳动精神是对马克思主义劳动价值论、劳动观的丰富和发展。劳动至上是马克思主义的重要原则，劳动价值论是马克思主义政治经济学的理论基石。马克思主义认为，劳动是人类最基本和最重要的社会实践，是人类社会生存和发展的根本前提，"它是整个人类生活的第一个基本条件，而且达到这样的程度，以致我们在某种意义上不得不说：劳动创造了人本身"，"在劳动发展史中找到了理解全部社会史的锁钥"。提出和弘扬劳动精神，对劳动在人类活动中的地位及劳动者的尊严给予了应有的肯定和褒扬，是新时期马克思主义劳动观的坚持和延伸。

（3）劳动精神是社会主义核心价值观的应有之义，与劳模精神、工匠精神相互包容。践行社会主义核心价值观，要求实践爱国、敬业、诚信、友善的个人行为准则，敬业就是对劳动的尊重、崇尚和热爱，就是要求做到辛勤劳动、诚实劳动、创造性劳动，这与劳动精神高度一致。"爱岗敬业、争创一流、艰苦奋斗、勇于创新、淡泊名利、甘于奉献"的劳模精神彰显劳动的价值、展现劳动者的境界，是劳动精神的集中体现。工匠精神体现劳动者钻研技能、精益求精、敬业担当的职业精神，是对劳动精神的精粹提升。劳动精神是劳模精神、工匠精神的基础，与劳模精神、工匠精神一脉相承又各有侧重，劳动精神面向最广大劳动者，劳模精神面向劳模群体，工匠精神更多的是面向有一技之长的产业工人。

（4）新时代必须弘扬劳动精神。弘扬劳动精神，让全体社会成员懂得崇尚劳动、尊重劳动，懂得劳动最光荣、劳动最崇高、劳动最伟大、劳动最美丽的道理，广大劳动者能辛勤劳动、诚实劳动、创造性劳动。习近平总书记指出，"幸福都是奋斗出来的"，要"撸起袖子加油干"。随着经济发展，物质生活丰裕及全球劳动分工的变化，一些人劳动观念出现了削弱或扭曲，例如，青少年一代不知道农业生产的重要性、不愿意从事辛苦的产业劳动，网红直播的浮躁心理，炒房投机暴富的病态心理，好逸恶劳的"啃老"观念、享乐主义等。特别是一些青少年将劳动与劳累、痛苦联系起来，视之为与人性和自由的对立。这些社会问题，我们不容忽视。实现中华民族伟大复兴，必须靠人们的辛勤劳动。一切有利于社会建设的诚实自觉的劳动，都是高尚的、光荣的。国家、社会、企业各界需要提供更有利的劳动保障，更好的劳动条件，严格执行《中华人民共和国劳动合同法》等各项法律法规，让每一个劳动者都能体面劳动，使劳动尊严得到维护、劳动价值得以实现，更好地营造平等劳动、勤奋做事、勤勉为人、勤劳致富的正能量的社会氛围，鼓励人们不断创造出新的内生动力。只要我们守护中华劳动伦理的深厚底蕴，弘扬劳动精神和坚忍不拔、自强不息的劳动美德，一代又一代的劳动者就必定能创造伟大的历史，不断开创未来美好生活。

读书笔记

延伸阅读　　夯实粮食安全之基　始终端牢中国饭碗

新华社北京2020年7月24日电，在吉林考察期间，习近平总书记首先来到素有"黄金玉米带"和"大豆之乡"美誉的松辽平原，察看农作物长势，了解粮食生产等情况，对抓好粮食生产、确保粮食安全提出新要求、做出新部署。

"洪范八政，食为政首。"解决好十几亿人口的吃饭问题，始终是我们党治国理政的头等大事。习近平总书记高度重视粮食生产和安全，强调"中国人的饭碗任何时候都要牢牢端在自己手上"，提出新时期国家粮食安全的新战略，带领全国人民走出了一条中国特色的粮食安全之路。面对新冠肺炎疫情的巨大冲击，习近平总书记始终把老百姓"米袋子"牵挂在心，多次就粮食生产、保供稳价等做出重要指示和部署，推动各地各部门克服困难抓好农业生产、保障市场供应，充分体现了真挚深厚的人民情怀和高瞻远瞩的战略眼光。

手中有粮，心中不慌，这在任何时候都是真理。特殊时期，粮食安全的重要性更加凸显。2020年全国夏粮总产量达14 281万吨，创历史新高。虽有大疫，但我国社会始终保持稳定，粮食和重要农副产品稳定供给功不可没。当前，我国粮食生产大局稳定向好，农业连年丰收，粮食储备充裕，完全有能力保证粮食和重要农产品供给，为安民心、稳市场、保民生提供了坚实基础。正如习近平总书记深刻指出的，保障国家粮食安全是一个永恒课题，任何时候这根弦都不能松。面对纷繁复杂的国内外形势，要坚持底线思维、增强风险意识，毫不放松抓好粮食生产，确保粮食安全、端牢中国饭碗。

抓好粮食生产，要强化政策保障，压实粮食安全责任制。要加大粮食生产投入，保持粮食播种面积和产量稳定，主产区要努力发挥优势，产销平衡区和主销区要保持应有的自给率，共同承担起维护国家粮食安全的责任。要强化粮食安全省长责任制考核，层层压实责任，加强合作、协同联动，进一步形成维护国家粮食安全和区域粮食安全的合力。

抓好粮食生产，关键是加快转变农业发展方式，推动"藏粮于地、藏粮于技"战略落地见效。粮食生产，命脉在水利，出路在科技。要推进农业生产设施现代化，加强高标准农田、农田水利、农业机械化等现代农业基础设施建设。要加强农业与科技融合，加强农业科技创新，让科研人员把论文写在大地上，让农民用最好的技术种出最好的粮食。要推进农业绿色发展，深化农业供给侧结构性改革，不断优化农产品结构，增强粮食生产防灾减灾和抗风险能力。

人是生产力中最活跃、最积极的因素。抓好粮食生产，必须充分调动广大农民的积极性、主动性和创造性，把各项惠农政策落到实处，切实减少种粮成本、提高种粮收益，让农民真正享受到丰产又增收的实惠，才能有效保护种粮积极性。要大力培养爱农业、懂技术、善经营的新型职业农民，提高农民科技文化素质，让更多新技术、新模式、新理念激荡希望的田野，为发展粮食生产注入源源不竭的动力。

（资料来源：https://www.sohu.com/a/409573899_115239）

二 崇尚劳动、知行合一

（一）弘扬劳动精神

弘扬劳动精神，就是弘扬勤劳勇敢、爱岗敬业、诚实守信的实干精神。全面建成小康社会，我国亿万劳动群众是主体力量。广大劳动群众要爱岗敬业、勤奋工作，锐意进取、勇于创造，不断谱写新时代的劳动者之歌。勤劳勇敢是指有毅力、有勇气、有胆量地劳动。爱岗敬业是指尊重劳动、崇尚劳动、热爱劳动，做到辛勤劳动、勤奋工作。诚实守信是指脚踏实地、恪尽职守，遵守法律法规和政策，遵循职业道德和标准。勤劳勇敢、爱岗敬业、诚实守信的实干精神是劳动精神的内涵。全体劳动者都要牢记"大道至简、实干为要"的道理，脚踏实地、撸起袖子加油干，在劳动中实现自身价值。

弘扬劳动精神，就是弘扬锐意进取、建功立业、甘于奉献的奋斗精神。"爱岗敬业、争创一流，艰苦奋斗、勇于创新，淡泊名利、甘于奉献"的劳模精神，是伟大时代精神的生动体现。劳模精神是劳动精神的升华。锐意进取是指意志坚决地追求上进。建功立业是指建立功勋、成就大业。甘于奉献是指在劳动中忘记"小我"，不计较个人得失，时时铭记祖国需要。锐意进取、建功立业、甘于奉献的奋斗精神，是劳动精神的更高体现。每一个劳动者都应牢记"幸福是奋斗出来的"，生命不息、奋斗不止，在劳动中实现美好的未来。

弘扬劳动精神，就是弘扬精益求精、严谨专注、追求卓越的创新精神。精益求精是指以高品质的要求对待自己的产品，不惜花费时间、精力，精雕细琢，注重细节，将一件事情做到极致。严谨专注是指耐住寂寞、经住诱惑，不达目的绝不放弃。追求卓越是指为了质量而孜孜不倦、乐此不疲。精益求精、执着专注、追求卓越的创新精神，是劳动精神的专业要求。新时代劳动者要勇于创新、追求品质，为推动"质量强国"提供源源不竭的动力。

案例

实干兴邦　青年担当

2018年5月17日，中国首枚民营自主研发的商用亚轨道火箭"重庆两江之星"腾空而起,火箭在306秒时间里,飞行了273千米,然后落入预定区域,实现了长时间的临近空间有控飞行,获取了大量真实飞行环境数据。

路透社评论称,这是中国太空探索计划最新的里程碑。这意味着,又有一群中国年轻人加入"天空俱乐部",在蓝天上写下自己的名字,在商业航天领域里追逐梦想。

完成这一创举的是一个平均年龄仅32岁的团队。他们的领头人舒畅,当时仅33岁。

对于舒畅来说,踏上创业之路,一靠专业,二靠激情,他大学本科就读于北京航空航天大学航空科学与工程学院飞行器设计专业,其间,他就产生了未来要创建一家航天技术公司的想法。

2015年,政府开始就商业航天立法广泛征求意见,中国商业航天的政策窗口逐步开启。"我得勇敢地去闯这条路,做先行者。"当舒畅从广袤的天空发现巨大商机时,他嗅出了梦想的味道。

就在这一年,他创立了中国第一家营业执照上写着"运载火箭及其他航天器"的民营企业——零壹空间,致力于小型商业运载火箭、亚轨道飞行实验平台、各类型核心单机产品的研制及技术转化。

一开始,舒畅就试图为创业植入"与别人不同"的基因,"全世界都没有我们X系列这样的产品,专门为航天高新技术研究提供飞行实验服务,这样的细分领域,我们算是第一个。"他一步步迈向自己的梦想:2017年,成功地将两枚亚轨道火箭送入苍穹;2018年,发射了首枚运载火箭,并持续技术转化,开拓了宇航和国防军工两大业务领域。

"我们将深耕核心火箭技术,坚持自主研发。同时,我们要努力实现火箭技术转化,以客户为中心,持续研发投入,弘扬科学精神和工匠精神,永葆技术创新的活力,更好地为国防军工服务。"他说。

看上去,温文尔雅的舒畅更像是一名学者,而不是一名企业家。在他的追梦故事背后,新时代的中国青年企业家所共有的品质清晰可见:爱国、博学、专注、理性、坚韧……

这群在商海遨游的年轻人坚持将个人的青春奋斗融入时代主题,做走在时代前列的奋进者、开拓者、奉献者,砥砺奋进、开拓创新,担当起促进改革、引领转型、实现高质量发展的时代重任。

同样年轻有为的杨剑,也用一流业绩交出了一份闪亮的青春答卷。

从南昌大学管理科学与工程专业博士研究生毕业后,经过10年的努力,他成为江西省第一家民营上市公司——泰豪科技股份有限公司总裁。

第二节　弘扬和践行劳动精神

> 在杨剑的带领下，公司经过多年的发展与积累，建立了较为完善的管理结构，形成了完整的内控制度，拥有40多家分、子公司，以及10多个高科技产业园区。
>
> 公司入选了"国家级创新型企业""国家知识产权示范企业""国家认定企业技术中心""院士工作站""博士后科研工作站"，产品被评为"中国名牌产品"，并成为中国民营军工行业极具影响力的企业。
>
> （资料来源：https://baijiahao.baidu.com/s?id=1653380515791689106&wfr=spider&for=pc）

（二）弘扬和践行劳动精神的途径

"纸上得来终觉浅，绝知此事要躬行。"除学习正确的劳动观，懂得崇尚劳动，热爱劳动的道理外，弘扬和发展劳动精神重在实践，知行合一。大学生投身劳动实践，需要向身边的普通劳动者学习，通过日常生活劳动、生产劳动、服务性劳动等劳动实践，培养自己的劳动精神，大力弘扬时代新风，强化劳动者社会责任意识，做合格的劳动者和富有劳动精神的社会主义建设者与接班人。

读书笔记

（1）尊重劳动者，向优秀劳动者学习。劳动创造了世界，劳动让我们有了更加美好的生活，优秀劳动者以他们的出色劳动、艰辛付出，为我们诠释了劳动的价值和榜样的力量。

烈日下的建筑工人的劳动，为我们建成了今天的高楼大厦，筑就了现代化的高速公路；计算机软、硬件工程师及通信工人使我们拥有了移动互联网，将大的地球变成了一个小小的村落；也正是农业科学家和农民，让我们能够品尝丰盛的食物。新时代的中国，需要更多的普通劳动者涌现出来，成为家喻户晓的人物，从而营造一个积极向上，崇尚劳动，劳动光荣的氛围，为社会传递朝气蓬勃的正能量，汇聚起经济社会发展的强大动力。

改革开放40多年的成就史，也是一部伟大的劳动史。只有靠辛勤而诚实的劳动，才能创造更多财富，国家才能繁荣昌盛，人民才能安居乐业。在这一过程中，到处都活跃着劳动者的身影，都流淌着劳动者的汗水。所有创造物质财富和精神财富的劳动者，都是值得尊重的人。通过向全社会宣传劳动者的感人瞬间，让"劳动最光荣、劳动

49

最崇高、劳动最伟大、劳动最美丽"深入人心，蔚然成风。我们通过学习模范，从自我做起，从身边事做起，从小事做起，必定能实现自我劳动意识的飞跃。在我们这个社会、我们这个时代，先进劳动者不断涌现，他们的业绩、精神和品质是我们取之不尽、用之不竭的力量源泉。大学生应积极从身边的劳动者身上获取前进的动力，做劳动精神的积极传播者和践行者。

（2）将劳动同实现个人价值及社会价值融合起来。我们要正确看待劳动与个人成长成才的关系。即通过劳动才能实现人生价值，付出了劳动必然会收获应有的人生果实。我们首先必须树立自食其力的思想，依靠自己的劳动所得来满足自己的生活，就是我们常说的自己养活自己。通过劳动满足我们的自身需要，实现自我温饱、他人尊重乃至自我实现。靠劳动养活自己和家人是伟大与值得尊敬的。同样，我们在岗位上投入更多劳动，就能实现我们更大的社会价值，我们作为劳动者应自觉弘扬劳动精神、工匠精神，开展劳动和技能竞赛，投身大众创业、万众创新。我们要充分挖掘创新创造潜能，以劳动创造助力改革，谱写新时代的劳动者之歌。这就是中国人常说的穷则独善其身，达则兼济天下。在困难的时候，通过劳动实现个人的独立，做一个受人尊重的劳动者，在此基础上，通过持续的自强不息，努力奋斗，从而还可以实现更大的人生价值，为社会贡献更大的青春力量。

（3）参与社会服务性劳动，提升劳动素养和劳动能力。志愿服务是指志愿贡献个人的时间及精力，在不求任何物质报酬的情况下，为改善社会、促进社会进步而提供的服务。青年大学生利用学习之余积极参与社会服务，既是很好的劳动体验，又是提升自身劳动素养和劳动能力的重要方式，有利于更好地接触社会、了解社会，为将来更好地服务社会做准备。

参与志愿服务活动，一方面，帮助了他人、服务了社会，为社会提供了丰富的劳动产出；另一方面，随着社会的发展，人与人之间的联系更加多元，通过为社会和他人的服务对自己的劳动能力进行培养与提高，从服务社会和帮助他人中获得成就感和幸福感。这种自愿地、不计报酬地服务他人和参与社会公益事业的劳动，有助于传递社会关爱、弘扬社会正气、形成向上向善、诚信互助的良好社会风尚，更有助于个体劳动精神的养成。

志愿服务劳动是大学生参与社会实践、成长成才的重要舞台，是大学生关爱他人、传播青春正能量的重要途径。大学生志愿服务活动通过助力农村扶贫开发、城市社区管理、环境保护、大型活动、抢险救灾、社会公益等领域，做力所能及的事，结合自身的能力、专业、特长在实践中长知识、强本领、增才干，真正做到知行合一，将学问写在祖国大地上，将劳动同实现中国梦结合起来，通过积极参与教育、科技、文化、卫生、养老等帮扶行动，通过参与城乡清洁、绿色出行、低碳环保、美化家园等活动，能培养宝贵的劳动精神，大大地提升自身的劳动素养和劳动能力。

读书笔记

实践课堂　　致敬劳动者主题摄影活动

一、活动目的

体会劳动的辛苦，感悟劳动精神。

二、活动方式

寻找你身边的劳动者，拿起相机，拍下他们劳动的模样，记录劳动的感人瞬间。以"致敬劳动者"为主题，开展摄影活动，将作品展示出来在班级范围内进行分享及评比。

思考题

1. 挖掘身边"最美劳动者"的先进事迹。
2. 举办"我身边的最美劳动者"演讲比赛。
3. 弘扬劳动精神有哪些途径？

第三章
践行劳模精神

知识导航

1. 了解劳模和劳模精神的概念。
2. 分析不同时代劳模的特征。
3. 掌握劳模精神的内涵。
4. 掌握践行劳模精神的途径。

第三章 践行劳模精神

课程引入

用生命践行劳模精神

向卫煌，1996年毕业于娄底经济贸易学校（娄底职业技术学院前身之一），先后在娄底双峰县杏子铺镇、井字镇担任总支书记、政协联工委副主任、党委委员等职务，2020年1月任双峰县荷叶镇党委委员、纪委书记。2020年3月22日，他在防疫值班时突发疾病，经送医院抢救无效不幸去世，年仅43岁。

向卫煌参加工作以来，一直扎根基层，为人正派，对党忠诚，敢于担当，勤廉务实。新冠肺炎疫情暴发以来，他坚守疫情防控一线，兼任镇疫情防控指挥部副组长，负责全镇疫情防控措施落实情况、干部作风督查等工作，并担任两头塘村联村工作组长、网络联络员。整整56天，他一直坚守在工作岗位上，每天深入各村督查卡口管控、值班、宣传、网络管理等工作落实情况，在他和同事们的共同努力下，该镇没有一起确诊和疑似病例。他用实际行动践行着一名共产党员的初心和使命，谱写了一曲忠于职守、勇于担当、无私奉献的英雄赞歌。向卫煌同志牺牲后，中央纪委、国家监委和省委、省纪委主要领导先后做出批示，娄底市委追授他为"全市优秀共产党员"，并追记二等功。中央、省、市媒体对他的先进事迹进行了广泛深入的宣传报道。

向卫煌同志的优秀事迹就是劳模精神的生动诠释，向向卫煌同志学习，就是要学习他信念坚定、对党忠诚的政治品格，在危难时刻、重大关头挺身而出、战斗在前；学习他初心不改、勇于担当的高尚情怀，始终心系群众，用实际行动诠释共产党员应有的价值追求和使命担当；学习他恪尽职守、默默奉献的实干精神，在本职岗位上苦干、实干、善干、能干，坚定扛起职责使命；学习他勤政廉洁、严格自律的干净品格，拒绝诱惑、简朴生活，严守纪法规矩，干干净净做事，清清白白做人。

第一节　劳模和劳模精神

一　劳模

（一）劳模的概念

劳模是劳动模范的简称。"劳"表示劳动，这是劳模的基本前提。

第一节 劳模和劳模精神

"模"体现了一种"示范"和"楷模"的价值导向,一种可近、可亲、可信、可学的榜样作用。"劳模"是指在各个时期的生产劳动和建设中涌现出的劳动者的优秀代表,是在劳动中被效仿的标准和模范,是我国亿万劳动人民的模范群体。劳模是适应国家和时代的发展而产生的,是劳动群众的杰出代表,是最美的劳动者,是民族的精英、国家的栋梁、社会的中坚、人民的楷模,是党和国家的宝贵财富,是永远的时代领跑者。

劳模是在社会主义建设事业中成绩卓著的劳动者,经职工民主评选、有关部门审核和政府审批后被授予的荣誉称号。劳动模范可分为全国劳动模范与省、部委级劳动模范,部分市、县和企业也开展劳动模范评选。中共中央、国务院授予的劳动模范为"全国劳动模范",是中国最高的荣誉称号。中国的第一次劳模表彰大会开始于1943年与1944年在陕甘宁边区召开的劳动英雄和模范生产者表彰大会。中华人民共和国成立后,继续沿用这种方式来调动群众的生产热情,因此,劳模表彰活动继续开展并形成了一套评选、表彰机制。到目前为止,新中国共进行了15次全国劳模表彰活动,有3.1万多人次荣获"全国劳动模范"或"先进工作者"称号。

读书笔记

阅读延伸　他们,用劳模精神绣好"城市管理之花"

每逢节假日,人们可以放下手上的工作享受假期。然而,有这样一群城管工作者,越是在这时越要坚守岗位默默奉献。记者聚焦了几位劳模,他们用忙碌的身影唱响了劳模精神之歌,用劳模精神绣出了美丽的"城市管理之花"。

守护6.5万盏路灯,他是城市的光明使者

2020年50岁的周健是镇江市路灯管理处设施养护所的班长,负责市区6.5万盏路灯的维护。夜色降临,万家灯火点亮时,正是他和同事们坚守岗位的时候。路灯哪里不亮了、哪里线路有问题了,他们接报后都要第一时间赶到。

"几年前,镇扬汽渡那里的一盏高杆路灯坏了,影响车辆来往安全。那天下着大雪,我站在作业车上修理,距离地面15米,下来全身都冻得麻木了。"他说,高空作业说不害怕不可能,但出于责任感,没有克服不了的困难。

抗击新冠肺炎期间,他的团队没有停过工。"2020年2月16日,我们所接到宝塔路街道的求助,广厦新村设置疫情防控哨卡缺少电源装置。"这个诉求不在养护范围之内,但是为防控工作提供保障是义不容辞的责任。他和同事赶到现场耗时3个多小时,为哨卡

接上电源，为志愿者们送去了光明和温暖。

周健数十年如一日兢兢业业奋战在维修一线，2020年被评为镇江市劳动模范。

24小时在线，守护城市固废处理终端

2020年2月14日，一场大雪不期而至。为避免飞灰覆膜被伴雪而来的狂风吹开，镇江市环卫处固体废弃物管理所副所长崔阳带领灰渣处置场的工作人员迅速投入战斗，启动焚烧飞灰填埋应急预案。崔阳一夜未眠，确保飞灰密闭化填埋。

这位刚被表彰为2020年镇江市劳动模范的"80后"，自从进入灰渣处置场工作以来，表现出过人的指挥协调能力和吃苦耐劳精神。他带领队伍建立健全了处置场运行管理制度，改变场区通常观念中的脏乱面貌，推动场区运转进入正轨；他经常身先士卒，无论寒冬还是酷暑，战斗在一线，保障环卫作业"最后一公里"的畅通。

端午节期间，作为全市固废物处理的终端，处置场依然每天繁忙。填埋生活垃圾焚烧的灰渣窖口深达30多米，上面盖着黑色的膜布。每次覆膜作业，都需要穿上厚重的专业防护服，这样的天气一套程序做完，全身湿透。即便如此，有时也会接触到一些飞灰，导致皮肤过敏瘙痒，崔阳用自来水冲一冲，又重新投入工作，从不喊苦、喊累。

拓路踏歌，女压路机司机的铿锵人生

这天晚上，在二道巷附近的一处街巷改造现场，一名身材瘦小的"女师傅"正娴熟地驾驶一辆压路机在热气腾腾的沥青上碾压作业。沥青散发出的热气像一阵阵白烟，蒸腾出一股刺鼻的怪味，过往行人都捂住口鼻。"女师傅"汪双玲却气定神闲，紧盯前方。

汪双玲是镇江市政设施管理处女职工，也是全市建设系统唯一的女压路机司机。她爱这份工作，对这份苦脏累的活甘之如饴；她身材纤弱，却能轻松驾驭近10吨重的压路机；她十分爱美，可长发里时常散发着柴油味；她讨厌雾霾，却在"重度雾霾"的工作环境中坚守23载。她负责为市区主次干道"抚平创伤"，是全国住建系统劳动模范。

"马路天使"工作环境的恶劣是常人难以忍受的。压路机的驾驶室高高在上，没有后视镜，必须打开两边窗户以便观察，冬天寒风刺骨，夏天如同蒸笼。由于不能装空调和电风扇，而沥青摊铺时地面温度达到170 ℃，所以往往安排在晚上气温较低时作业。

"最对不起的就是女儿，爱人因为工作经常出差，女儿从小学开始就经常晚上一个人在家。"被问及这么辛苦的工作怎么能坚持这么多年，她说："最开心的是经常被人认出来，'你不是开压路机的吗？'而且看到一条条修补平整的道路，心中还是很有成就感的。"

（资料来源：http: //character.workercn.cn/350/202007/02/200702095124516.shtml）

（二）党和国家领导人对劳模的论述

1945年1月10日，毛泽东在陕甘宁边区劳动英雄和模范工作者大会上提出，劳动模范有三种作用，即带头作用、骨干作用和桥梁作用。1950年9月25日，毛泽东代表中共中央在全国战斗英雄代表会议和全国工农兵劳动模范代表会议上，高度评价全国战斗英雄和工农兵劳动模范"是全中华民族的模范人物，是推动各方面人民事业胜利前进的骨干，是人民政府的可靠支柱和人民政府联系广大群众的桥梁"。

1978年10月11日，邓小平在中国工会第九次全国代表大会上充分肯定劳动模范"至今还是我们学习的榜样和团结的核心"，提出"要尊重劳动，鼓励先进""任何人对四个现代化贡献得越多，国家和社会给他的荣誉和奖励就越多，这是理所当然的"。

2000年4月29日，江泽民在全国劳动模范和先进工作者表彰大会上指出："全国劳动模范和先进工作者是亿万劳动群众的杰出代表。他们对祖国和人民无限忠诚，爱岗敬业，勇于创新，无私奉献，严于律己，弘扬正气，在平凡的岗位上做出了不平凡的业绩，是建设社会主义物质文明和精神文明的先锋。"

2010年4月27日，胡锦涛在全国劳动模范和先进工作者表彰大会上指出："我们一定要在全社会大力弘扬劳模精神，用劳模的先进事迹感召人民群众，用劳模的优秀品质引领社会风尚，充分发挥劳模的骨干和带头作用，在全社会进一步形成崇尚劳模、学习劳模、争当劳模、关爱劳模的良好氛围。"

2016年4月26日，习近平总书记在知识分子、劳动模范、青年代表座谈会上指出："劳动模范身上体现的'爱岗敬业、争创一流，艰苦奋斗、勇于创新，淡泊名利、甘于奉献'的劳模精神，是伟大时代精神的生动体现。我们要在全社会大力宣传劳动模范的先进事迹，号召全社会向他们学习、向他们致敬。要为劳动模范更好施展才华、展现精神品格提供全方位支持，使他们的劳动技能、创新方法、管理经验能广泛传播，充分发挥示范带动作用。劳动模范要珍惜荣誉、谦虚谨慎、再接再厉，不断在新的起点上为党和人民创造更大业绩。"

劳模身上都有共同特征，那就是他们都是体现时代精神的平凡人，相信并为"美好的未来"而奋斗，他们让民族精神有所依托，让民族历史有了厚重感；他们以自己的聪明才智和无私奉献的优秀品质、时代精神激励着人们不断拼搏奋进，在日积月累的平凡生活中向人们昭示着伟大之处。

案例

"两弹"元勋邓稼先

邓稼先1924年出生于安徽怀宁县一个书香门第。翌年,他随母到北京,在担任清华、北大哲学教授的父亲身边长大。他5岁入小学,在父亲指点下打下了很好的中西文化基础。1935年,他考入志成中学,与比他高两班,且是清华大学院内邻居的杨振宁结为最好的朋友。邓稼先在校园中深受爱国救亡运动的影响,1937年北平沦陷后秘密参加抗日聚会。在父亲安排下,他随大姐去了大后方昆明,并于1941年考入西南联合大学物理系。

1945年抗战胜利时,邓稼先从西南联大毕业,在昆明参加了共产党的外围组织"民青",投身于争取民主、反对国民党卖国独裁的斗争。翌年,他回到北平,受聘担任了北京大学物理系助教,并在学生运动中担任了北大教职工联合会主席。抱着学更多的本领以建设新中国之志,他于1947年通过了赴美研究生考试,于翌年秋进入美国印第安纳州的普渡大学研究生院。由于他学习成绩突出,不足两年便修满学分,并通过博士论文答辩。此时他只有26岁,人称"娃娃博士"。

1950年8月,邓稼先在美国获得博士学位9天后,便谢绝了恩师和同校好友的挽留,毅然决定回国。同年10月,邓稼先来到中国科学院近代物理研究所任研究员。此后的8年间,他进行了中国原子核理论的研究。1954年,邓稼先加入了中国共产党。

1958年秋,二机部副部长钱三强找到邓稼先,说"国家要放一个'大炮仗'",征询他是否愿意参加这项必须严格保密的工作。邓稼先义无反顾地同意,回家对妻子只说自己"要调动工作",不能再照顾家和孩子,通信也困难。从小受爱国思想熏陶的妻子明白,丈夫肯定是从事对国家有重大意义的工作,表示坚决支持。从此,邓稼先的名字便在刊物和对外联络中消失,他的身影只出现在严格警卫的深院和大漠戈壁。

邓稼先就任二机部第九研究所理论部主任后,先挑选了一批大学生,准备有关俄文资料和原子弹模型。1959年6月,苏联政府中止了原有协议,中共中央下决心自己动手,搞出原子弹、氢弹和人造卫星。邓稼先担任了原子弹的理论设计负责人后,一面部署同事们分头研究计算,自己也带头攻关。在遇到一个苏联专家留下的核爆大气压的数字时,邓稼先在周光召的帮助下以严谨的计算推翻了原有结论,从而解决了中国原子弹实验成败的关键性难题。数学家华罗庚后来称,这是"集世界数学难题之大成"的成果。

邓稼先不仅在秘密科研院所里费尽心血，还经常到飞沙走石的戈壁实验场。1964年10月，中国成功爆炸的第一颗原子弹，就是由他最后签字确定了设计方案。他还率领研究人员在实验后迅速进入爆炸现场采样，以证实效果。他又同于敏等人投入对氢弹的研究。按照"邓-于方案"，最后终于制成了氢弹，并于原子弹爆炸后的2年零8个月实验成功。这同法国用8年、美国用7年、苏联用4年的时间相比，创造了世界上最快的速度。

1972年，邓稼先担任核武器研究院副院长，1979年又任院长。1984年，他在大漠深处指挥中国第二代新式核武器实验成功。翌年，他的癌扩散已无法挽救，他在国庆节提出的要求就是去看看天安门。1986年7月16日，时任国务院副总理的李鹏同志专程前往医院，授予他全国五一劳动奖章。同年7月29日，邓稼先去世。他临终前留下的话仍是如何在尖端武器方面努力，并叮咛："不要让人家把我们落得太远……"

（资料来源：https://zhidao.baidu.com/question/s437936.html，有删改）

（三）劳模的时代特征

在中国共产党革命、建设、改革的历程中，不同时代的劳动模范反映了不同时代的劳动模范特征。劳模所处时期按照时间顺序大体可分为革命斗争时期、解放建设时期、中国特色社会主义建设时期三个时期。革命斗争时期主要体现出能手加英雄的"革命型"劳模特征；解放建设时期体现出苦干加实干的"老黄牛型"劳模特征；中国特色社会主义建设时期体现出科技加创新的"创新型"劳模特征。

1. 革命斗争时期的"革命型"劳动模范

以张富清、黄继光、邱少云、杨根思、罗盛教、赵占魁为代表的一大批战斗英雄，不怕牺牲、艰苦卓绝、舍身为国、浴血奋斗在朝鲜战场，中国人民第一次将世界头号强国逼到了谈判桌前，第一次体会到在帝国主义列强面前扬眉吐气的感觉，因而，极大地激发了中国人民的爱国主义精神，将中国人民爱国与爱党联系在了一起。

（1）张富清。张富清，男，汉族，1924年12月出生，中共党员，陕西汉中人，原西北野战军359旅718团2营6连战士。在解放战争的枪林弹雨中九死一生，先后荣立一等功三次、二等功一次，被西北野战军记"特等功"，两次获得"战斗英雄"荣誉称号。1955年，张富清退役转业，主动选择到湖北省最偏远的来凤县工作，为贫困山区奉献一生。60多年来,张富清刻意尘封功绩,连儿女也不知情。2018年年底,在退役军人信息采集中,张富清的事迹被发现,这段英雄往事重现在人们面前。老英雄张富清60多年深藏功名,一辈子坚守初心、不改本色,事迹感人。在部队,他保家卫国;到地方,他为民造福。他用自己的朴实纯粹、淡泊名利书写了精彩人生,是广大部队官兵和退役军人及全国人民学习的榜样,2019年9月17日,国家主席习近平签署主席令,授予张富清"共和国勋章"。

(2) 黄继光。黄继光,男,汉族,中共党员,1931年出生,四川中江人,1951年3月参加抗美援朝战争,生前是中国人民志愿军步兵第135团2营6连通讯员。1952年10月20日,上甘岭战役中,他在多处负伤弹药用尽的情况下,用自己的胸膛堵住敌人正在喷射火舌的枪眼,壮烈捐躯,年仅21岁。中国人民志愿军政治部给他追记特等功,追授"特级英雄"荣誉称号。朝鲜民主主义人民共和国最高人民会议常任委员会授予黄继光"朝鲜民主主义人民共和国英雄"称号和一级国旗勋章、金星奖章。当选"100位新中国成立以来感动中国人物"。

(3) 邱少云。邱少云,男,汉族,中共党员,1926年7月出生,1949年12月入伍,四川铜梁人,生前是中国人民志愿军第15军29师87团9连战士。1952年10月,他在距离敌前沿阵地60多 m 的草丛中潜伏时,为避免暴露任烈火烧焦身体而一动不动,直至壮烈牺牲。朝鲜民主主义人民共和国追授他金星奖章、一级国旗勋章。被志愿军总部授予"一级英雄"荣誉称号,并追记特等功。当选"100位新中国成立以来感动中国人物"。

(4) 杨根思。杨根思,男,汉族,中共党员,1922年出生,1944年入伍,江苏泰兴人,生前是中国人民志愿军第20军58师172团3连连长。在小高岭战斗中,他率部接连击退美军8次进攻,最后只剩他一人时,毅然抱起炸药包与敌人同归于尽。朝鲜民主主义人民共和国追授他英雄称号和金星奖章、一级国旗勋章。志愿军总部为他追记特等功,授予"特级英雄"荣誉称号,命名其生前所在连为"杨根思连"。当选"100位新中国成立以来感动中国人物"。

(5) 罗盛教。罗盛教,男,汉族,1931年4月出生,1949年11月入伍,湖南新化人,生前是中国人民志愿军第47军141师直属侦察连文书。1952年1月,正在练习投弹的他,为救跌进冰窟的朝鲜少年崔莹,因体力消耗殆尽英勇献身。被朝鲜民主主义人民共和国授予一级国旗勋章和一级战士荣誉勋章。被志愿军总部追记特等功,并授予"一级爱民模范"荣誉称号。当选"100位新中国成立以来感动中国人物"。

（6）赵占魁。赵占魁，男，汉族，1896年出生，中共党员，山西定襄人。原陕甘宁边区农具厂工人，被毛主席称为中国式的"斯达汉诺夫"，在高达2 000 ℃的高热熔炉面前，他每时每刻都认真工作着，毫不懈怠，始终"冲锋在前，退却在后"。赵占魁在工作上不怕艰苦繁重，始终站在最前面，做得最多、最好，但他从来不自夸、不贪功，每遇论功行赏的时候总是让开，认为那是大家努力的结果，他说，为革命多做些工作，是自我牺牲精神的应有体现。他从来不计较个人的待遇与得失，克己奉公，朱德称赞他是用革命者态度对待工作的"新式劳动者"。赵占魁同志1939年被边区政府评为模范工人，1941年，被选为边区参议会候补议员；1942年，边区总工会在工厂开展"赵占魁运动"，号召全边区工人向赵占魁同志学习；1943年，被评为边区特等劳动英雄，成为边区工人的一面旗帜；1950年9月被授予"全国劳动模范"称号。中华人民共和国成立后，赵占魁先后担任西北总工会、陕西省总工会副主席，继续为社会主义建设做贡献。

2. 解放建设时期的"老黄牛型"劳动模范

以雷锋、申纪兰、王进喜、时传祥、张秉贵、焦裕禄为代表的一大批普通劳动者，在艰苦的环境中练就了坚毅品质和勤劳品格，继承了艰苦朴素、无私奉献、开拓进取的优良传统，他们甘愿做新中国建设发展的"老黄牛"，"老黄牛精神"成为中华人民共和国成立到改革开放前期的中国劳模精神的时代内核，激励和鼓舞着中国人民独立自主、艰苦奋斗、自力更生，在社会主义建设初级阶段的各方面都发挥了极大作用，构筑了一座座不朽的精神丰碑。

（1）雷锋。雷锋，男，汉族，中共党员，1940年12月出生，湖南望城人，1960年入伍，生前是原工程兵工程某团汽车连班长。雷锋同志是一个普通战士，他没有身居高位，也没有轰轰烈烈的业绩，而只是用自己极为平凡的言行，努力做好自己的本职工作，关爱国家、集体和他人，将有限的生命投入无限的为人民服务之中。1962年8月执行运输任务时不幸殉职。国防部命名他生前所在班为"雷锋班"。1963年2月，总政治部发出了宣传和学习雷锋同志模范事迹的通知，毛泽东同志作了"向雷锋同志学习"的光辉题词，并编发了《雷锋日记》。他荣立二等功1次、三等功2次，全军挂像英模，当选"100位新中国成立以来感动中国人物"。雷锋忠于党和人民、舍己为公、大公无私的奉献精神，立足本职、在平凡的工作中创造出不平凡业绩的"螺丝钉精神"，苦干实干、不计报酬、争做贡献的艰苦奋斗精神激励了一代又一代中华儿女。

（2）申纪兰。申纪兰，女，汉族，1929年12月出生，中共党员，山西平顺人，1946年10月参加工作，1953年8月入党，曾任山西省长治市人大常委会副主任、平顺县西沟乡西沟村党总支副书记、西沟金星经济合作社社长。中华人民共和国成立以来，她带领西沟村人不断探索山区发展道路，发展农、林、牧、副生产，治山治沟、兴企办厂，逐浪市场经济大潮，奋力建设小康新村，西沟村的发展始终走在山西前列，为了维护中国妇女劳动权利，最早倡导男女同工同酬，并写入宪法。连续当选13届全国人大代表，荣获改革先锋、全国劳动模范、全国优秀共产党员、全国道德模范、全国三八红旗手标兵等荣誉称号。2009年，当选"100位新中国成立以来感动中国人物"。2018年12月，党中央、国务院授予申纪兰同志改革先锋称号，颁授改革先锋奖章。2019年9月17日，国家主席习近平签署主席令，授予申纪兰"共和国勋章"。

（3）王进喜。王进喜，男，汉族，1923年10月出生，中共党员，甘肃玉门人，新中国第一批石油钻探工人，全国著名的劳动模范。1938年，15岁的王进喜进入玉门石油公司当工人，中华人民共和国成立后历任玉门石油管理局钻井队长、大庆油田1205钻井队队长、大庆油田钻井指挥部副指挥。他率领1205钻井队艰苦创业，打出了大庆第一口油井，并创造了年进尺10万米的世界钻井纪录，展现了大庆石油工人的气概，为我国石油事业立下了汗马功劳，成为中国工业战线一面火红的旗帜。王进喜以"宁可少活二十年，拼命也要拿下大油田"的顽强意志和冲天干劲，被誉为"油田铁人"。

（4）时传祥。时传祥，男，汉族，1915年9月出生，中共党员，山东齐河人，北京市崇文区（今为东城区）清洁队青年班班长。时传祥出身于贫苦农民家庭，1949年进入崇文区清洁队。他对整个清掏区的情况了如指掌，百十斤重的粪桶每天要背近百桶，却以"宁肯一人脏，换来万户净"的高尚境界赢得社会各界尊重。他干工作从不分分内分外，见墙头倒了就主动砌好，见厕所没挖坑带上工具就给挖好；作为全国著名劳动模范、第三届全国人大代表，受到了国家领导人亲切接见。时传祥带出思想过硬、业务一流的青年班，他倡导的"工作无贵贱、行业无尊卑"的为人民服务思想得以经久传承，在他去世后几十年间环卫行业不断涌现出先进人物和劳动模范。

（5）张秉贵。张秉贵，男，汉族，1918年12月出生，中共党员，北京人，北京市百货大楼售货员。他是20世纪50年代至80年代我国商业系统最著名的全国劳动模范，刻苦练就售货"一抓准"和算账"一口清"的绝活，发明"接一问二联系三"的工作方法，始终坚持

"一团火"的服务精神,没怠慢过任何一位顾客,被亲切誉为"燕京第九景"。党和国家多次授予张秉贵崇高的荣誉称号,他先后被评为北京市劳动模范、全国群英会代表、特级售货员、全国劳动模范、北京市优秀共产党员等。1988年,北京市百货大楼在大门广场处为其竖立半身铜像,陈云同志亲笔为其题词"'一团火'精神光耀神州"。2009年光荣入选"100位新中国成立以来感动中国人物"。

他在哪里都闪光——记新时代"雷锋"郭明义

如果说,每天要你凌晨4点半起床,提前两小时上班,步行穿梭在全长40多千米的矿山作业,每天至少走10千米,你能坚持几天?

如果说,抢救一个病人需要输血800毫升,20年来,你能无偿献血挽救几个危重病人的生命?

如果说,家里上有年迈父母,下有上学女儿,夫妻每月收入不到600元,生活并不富裕,你是否会拿出大部分工资收入,把家里能捐的都捐了,去资助特困学生?

如果说,你曾经做过这样的好事,你能坚持做多少次,多少年?

……

有一个人连续15年做到了上述的一切,向人民做出了一个个掷地有声的回答。他就是鞍钢集团矿业公司齐大山铁矿生产技术室采场公路管理员郭明义。从他身上,人们看到了一个活着的雷锋,一个叫得响、信得过、靠得住的共产党员。

从小视雷锋为偶像的郭明义,15年来,上班走过的路程累计长达6万千米,相当于走了4次红军长征路,他每天工作10小时,没有休息过一个节假日,仅义务奉献的工作日,相当于多干了5年的工作量;20年来,他累计无偿献血6万毫升,相当于自身血量的10倍,至少挽救75名危重病人的生命;16年来,他先后资助180多名特困学生,不仅把工资捐了,还把各级组织给他的奖金、慰问金、奖品、慰问品都捐了……

"如果你是一滴水,你是否滋润了一寸土地?如果你是一线阳光,你是否照亮了一分黑暗?如果你是一粒粮食,你是否哺育了有用的生命?如果你是一颗最小的螺丝钉,你是否永远守在你生活的岗位上?"这是郭明义最喜欢的《雷锋日记》中的一段话。

> 毫无保留的奉献理念，带给了郭明义无穷的力量、快乐和自豪，激励着他数十载践行雷锋精神，尝试他所能想到、能做到的一切有利于社会、有利于人民的有意义的事情，用生命的点点滴滴诠释了奉献、坚韧、无畏、高尚、永恒的人生追求。
>
> （资料来源：http://www.wenming.cn/ddmf_296/tp_ddmf/201109/t20110921_331671.shtml）

（6）焦裕禄。焦裕禄，男，汉族，1922年8月出生，中共党员，山东淄博人，1946年入党。在担任兰考县委书记期间，兰考遭遇严重的灾荒，全县的粮食产量下降到历史的最低水平，在除"三害"的斗争中，为了取得经验，焦裕禄同志亲自率领干部、群众进行了翻淤压沙、翻淤压碱、封闭沙丘实验，总结出了整治三害的具体策略，探索出了大规模栽种泡桐的办法。他深入基层调查研究，在来到兰考一年多时间里，拖着患有慢性肝病的身体，跑遍全县140多个大队中的120多个。他身先士卒，带领全县人民封沙、治水、改地；他带头查风口、探流沙；他带头趟着齐腰深的洪水察看洪水流势；他率领干部顶风冒雪访贫问苦，为群众送救济粮款。经常肝痛得直不起腰，但仍用手或硬物顶住肝部，坚持工作下乡，直至被强行送进医院。1964年5月14日，他被肝癌夺去了生命，年仅42岁。他临终唯一要求是"把我运回兰考，埋在沙堆上。活着我没有治好沙丘，死了也要看着你们把沙丘治好"。以焦裕禄为代表的劳模们艰苦创业，用忘我的劳动热情和无私的奉献精神感染着当下社会中的每一个人。正是在这一大批活生生的英雄模范人物的精神的激励、带动下，中国社会的经济复苏了，中国人的精神面貌得到了进一步的提高。

3．中国特色社会主义建设时期的"创新型"劳动模范

随着社会主义精神文明建设的发展、深入，社会对劳动价值的评判，已从"出大力流大汗、苦干加巧干"向知识型、创新型、技能型、管理型方向转变，劳模也逐渐多元化，各行各业涌现出了一大批先进典型和英雄模范，在尊重劳动、尊重知识、尊重创新的时代背景下，知识分子劳模比例开始大幅提升。伟大的事业需要伟大的精神力量，改革开放和现代化建设光荣而艰巨的任务需要全国人民以坚定的信心和旺盛的热情投身到建设中国特色社会主义事业中，以钟南山、包起

帆、樊锦诗、王启民、鲁冠球为代表的一批劳模，改革创新，勤勤恳恳，任劳任怨，为国家经济发展、国防建设贡献力量，展现了劳模的时代风采和形象，鼓舞和激励全国亿万劳动者为改革开放和社会主义现代化建设事业再创伟业、续写辉煌。

（1）钟南山。钟南山，男，汉族，1936年10月出生，中共党员，福建厦门人，中国工程院院士，著名呼吸病学专家，中国抗击非典型肺炎的领军人物。曾任广州医学院院长、党委书记，广州市呼吸疾病研究所所长、广州呼吸疾病国家重点实验室主任、中华医学会会长。现任国家呼吸系统疾病临床医学研究中心主任、国家卫健委高级别专家组组长、国家健康科普专家。钟南山长期从事呼吸内科的医疗、教学、科研工作。重点开展哮喘、慢阻肺疾病、呼吸衰竭和呼吸系统常见疾病的规范化诊疗、疑难病、少见病和呼吸危重症监护与救治等方面的研究。1995年和2003年，钟南山两次被评为中国全国先进工作者（全国劳模），并荣获全国五一劳动奖章，2004年，被评为"感动中国2003年度"十大人物之一，2009年9月10日，被评为"100位新中国成立以来感动中国人物"。2020年年初，面对突如其来的新冠肺炎疫情，84岁高龄的中国工程院院士钟南山不辞辛劳、不惧风险，响应党的号召，义无反顾冲到疫情防控第一线，同时间赛跑，与病魔较量，顽强拼搏、日夜奋战，展现了对党、对人民高度负责的精神面貌，给病患和家属带来希望，给亿万人民带来感动。

读书笔记

阅读延伸　　钟南山院士的贡献

钟南山院士长期从事呼吸系统疾病的临床、教学和基础研究工作，是10余年来推动我国呼吸系统疾病研究水平走向国际前沿的学术带头人。通过创制的"简易气道反应性测定法"及流行病学调查，他首次证实并完善了"隐藏型哮喘"的概念，该观点为联合国卫生组织撰写的《哮喘全球防治战略》所采用。通过研究对我国慢性咳嗽病因谱进行了系统的分析，他阐明了胃、食道反流性咳嗽的气道神经炎症机制。他创制的"运动膈肌功能测定法"，首次证实即使早中期慢性阻塞性肺病病人也有60%存在蛋白－能量营养不良，制定了补充其基础耗能的校正公式。迄今为止，他主持完成了国家"973项目"（首席科学家）、"863计划"、"十五"科技攻关、国际合作等10余项重大科研项目；在国内权威杂志上发表论文200多篇；在国外学术期刊上发表SCI论文50余篇，其中包括 *Nature Medicine*、*Lancet* 等国际权威刊物，被引用次数达438次；荣获国家科技进步奖二等奖、三等奖，广东科技进步奖特等奖、一等奖，何梁何利奖，吴杨特别贡献奖等20余项奖励。

钟南山院士献身医学教育事业。1992—2002年担任广州医学院党委书记、院长，从医从教近50年，他辛勤耕耘在教育教学第一线，坚持为本科生授课，定期为实习生开设临床讲座，坚持每周一次全院性临床教学查房，融"教书育人"于教育教学全过程，形成了"奉献、开拓、钻研、合群"的"南山风格"和"学本领、学做人、强体魄"相统一的教育理念；在教学实践中，他提出了要注重培养学生具有"五性"，即对学习的自主性、对工作的创造性、对病人的责任性、对集体的合群性和对社会的适应性。在教学过程中，注重引领学术新风，追踪学科前沿，开展教学改革研究，并将研究成果应用于教学中。迄今为止，主持完成各级各类教学研究课题4项，发表教学研究论文10篇，出版专著和教材12部；培养硕士研究生31名、博士研究生30名、博士后4名。其中，2人获得广东省南粤优秀研究生称号。许多研究生毕业后已经成为各自单位的技术骨干、学科带头人等。

作为我国知识分子的优秀代表，钟南山院士坚定地站在维护公共利益的立场，以一个知识分子应有的良知和胆识，坚持真理，敢于质疑，敢于追问，发出不同的声音，提出不同的判断。如在"非典"初期，他坚持实事求是的精神，以非凡的勇气质疑权威机构发布的不实消息，维护了科学的尊严，赢得了国人的敬重。在抗击SARS疫情中，钟南山院士带领团队率先投入战斗，主动要求收治危重SARS患者，积极倡导国际大协作，组织了广东省SARS防治研究，创建了"合理使用皮质激素，合理使用无创通气，合理治疗并发症"的方法治疗危重SARS患者，获得了96.2%的国际最高存活率。他实事求是的科学精神，临危不惧的英雄气概，视患者如亲人的大医情怀，受到世人称赞，被誉为"抗非英雄"。

2003年，因抗击非典功勋卓著被广东省人民政府荣记特等功、被广州市人民政府授予"抗非英雄"称号；再次荣获全国五一劳动奖章，当选CCTV感动中国十大人物；同年荣获"中国医学基金会华源医德风范奖"。2004年，荣获全国卫生系统最高行政奖励"白求恩奖章"。2007年，荣获全国道德模范（敬业贡献）奖。2008年，当选第十一届全国人大代表。2009年，获选中国高等学校教学名师；入选"100位新中国成立以来感动中国人物"。2010年领衔获得南粤功勋团队奖。

（资料来源：https://www.360kuai.com/pc/9fcec33efc0c64d1c?cota=4&kuai_so=1&tj_url=so_rec&sign=360_57c3bbd1&refer_scene=so_1）

（2）包起帆。包起帆，男，汉族，1951年2月出生，中共党员，浙江宁波人，教授级高级工程师，华东师范大学国际航运物流研究院院长。包起帆是伴随改革开放成长起来的中国工人的缩影。包起帆研发新型抓斗及工艺系统，推进了港口装卸机械化，被誉为"抓斗大王"。参与开辟了上海港首条内贸标准集装箱航线，参与建设了我国首座集装箱自动化无人堆场，积极推进了我国首套自动化程度最高的散矿装卸设备系统的研发，领衔制定了集装箱-RFID货运标签系统国际标准。他与同事们共同完成了130多项技术创新项目，其中3项获得国家发明奖，3 项获得国家科技进步奖，43 项获得省部级科技进步奖，36 项获得巴黎、日内瓦等国际发明展览会金奖，授权国家和国际专利 49 项。他连续 5 次获得全国劳动模范，2 次获得全国五一劳动奖章。他是党的十四大、十五大、十六大、十七大代表。2009 年，包起帆被评为"感动中国人物"。2018 年 12 月，党中央、国务院授予包起帆同志改革先锋称号，颁授改革先锋奖章，并获评"港口装卸自动化的创新者"。2019 年 9 月，入选"最美奋斗者"个人名单。

阅读延伸　　最美奋斗者——包起帆

包起帆是一名从码头工人成长起来的工程技术人员，40 年来，他始终牢记邓小平同志"上海工人阶级要成为中国工人阶级领头羊"的要求，秉持"创新就在岗位，始于足下"的理念，用非凡的创新业绩与改革开放同命运、共成长。

20 世纪 70 年代末，改革开放的春风给码头修理工包起帆带来了半工半读学文化的机会，他把学到的知识用于工作岗位，发明了"起重机变截面卷筒"，使钢丝绳的损耗从过去一个月换 3 根减少至三个月换 1 根，码头上 20 多台起重机改造后效果很好，得到前来技术交流的日本钢丝绳专家高度评价，认为这是个了不起的发明，在日本是可以申请专利的。"专利"这个新鲜词打开了包起帆的视野，增强了他搞发明的兴趣和信心。

20 世纪 80 年代初，包起帆结合生产实际，开展木材抓斗、生铁抓斗、废钢抓斗及工艺系统的研发，创造性地解决了一批关键技术难题，实现了港口装卸从人力化迈向机械化，杜绝了重大伤亡事故。这些成果不仅在全国港口推广，还在铁路、电力、环卫、核能等 30 多个行业广泛应用，并出口 20 多个国家和地区，创造了显著的经济和社会效益，他也由此被誉为"抓斗大王"。

20 世纪 90 年代是国企改革的攻关期，此时包起帆被任命为龙吴港务公司经理。为扭转企业困局，他又开始了产业创新，创造性地提出中国港口内贸标准集装箱水运工艺系统的理念，并靠自主创新，解决了设备、工艺、单证、计算机系统等一系列技术难题，于 1996 年 12 月开辟了中国水运史上首条内贸标准集装箱航线。这一创新使我国内贸件杂货水上运输不再仅仅依赖散装形式的破冰之举，自此开辟了内贸水运的崭新天地，截至 2017 年，我国内贸标准集装箱港口年吞吐量已突破 9 218 万标箱。

2004 年起，他提出创意并主持建设了我国首座集装箱自动化无人堆场、世界上首台全自动桥式抓斗卸船机、全自动散货装船机和我国首台全自动散货斗轮堆取料机，开中国港口自动化的先河；他主持了外高桥四期、五期、六期集装箱码头建设，以现代物流理念规划码头布局，建立新型的集装箱港区功能模块横断面布置模式；率先实现双 40 英尺[①]集装

[①] 1 英尺 ≈ 30.48 cm。

箱桥吊在港口的应用，为上海港成为世界第一大港提供了强大的技术支撑。

近年来，包起帆在市政府参事这个决策咨询岗位上继续创新，从2013年起，他组织国内近百位专家学者，围绕长江口疏浚土综合利用、横沙生态陆域形成等关键技术开展研究，率先提出"新横沙"概念，引起领导和社会的极大关注和认可。他前瞻性地提出了新横沙生态成陆推进的方案和时序，科学论证了以 $-5\ m$ 等深线为新横沙生态成陆边界。科学筹划新横沙生态成陆的时间跨度，未来30年可形成一张 $480\ km^2$ 的土地"白纸"以供子孙后代描绘。

40年来，包起帆在同事们的帮助下完成了130多项技术创新项目，其中3项获国家发明奖，3项获国家科技进步奖，44项获省部级科技进步奖，36项获巴黎、日内瓦等国际发明展金奖。包起帆的创新业绩在国内外发明界传为佳话。

（资料来源：http://zmfdz.news.cn/326/index.html）

（3）樊锦诗。樊锦诗，女，汉族，1938年7月出生，中共党员，浙江杭州人，曾任敦煌研究院院长，现任敦煌研究院名誉院长、研究馆员，敦煌学专业博士生导师，第八至第十二届全国政协委员。自1963年北京大学毕业后已在敦煌研究所坚持工作40余年，被誉为"敦煌女儿"。主要致力于石窟考古、石窟科学保护和管理。2007年11月被聘任为中央文史研究馆馆员。2018年12月，党中央、国务院授予樊锦诗同志改革先锋称号，颁授改革先锋奖章，并获评文物有效保护的探索者；2019年9月，习近平总书记签署主席令，授予樊锦诗"文物保护杰出贡献者"国家荣誉称号，获2019年第七届"中华之光——传播中华文化年度人物"奖和"最美奋斗者"称号；2020年5月，被评为"感动中国2019年度人物"。

（4）王启民。王启民，男，汉族，中共党员，1937年9月出生，浙江湖州人，曾任大庆石油管理局勘探开发研究院院长，管理局局长助理，大庆油田有限责任公司总经理助理、副总地质师。20世纪60年代，他提出的"高效注水开采方法"，打破了当时国内外普遍采用的"温和注水"开采方式，开创出中低含水阶段油田稳产的新路子。20世纪70年代，他主持进行的"分层开采、接替稳产"开发实验，使水驱采收率提高了10%～15%。20世纪90年代，他组织实施的"大庆油田高含水期稳油控水系统工程"结构调整技术，创立了油田高含水后期"控液稳产"的新模式，多次获国家科技进步奖，被中国石油天然气总公司党组授予"新时期铁人"荣誉称号。2018年12月，党中央、国务院授予王启民同志改革先锋称号，颁授改革先锋奖章，并获评科技兴油保稳产的大庆"新铁人"。2019年9月，国家主席习近平签署主席令，授予王启民"人民楷模"国家荣誉称号。

（5）鲁冠球。鲁冠球，男，汉族，1945年1月出生，中共党员，浙江省杭州人，曾任浙江万向集团董事局主席兼党委书记，中国乡镇企业协会会长，浙江省企业联合会、企业家协会会长，中共十三大、十四大代表和九届全国人大代表。鲁冠球于20世纪70年代末期创建了万向集团，他将当时的一个生产农业机械的小作坊，发展成为中国第一个为美国通用汽车公司提供零部件的OEM，成为美国通用汽车公司的配套产品，万向在中国成了一块举世瞩目的世界名牌。2009年荣获"全国劳动模范"和"全国五一劳动奖章"，2018年10月，被中央统战部、全国工商联推荐为改革开放40年百名杰出民营企业家。2018年12月，党中央、国务院授予鲁冠球同志改革先锋称号，颁授改革先锋奖章，并获评乡镇企业改革发展的先行者。2019年9月，获得"最美奋斗者"荣誉。

读书笔记

课堂小活动

请你查询关于不同时代劳动模范的故事，分组讨论，集中分享。

伟大的事业需要伟大的精神，伟大的精神推动伟大的事业。无论文明进步到何种程度，无论财富积累到何种地步，劳模和他们身上所体现出来的精神都是我们永不褪色的骄傲。

阅读延伸　　　　中国女排

中国女排是一个英雄的集体，"五连冠"塑造了属于中国的女排精神。凝聚着志向、信心、实力、能量的"女排精神"，影响、激励了刚刚走进改革开放的中国人。中国女排经历过20世纪80年代五连冠、雅典奥运会决赛惊天逆转俄罗斯、里约奥运会连克强敌、女排世界杯11连胜的辉煌；也经历过20世纪90年代一段时间及伦敦奥运周期青黄不接的阵痛期，但中国女排从未放弃，每一场比赛都全力以赴，无论输赢，"女排精神"一直在赛场上体现得淋漓尽致。中国女排不光是体育界的骄傲，也是全体中国人的骄傲。"女排精神"激发了一代又一代人锐意进取，始终是中国人昂首前进的伟大精神动力。

20世纪80年代的中国，正是百废待兴，女排以拼搏精神赢得三连冠和五连冠的成绩，成为那个时代的楷模，成为当时中国人的骄傲。当时的主教练是袁伟民，主要队员有孙晋芳、张蓉芳、郎平、陈亚琼、周晓兰、杨希、朱玲、曹慧英、陈招娣、周鹿敏、张洁云、梁艳。

1981年11月，中国女排以亚洲冠军的身份，参加了11月在日本举行的第三届世界杯排球赛。比赛采用单循环制，经过了7轮28场激烈的比赛，1981年11月16日，中国队以7战全胜的成绩为中国首次夺得三大球比赛的世界冠军。最后一个球落地，姑娘们抱头痛哭。那一夜，北京街头万人空巷，女排成了唯一的话题。激动的人们聚集在天安门广场，彻夜高呼"中国万岁，女排万岁！"

比赛颁奖典礼未毕，国家体委、中华全国体育总会、中华全国总工会、全国妇联等单位的贺电已至球队。第二天，国内几乎所有报纸的头版都报道女排夺冠。《人民日报》的头版头条启用了鲜红色的大标题："刻苦锻炼 顽强战斗 七战七捷 为国争光——中国女排首次荣获世界冠军"。文章还配发了人民日报评论员文章：《学习女排，振兴中华——中国赢了》，文章中提出，"用中国女排的这种精神去搞现代化建设，何愁现代化不能实现？"——体育比赛的胜利，上升到了激励整个民族精神的高度。

《人民日报》头版的其他位置，被女排教练和队员的照片占据。此前，中国的大多数人对这个集体并无太多了解，这一天后，他们成了新中国人尽皆知的民族英雄。而在同天的《体育报》上，时任妇联主席的邓颖超发表了题为《各行各业都来学习女排精神》的文章。她在文中疾呼："各行各业的人民群众都要学习中国女排精神，树立远大的志向，发扬脚踏实地、苦干实干的作风，把自己的工作做好，更快地将我们的社会主义事业推向前进！"

二 劳模精神

（一）劳模精神的概念

劳模精神根本上是一种精神，通过劳模展现，既体现了劳动的本质，又体现了劳模的先进性，是推动劳动向前发展的精神力量。劳动模范之所以光荣而又伟大，不仅在于他们是社会主义建设中的杰出人物，为促进我国经济发展和人民幸福做出了卓越贡献，而且在于他们的优秀品质和思想行为中体现出的一种崇高的精神，即劳模精神。

党的十八大以来，习近平总书记多次就劳模精神发表重要讲话，系统阐明新时代劳模精神的历史源流、嬗变轨迹和生成逻辑，构建了新时代劳模精神的理论基石、历史逻辑、时代内涵和实践价值，继承并丰富了马克思主义的劳动观，深化并发展了劳模精神的中国属性、科学内涵、时代品格、实践价值和弘扬路径，为弘扬新时代劳模精神提供了有力的思想武器,具有重要的理论价值和实践意义。

总而言之,劳模精神是形成于中国共产党团结带领人民进行革命、建设和改革的历史时期的,以劳动模范这个群体的模范行为、优秀品格和高尚情操为基本内容,在建设社会主义现代化强国和中国特色社会主义进入新时代的历史实践中不断丰富和发展的先进思想与精神,其实质和核心是强烈的主人翁意识与责任感,并在平凡的岗位上艰苦奋斗、无私奉献的精神。劳模精神是对 5 000 年中华民族精神的传承和延伸,是对中国工人阶级优秀品格的诠释和彰显,是社会主义核心价值观的生动实践,它成了新时代我国社会主义精神文明的代名词之一,宣扬着无产阶级政党的社会价值。

(二)劳模精神的本质特征

1. 工人阶级的优秀品格的体现

工人阶级是我国的领导阶级,是中国共产党最坚实可靠的后盾,代表了先进生产力和先进文化的前进方向。劳动模范和先进工作者作为工人阶级和劳动群众的优秀代表,是祖国和人民的骄傲,是最美的劳动者,党和国家始终维护人民当家做主的地位,全心全意依靠工人阶级。2013 年 4 月 28 日,习近平总书记在同全国劳动模范代表座谈时明确指出:"坚持和发展中国特色社会主义,必须全心全意依靠工人阶级、巩固工人阶级的领导阶级地位,充分发挥工人阶级的主力军作用。"2015 年 4 月 28 日,习近平总书记在表彰全国劳动模范和先进工作者大会上再次强调,当代中国的主体永远是工人阶级和广大劳动群众,他们始终是推动经济社会发展和维护社会稳定的根本力量。

劳动模范作为我国工人阶级中最闪光的一个群体,他们身上凝聚的劳模精神始终体现着我国工人阶级的优秀品格。一方面,劳模精神体现了工人阶级的先进性。在中国共产党领导中国人民革命、建设和改革的各个历史时期,我国工人阶级都是勇挑重担、建功立业、开拓创新的时代先锋和行动楷模,他们在任何时代都是辛勤劳动、诚实劳动、创造性劳动的有功者,推动国家富强与民族进步。劳模精神作为劳动模范的核心要素和行动指南,是支撑时代前进的强大精神力量,充分体现了工人阶级的先进性,推动了工人阶级的成长进步。另一方面,劳模精神彰显了工人阶级强烈的主人翁责任感。劳动模范先进的思想和优秀的品质是时代的产物,他们所拥有的高度的主人翁责任感是自这个阶级出现就与生俱来的,是劳模精神的内在本质。正是因为他们自觉的、高度的主人翁责任感,使得他们将国家的富强和民族的复兴作为自己的责任,以极大的热情投入各项事业中,努力进取、勇于创新、艰苦奋斗、淡泊名利、无私奉献,将个人理想与国家理想、个人梦与中国梦融合在一起,为中华民族的伟大复兴奋斗终身。

2．伟大的中华民族精神的传承

习近平总书记在第十三届全国人民代表第一次会议上,重新定义中华民族的伟大精神,阐述中华民族是具有伟大创造精神、伟大奋斗精神、伟大团结精神和伟大梦想精神的民族。这"四个伟大精神"精准而深刻地描绘出中国人独有的气质和禀赋,即富于创造、崇尚奋斗、团结一心、追求梦想。创造给予我们奇迹,奋斗给予我们机会,团结给予我们力量,梦想给予我们希望,它们是支撑我们中华民族创造伟大历史、不断向前发展的精神底气,而劳模精神就是对它的一种传承与发展。

一方面,劳模精神中强烈的主人翁意识和责任感、艰苦奋斗和勇于创新的品质特征,就是对中华民族伟大创造精神和伟大奋斗精神的直接展现。中国人民是具有伟大创造和伟大奋斗精神的人民,而作为人民群众杰出代表的劳动模范就更具有这种优秀的精神品质。时代楷模南仁东用其20多年的时间艰苦奋斗、坚持创新,建造了中国探测太空的"天眼"——球面射电望远镜FAST;造林英雄杨善洲退休后艰苦奋斗、义务造林,绿了荒山却白了头发。他们是劳模精神的承载者,是伟大创造精神和奋斗精神的传承者,深刻阐释着中华民族的优良传统。另一方面,劳动模范之所以拥有爱岗敬业、争创一流、淡泊名利、甘于奉献的精神,就是因为他们有着伟大团结精神和伟大梦想精神。回顾中国改革开放40年来取得的巨大成就,中国网、中国港、中国路、中国桥,这都是怀揣伟大梦想的人民才能获得的,梦想是引领我们向前发展的动力,但发展的根本还是要各族人民团结一致,同心同德。有梦想、能团结才能形成守望相助的大家庭,才能铸牢中华民族共同体意识。新时代进一步弘扬和践行劳模精神,要在每个人的心里都种下团结与梦想的种子。

3．改革创新的时代精神凝结

时代精神是一个国家和民族在新的历史条件下形成和发展的思想观念、价值取向与精神风貌的总和,是一种体现国家和社会发展方向,反映民族特色和时代潮流的集体意识,在国家整体发展战略中占据着重要地位。当今我国时代精神的核心是改革创新,它贯穿改革开放的全部实践,体现在时代精神的各个方面。改革开放进程中涌现出来的一系列时代楷模和榜样群体,都生动地展示着以改革创新为核心的时代精神。

第一节 劳模和劳模精神

劳模精神是改革创新的时代精神的有力彰显。劳模精神是一种人文精神，代表的是一个时代的价值观、道德观与世界观，展示的是一个时代的民族思想与情愫，是时代精神的典型化、人格化。一方面，作为一种文化，劳模精神不是定格的，而是能动的、实践的、发展的，随着社会主流价值、国家意识形态、社会生活的变迁而不断演变发展。显然，与革命战争时期发展生产支援战争的劳模精神相比，新时代劳模精神的科学内涵更为丰富与多元，但是都离不开时代的主流价值——改革创新；另一方面，劳模在实践中体现出来的具有个人特质的精神品质，代表着社会先进生产力的发展方向，引领着时代的进步潮流，凝结着改革创新的时代精神，丰富和发展着时代精神的内涵。

读书笔记

案例

鹿新弟：带着梦想的柴油机医生

"也许在别人看来，机器是死的，总是发出刺耳的噪声。但是我认为，它是活的，是有灵性的，那些所谓的'噪声'是最动听的音乐。"

"对待机器就应该像对待自己的孩子一样，要摸透它的'脾气'。"

坚守一线工作29年来，鹿新弟对他的"孩子"总是温柔以待，靠着耐性、执着与勤奋，他逐渐摸透了"孩子"们的脾性。他像一位资深的医生，诊断技术炉火纯青，"孩子"们哪里有个"头疼脑热"，他总能轻而易举地察觉出来，并因此被亲切地称为"柴油机医生"。

阴错阳差，陷入"柴油机"的"音乐"陷阱

1984年，鹿新弟来到道依茨一汽（大连）柴油机有限公司技工学校学习钳工。3年后，他以专业第一名的好成绩顺利毕业，并被分配到公司研发部。"我本身是学钳工的，对柴油机和搞研发实在不懂，当时特别郁闷。"

但是，因为成绩太突出，公司不想错失人才，要求他必须去研发部实验室。

鹿新弟决定先去研发部实验室试试，然而，仅仅一周后，鹿新弟的想法发生了翻天覆地的变化，"这辈子就是这儿（研发部）了！"鹿新弟兴奋又坚定地说。

谁曾想，导致他做出这一重大决定的东西不是别的，而是不怎么讨人喜欢的柴油机"噪声"。

"发动机的声音真是太动听了！它是活的！而且既能烧机油，又烧柴油。"就这样，鹿新弟与柴油机结下了不解之缘。

为了能尽快摸透发动机的"脾气"，鹿新弟绞尽脑汁地琢磨、研究发动机的方方面面，曾写了10年的工作日记，"参加工作后的前10年，我每天回家都会写工作日记，总结白天遇到的问题及学到的新知识。"而此后，鹿新弟也会每周在家里的小黑板上记录一周的工作总结。

工作初期，鹿新弟还非常幸运地被委派到大连油泵油嘴厂研发部，进行了为期一年的系统化、理论化学习。可是当他再次回到自己的岗位工作时，却发现什么都不会，凭着一种不服输的"钻"劲儿，他每天晚上等同事们都下班回家了，就回到车间不断尝试调试机器，认真琢磨了整整一年后，他对各种操作了如指掌。

在长达29年的工作中，凭借对机器声音的敏感与狂热，鹿新弟可以做到仅通过声音就可诊断出故障原因。"听得多了，自然就能分辨出来哪个零部件会发出什么样的声音，而一旦听到声音跟平时不一样了，就说明出问题了。"鹿新弟说。

为了使故障排查更加精准，他还独家创造了"看、听、摸、闻、问、测量"六步维修法，准确率高达99%，被当之无愧地称为"柴油机医生"。

目前，鹿新弟共完成技术创新成果501项，创造经济效益10 742万元，其中87个项目荣获国家、省、市技术创新优秀成果奖，拥有10项国家专利（其中2项发明专利、8项实用新型专利）及"鹿新弟技能大师工作室""鹿新弟劳模创新工作室""鹿新弟专家培训工作室"3个工作室，并曾连续5次获得"第一汽车集团公司十佳创新方案奖"。

（资料来源：http: //qclz.youth.cn/znl/201610/t20161003_8713596.htm）

（三）劳模精神的内涵

习近平总书记指出："长期以来，广大劳模以平凡的劳动创造了不平凡的业绩，铸就了'爱岗敬业、争创一流，艰苦奋斗、勇于创新，淡泊名利、甘于奉献'的劳模精神，丰富了民族精神和时代精神的内涵，是我们极为宝贵的精神财富，我们要在全社会大力宣传劳动模范的先进事迹，号召全社会向他们学习、向他们致敬。"这些重要论述精辟地概括了劳动精神的科学内涵，深刻揭示了新时代劳模精神的实质特征，同时是对劳模精神时代价值的充分肯定。

第一节 劳模和劳模精神

话题讨论

读书笔记

有人说,随着新的时代到来,劳动模范的内涵也发生了变化,以前的劳动模范身上体现出来的精神就不必提倡了。你是怎样认为的呢?说出你的想法,并与同学交流。

1. 爱岗敬业,争创一流

爱岗敬业,争创一流,体现广大劳模恪尽职守、创先争优的职业道德及高度的历史使命感、责任感。

爱岗敬业是中华民族的传统美德,是职业道德的基石,是社会主义职业道德所倡导的首要规范,是社会主义核心价值观的重要内容。爱岗敬业就是要勤勤恳恳、兢兢业业、忠于职守、尽职尽责地工作。爱岗敬业是对劳动者提出的最基本、最起码、最普通的道德要求,还是实现职业目标的重要内容,也是事业成功的必要因素。

争创一流是当代劳模具有竞争力、战斗力和爆发力的精神源泉。争创一流就是要树立自信心、提振精气神,以"敢为人先、追求卓越"的精神状态高起点谋划、高标准定位、高质量落实、高效率推进,做到谋划上胜人一筹、行动上快人一步、措施上硬人一度。

案例

"干就干一流,争就争第一"——"大国工匠"许振超的筑梦之旅

"干就干一流,争就争第一。"这是青岛前湾集装箱码头有限责任公司固机高级经理、中华全国总工会原副主席(兼职)许振超的"座右铭"。

1974年,只有两年初中文化的许振超来到青岛港当了一名码头工人。那时,港口装卸作业方式很落后,体力劳动繁重、工作环境艰苦。"当时,我经常一边工作,一边思考:难道码头工人就不能摆脱这种出大力、流大汗的命运吗?"许振超回忆说。

慢慢地,青岛港进口了一些现代化机械设备。但由于工人们不了解使用和维护技术,设备经常出现故障,有的用了不到一年就损坏了,还有的酿成了事故。

"缺少知识误人误事,唯有知识才能改变命运。"这一信条很快占据了许振超的头脑。此后,许振超身上不离"两件宝"——笔记本和英汉小词典,刻苦自学桥吊核心电路等知识,其中不少是英文资料。

1984年,青岛港组建集装箱公司,许振超因肯钻研、技术好被选为第一

75

批桥吊司机。经过苦练，他成功练就了"一钩准"等"绝活"，带出了"王啸飞燕"等一大批具有社会影响的"绝活"品牌。

2003年4月27日夜，许振超带领桥吊队的工友们仅用6小时15分钟，就完成了"地中海法米娅"轮3 400个标准箱的装卸，创出了每小时单机效率70.3自然箱和单船效率339自然箱的世界纪录。

此后5年，许振超带领桥吊队先后7次打破集装箱装卸世界纪录，使"振超效率"享誉全球。在练"绝活"之余，许振超还在岗位上勇于创新。他经多次实验，在冷藏集装箱上加装了节电器，全年节约电费600万元；他领衔组织实施了轮胎吊"油改电"等技术改造，填补了国际空白，年节约资金2 000万元以上，噪声和尾气污染接近于零……

如今的许振超仍经常在青岛港为他设立的"许振超大师工作室"里，和新一代码头工人，围绕自动化集装箱码头技术开展以高效服务为目标的创新。"我们不要'差不多'！要干就尽力追求完美，争取世界领先！"他说。

（资料来源：http://www.xinhuanet.com/politics/2019-01/10/c_1123973332.htm，有改动）

2. 艰苦奋斗，勇于创新

艰苦奋斗，勇于创新，体现了广大劳模吃苦耐劳、坚忍不拔的作风和强烈的开拓意识。他们勤于学习，善于实践，积极掌握科学知识，努力增强核心技能，主动应对各种挑战。

艰苦奋斗是新时代中国劳模精神的本色。新时代劳模凭借艰苦奋斗的价值追求，锐意进取、奋发有为，攻破了一个又一个阻碍实现中国特色社会主义现代化建设的难题，取得了一个又一个惊叹世界的成就。劳模秉承艰苦奋斗的优良作风，在工作中忘我劳动、开拓创新、奉献集体，表现出崇高的美德和精神风貌。新时代中国劳模精神之所以能够继续发挥其号召力、感召力和影响力的作用，就是因为劳模精神中包含着长期以来具有的、始终如一的艰苦奋斗精神因素，并成为当代中国劳模精神最稳定和永恒的本色。

勇于创新是新时代中国劳模精神的核心。党的十九大指出，"创新是引领发展的第一动力，是建设现代化经济体系的战略支撑"。新时代中国劳模充分发挥先锋模范作用，不断钻研科学技术，全面提升勇于创新的本领，锐意进取、勇于创新，不断增强善于创造的能力，为中国特色社会主义现代化发展建设做出了突出贡献。勇于创新、善于创造已经成为当代中国劳模精神的关键内容和核心内涵。提倡勇于创新、善于创造的劳模精神是实现中华民族伟大复兴的现实需要。

王选：高科技应"顶天立地"

距北京大学西门不远的北大档案馆，曾是"748工程"会战组所在地。1979年7月，我国著名科学家王选曾带领科研团队在这里日夜奋战，终于用自主研发的我国首个汉字激光照排系统输出了第一张完美的报纸样张。

"高科技应做到'顶天立地'。"这是王选一生奋斗的信条。"顶天"即不断追求技术上的新突破，"立地"即将技术商品化，并大量推广应用，而"顶天"是为了更好地"立地"。

20世纪70年代，中国出版业仍是铅字排版和印刷。为改变落后状况，1974年，我国设立"汉字信息处理系统工程"，简称"748工程"。正在北大任助教的王选看到了巨大可能，他通过分析比较，决定跨过当时国外流行的第二代、第三代照排机，直接研究世界尚无产品的第四代激光照排系统。历经艰难，1979年，我国首个汉字激光照排系统研制成功。

北大计算机科学技术研究所教授、王选夫人陈堃銶介绍，在原理性样机做出后，有人劝王选不要做下去了，"但王选说，应用性研究如不做成商品，对社会就没有价值，所以他一直极力将成果转化为商品，与产业相结合"。

在艰苦研制条件下，王选团队不仅攻克汉字字形信息的计算机存储和复原输出的世界性难题，还在20多年间持续创新，与多个协作单位联合攻关，紧跟市场需求，先后研制出8代汉字激光照排产品，使中国传统出版印刷行业得到彻底改造，"告别铅与火，迎来光与电"。

至20世纪90年代初，国内99%的报社、90%以上的书刊出版社和印刷厂使用了王选团队研制的汉字激光照排系统。我国书刊平均出版周期从300多天缩短到100天左右。

在王选院士逝世的12年后，他曾带领的北大计算机科学技术研究所在跨媒体智能识别技术等多方面取得系列新成果，而在汉字激光照排系统技术基础上发展起来的方正集团也成为中国信息产业龙头企业之一。

"王选精神在传承。"北大计算机科学技术研究所所长郭宗明说，"他提出的'顶天立地'产学研结合模式是我们一直追求的发展之路。"

（资料来源：http://www.xinhuanet.com/politics/2018-12/22/c_1123890024.htm，有改动）

3. 淡泊名利，甘于奉献

淡泊名利，甘于奉献，体现了广大劳模任劳任怨、不计得失的模范行动，体现了工人阶级的价值取向和大公无私、不怕牺牲的高尚情操。

淡泊名利是当代中国劳模精神的境界，涵养着当代中国劳模精神。名利反映的是一个人的劳动成果和贡献得到社会公认，并获得相应的物质报酬。正确的名利观会影响和铸就高品位与高格调的人。新时代，我们仍然必须倡导劳模保持的安贫乐道、甘于寂寞、淡泊自守、不求闻达的豁达态度，学习、继承老一辈劳模体现的谨守本分、淡泊名利的精神境界。

甘于奉献是当代中国劳模精神的底色。无论是中华人民共和国成立前党对劳动英雄和先进工作者的表彰宣传，还是中华人民共和国成立后对劳模精神轰轰烈烈地弘扬，都重点强调了劳模尊重劳动、奉献担当的浓厚意识，肯定了劳模顾全大局、默默奉献的可贵品质。时空变幻，劳模精神的内涵在变，但劳模甘于奉献的追求没变。甘于奉献已经成为中国劳模精神最鲜明的标识，镌刻着劳模为党和人民贡献一切的光荣而不朽的印记。甘于奉献是当代中国劳模精神内涵中最亮丽的底色。

案例

袁隆平：不曾停歇的"90后"

2019年9月17日，习近平总书记签署主席令，授予8人"共和国勋章"，袁隆平名列其中。

就在这一天，在距离北京1 600多千米的湖南省衡东县的一片稻田里，袁隆平拿着一株水稻仔细观察后，面带笑意地说："开花开得很好。"这片稻田是第三代杂交水稻实验田，目前处于扬花期，田中的双季晚稻有望突破亩产1 000千克大关。

"荣誉是对我们成绩的肯定，但我们不能躺在功劳簿上，还得继续干活。只要能解决老百姓的吃饭问题，个人的荣辱得失又算得了什么？搞科研的人要有使命感，有胸襟。"在中华人民共和国成立70周年来临之际获得国家最高荣誉，袁隆平向记者表示，"这对我既是鼓舞也是鞭策，希望在原有的基础上更上一层楼"。

在获得"共和国勋章"的前一天，袁隆平出现在湖南农业大学2019级新生开学典礼上，引发全场沸腾，学生们激动不已地喊出："袁院士才是我们该追的'星'！"

在开学典礼上,袁隆平在讲话中再次提到了他多次谈及的两个梦想:"第一个梦是追求水稻的高产梦,第二个梦是杂交水稻覆盖全球梦。"

为了实现这两个梦想,袁隆平不曾停歇。

1974年,袁隆平科研小组培育的第一个强优势高产杂交水稻破土而出。多年来,袁隆平领衔的科研团队通过形态改良和杂种优势利用相结合的技术路线,成功破解水稻超高产育种难题,不断刷新亩产产量。目前,超级稻计划的五期目标已经全部完成,分别是亩产700千克、800千克、900千克、1 000千克和1 100千克。

据统计,从1976年到2018年,杂交水稻在全国累计推广面积约85亿亩(1亩≈667平方米),增产稻谷8.5亿吨。每年因种植杂交水稻而增产的粮食可以多养活约8 000万人口。

"我们国家人口多、耕地少,保障国家粮食安全,唯一的办法就是提高单产。高产对于我来说,是一个永恒的主题。"袁隆平告诉记者。

不仅让中国人吃得饱,袁隆平还希望全世界人民都能够远离饥饿。他曾笑称,自己愿做太平洋上的海鸥,让杂交水稻技术越过重洋。

《杂交水稻简明教程》这本袁隆平写于1985年的书,经联合国粮农组织出版后,目前已发行到40多个国家,成为全世界杂交水稻研究和生产的指导用书。据湖南省农业农村厅统计,截至2018年年底,杂交水稻已在海外40多个国家成功实验示范,在10多个国家大面积推广。2018年,海外杂交水稻推广面积超过700万公顷(1公顷=10 000平方米)。

在获得"共和国勋章"的10天前,袁隆平迎来了自己的90岁生日。他笑称,自己已经从"80后"升级为"90后",未来要健康快乐超百岁,就像超级稻攻关一样,不断超越新目标。他的生日愿望是希望今年的示范田实现亩产1 200千克,向中华人民共和国成立70周年献礼。

(资料来源:http://politics.people.com.cn/n1/2019/0920/c1001-31364569.html,有改动)

思考题

1. 劳模具有哪些可贵的共同品质?

2. 作为新时代的劳动者,根据自己设定的工作岗位,通过哪些途径可以成为劳动模范?

第二节　践行劳模精神的方式

 争做"四有"新人

1. 有理想

理想是人生的奋斗目标，是民族前进的精神动力。没有理想就没有希望，没有希望就没有实现理想的力量。坚定的理想信念，是人生的精神动力，是做好工作、克服困难、开拓创新的力量之源。中华人民共和国成立70多年来，在不同时期、不同岗位涌现出的劳模身上，总是有一种坚忍不拔、不畏艰险、顽强拼搏的可贵精神，并善于将自己的事业追求和人生理想转化为现实。

中华人民共和国成立初期是一个物质匮乏、环境艰苦的年代，正是一批又一批劳模前赴后继，执着于民族昌盛、国家富强的远大理想，影响和带动千千万万劳动者投身社会主义建设事业，才为我们今天实现科学发展、跻身强国之林打下了坚实的基础。现代社会充满竞争，也充满诱惑和浮躁，人们的价值观念多元而又多变。践行劳模精神，就是要学习劳模淡泊以明志、宁静以致远的优秀品格，将为理想而奋斗当作人生快乐的源泉，用高尚的理想和情操充实自己的精神世界，努力实现人生理想，实现人生价值。

劳模努力自学成才，坚持岗位成才，无论身处顺境、逆境，都牢牢把握自己，以服务他人、攻坚克难为乐，将自己的生存发展与人类个体、群体、整体，与自然万物的和谐发展融合在一起。因为有理想、有信念，因为讲认真、讲奉献，他们的人生境界才在推动文明发展、社会进步的征途上豁然开朗。劳模是我们学习的榜样，是一面镜子，更是一个值得追求和超越的目标。践行劳模精神，就是要学习劳模自信、自强、自立，始终保持为理想而奋斗的激情，做一个有益于社会和人民的人。

理想与现实有着辩证的内在联系。理想源于现实，是对现实的某种反映；理想是未来的现实，现实是理想的基础。不能成为现实的理想，或者是背离现实的理想，都是毫无意义的理想。要正确处理理想与现实的关系，不能以理想来否定现实，也不能以现实来否定理想。对于广大人民来说，只有立足本职，干一行钻一行，才有可能去实现自己的理想。

我们要自觉坚持用中国特色社会主义理论体系武装头脑，提高贯彻党的路线方针政策的自觉性，推进改革开放，促进经济发展，维护社会稳定；要了解中国国情，增强民族自豪感和历史责任感，将爱国家、爱人民、爱本职工作紧密结合起来，为各项事业的发展多做贡献；要树立正确的世界观、人生观、价值观，胸怀全局、目标远大，严于律己、弘扬正气。

2．有道德

2001年9月20日，中共中央印发的《公民道德建设实施纲要》指出："在全社会大力倡导'爱国守法、明礼诚信、团结友善、勤俭自强、敬业奉献'的基本道德规范，努力提高公民道德素质，促进人的全面发展，培养一代又一代有理想、有道德、有文化、有纪律的社会主义公民。""要大力倡导以文明礼貌、助人为乐、爱护公物、保护环境、遵纪守法为主要内容的社会公德，鼓励人们在社会上做一个好公民。""要大力倡导以爱岗敬业、诚实守信、办事公道、服务群众、奉献社会为主要内容的职业道德，鼓励人们在工作中做一个好建设者。""要大力倡导以尊老爱幼、男女平等、夫妻和睦、勤俭持家、邻里团结为主要内容的家庭美德，鼓励人们在家庭里做一个好成员。"

践行劳模精神，就是要大力弘扬爱国主义、集体主义、社会主义和艰苦创业精神，正确处理个人利益、集体利益和国家利益的关系，识大体、顾大局，自觉做到个人利益服从集体利益，眼前利益服从长远利益，局部利益服从整体利益，把为人民服务作为人生最有价值的追求，自觉抵制拜金主义、享乐主义、个人主义等思想的侵蚀，不断加强思想道德修养，在社会做个好公民，在家庭做个好成员。

践行劳模精神，尤其要重视职业道德。职业道德是一个人的职业态度、奋斗目标、工作目的、事业责任心和劳动积极性的综合体现。职业道德包括爱岗敬业、诚实守信、办事公道、服务群众、奉献社会。要养成高尚的职业道德，就要在本职岗位上始终自觉地用高尚的职业道德规范自己的言行，激励自己创造一流业绩。

3．有文化

单纯的苦干、实干、不怕牺牲，只能代表劳模含义的一部分。在科学技术日益发展的今天，劳模精神还体现在创新、智力、技术等方面。当代劳模是执着的知识渴求者，在知识社会和新经济条件下，他们深刻理解"知本"与资本增值的关系，非常注重自身的人力资源投资和实践知识的积累，并最大限度地转化为工作中的人力资本优势，从而在知识更新中将自己锻造为复合型的劳动能手。同时,劳模用先进的科学知识和劳动技能引导和鞭策着其他人锐意进取、勤于学习、刻苦钻研,创造更多的自我价值和社会价值。

"金牌工人"许振超曾在清华大学语重心长地说:"一个人可以没文凭,但不可以没知识;可以不进大学殿堂,但不可以不学习。只有知识才能改变命运,只有发奋学习才能成就未来。"这正是劳模学习精神的真实写照。劳模的学习精神既反映了工人阶级自强不息、艰苦奋斗、爱岗敬业、奋发向上的传统美德,也反映了中国劳动者勤奋学习、能思善想、开拓创新、勇攀高峰的精神风貌。因而,劳模的学习精神是新形势下劳模精神的精髓所在。践行劳模精神,首要的就是要像劳模那样不断学习、善思进取、与时俱进。

"工欲善其事,必先利其器。"学习是文明传承之途、人生成长之梯、国家兴盛之要,是丰富人民群众精神家园的重要途径。当代劳动分工越来越细,技术含量日益增加,竞争越来越激烈,对每个人的文化知识、业务水平、技术素质的要求也越来越高,人们必须勤于学习、善于思考,学习科学知识,树立科学精神,掌握科学方法,立足本职学文化、学科技、学管理,不断提高科学文化技术水平、岗位技能和业务素质,争做岗位技术能手,才能适应竞争、追赶先进、开拓创新。

建设创新型国家是我国发展战略的核心和事关社会主义现代化建设全局的重大战略任务,不仅需要世界一流的科学家,也需要掌握精湛技艺和高超技能的高素质人才。高技能人才是将科研成果转化为现实生产力的重要桥梁,是将设计蓝图变成宏伟现实的主要实施者。践行劳模精神,就是要引导广大人民用现代科学技术武装自己,刻苦学习新知识、新技术、新本领,牢固树立终身学习的理念,不断增强学习能力、竞争能力、创新能力和创业能力,全面提升自身综合素质,争做学习型、知识型、技能型、专家型劳动者,为实现由"中国制造"向"中国创造"的转变做贡献。

4. 有纪律

纪律和规则是保障我们工作中不犯错误的前提。如果没有坚定的纪律观念和规则意识,就会导致责任心不强、作风涣散、不作为或乱作为等现象,甚至会违法乱纪、腐败堕落。没有规矩不成方圆,铁的纪律是干好工作的保障。只有具备坚定的纪律观念,坚持原则,时刻注意自己的言行,服从组织,听从指挥,围绕中心,服务大局,对党和人民群众负责、对自己负责,才能真正做到爱岗敬业,才能将工作做对、做好。

践行劳模精神,就是要遵守国家法律,严格依法办事,严守组织纪律。脑中常绷法纪这根弦,不越雷池,不踩红线,不闯红灯,不碰

第二节 践行劳模精神的方式

高压,有令则行,有禁则止。严格遵守法律法规和所在岗位的各项制度,自觉地按规定办事,善于运用法律规范自身行为,维护自己的合法权益,坚决同危害民族团结、国家安全和社会稳定的各种违法犯罪行为做斗争。

践行劳模精神,就是要"干干净净","政治上跟党走,经济上不伸手,生活上不丢丑"。政治上保持清醒头脑,不留污点;经济上清正廉洁,不为金钱所诱惑,无贪财之心;生活上严格律己,洁身自好,不为情色所动。坚持原则不能动摇,执行标准不能走样,履行程序不能变通,遵守纪律不能松弛。

阅读延伸 申纪兰:劳动是信仰,劳动最光荣

2020年6月28日,第一届至第十三届全国人大代表、共和国勋章获得者、著名全国劳模申纪兰因病去世。无论时代如何变迁,她都坚守劳动信仰,以艰辛的劳动实现人生价值,在获得巨大荣誉的同时,得到全社会尊重。她在太行山上树起了一座丰碑,用一生的勤劳证明:劳动最光荣。

申纪兰是唯一的第一届至第十三届全国人大代表,是共和国勋章获得者,是著名的全国劳动模范。从20世纪50年代以来,她获得过许许多多荣誉,但是,在平顺,在西沟,申纪兰永远是那位高高大大、走路很快、大嗓门说话的申大姐、申大娘,永远是人们口中的"老申",这些年也有越来越多的人亲切地叫她"申奶奶"。

申纪兰1929年出生在平顺龙溪镇一个小山村里,青年时嫁到西沟。她一生的奋斗和苦乐都没有离开过这片土地。她以劳动写就的不平凡人生又一次被人们传颂,再次引起人们的情感共鸣。

"共和国勋章"颁奖词中,对申纪兰有一句评价:"倡导并推动'男女同工同酬'写入宪法。"

"争取男女同工同酬"是申纪兰90多年人生中精彩的一章。她以一个太行山妇女的倔强和坚韧,在朴素的劳动中创造出一段为历史铭记的辉煌篇章。

早在1943年,西沟村在党支部书记李顺达领导下,就成立了互助组。中华人民共和国成立后,西沟村在农业合作化中又走在前列。1951年西沟成立农业合作社,年轻的申纪兰当选副社长。

平顺有句古话:好男走到县,好女走到院。男女不平等在大山里"根深蒂固"。许多年后,申纪兰还记得当年的一个场景——来人敲问:"有人吗?"如果男人不在,妇女就直接回答"没人"。农业合作化开展起来,合作社交给申纪兰一个任务:动员那些不出院门的妇女下地劳动。

当年的农业劳动按工分考核,以工分多少分钱。申纪兰最初就通过"工分"来动员妇女下地。西沟村上年纪的人还记得,中年妇女李二妞手脚慢,连开会都不去,很少出门。

大家说，要是把她动员下地，全村妇女就都能下地。

申纪兰劝说李二妞，提到的第一条理由就是：参加劳动能挣工分，多挣工分就能多分红利，给自己缝件新衣裳。这些理由戳到了李二妞心里，她果然下地了。这对当时的西沟村妇女是一个极大鼓舞，很快全村妇女都开始下地劳动。

妇女和男人干一样的活，男人记 10 分，妇女只能记 5 分。不久，有几个妇女又不下地了。有人说，"在家纳一对鞋底也能挣 3 升米"。

如何争取男女干同样的活儿，评一样的工分，申纪兰和她的姐妹们想出一个办法——"比一比"。那年，西沟妇女在申纪兰带领下，和男劳力展开了干农活比赛。往地里撒肥料是个技术活，要有力气，还得撒均匀，大家觉得妇女根本干不了。于是，就从撒肥料开始。结果，妇女胜出，几个骨干挣得了 10 分工，连李二妞也得了 7 分。

男人们不服，说"在地头吸了两袋烟"输了比赛，他们又比赛间谷苗。男劳力蹲在地上间苗，妇女们则跪在地上，头不抬脸不仰，一个劲儿往前走。晚上记工分，男人 8 分，妇女 10 分。经过夏季生产各环节的劳动，村里人服气了，申纪兰她们赢得了和男人记一样工分的"待遇"。

西沟妇女"和男人干同样活，挣一样工分"的事迹登上了 1953 年的人民日报头版，题目就是申纪兰的一句话："劳动就是解放，斗争才有地位。"她以一个农村妇女的执着和对劳动的信仰，提出了男女同工同酬。

（资料来源：http: //character.workercn.cn/350/202007/04/200704114855990.shtml，有删减）

读书笔记

二 向劳模学习

在革命、建设和改革各个历史时期涌现出来的劳动模范，虽然行业不同、岗位各异，但都有着共同的特质，那就是以高度的主人翁责任感、卓越的劳动创造、忘我的拼搏奉献，始终走在工人阶级和劳动群众的前列，享有崇高声誉，备受人民尊敬。他们身上所体现的爱岗敬业、争创一流、艰苦奋斗、勇于创新、淡泊名利、甘于奉献的劳模精神，是中国工人阶级伟大品格的生动体现，是民族精神和时代精神的重要内容，是极为宝贵的精神财富。

劳动模范和先进人物具有的先进思想和优秀品质，是这个社会和时代的产物。只有大力弘扬劳模精神，引导广大人民牢记工人阶级的历史使命，树立高度的主人翁责任感，以国家和民族的伟大复兴为己任，以极大的热情投入各项建设事业之中。要大力宣传劳模事迹，让劳模精神深入人心；要积极选树先进典型，让劳模精神代代相传。

用劳模精神中蕴含的价值理念激发更多人的认同与参与,使之增强信心、振奋精神、凝聚力量,展现新时代风貌,发挥聪明与才智,付出辛勤与努力,书写美好的明天。

1. 爱岗敬业,提升专业技能

爱岗敬业是爱岗与敬业的总称。爱岗和敬业互为前提,相互支持,相辅相成。爱岗是敬业的基石,敬业是爱岗的升华。爱岗敬业指的是忠于职守的事业精神,这是职业道德的基础。爱岗就是热爱自己的工作岗位,热爱本职工作;敬业就是用一种恭敬严肃的态度对待自己的工作。

提倡爱岗敬业就是要做到热爱本职岗位,努力做到干一行爱一行。在平凡的岗位上严格要求自己,时时、事事不忘创先争优;保持热情的工作态度和严谨的工作作风;认真树立职业理想,强化自己的职业责任;认真学习与职业有关的理论知识,提高职业技能,不断完善自我、提高自我,时刻保持努力学习的劲头,在工作中学习,在实践中学习,将学习作为一种良好的生活习惯。只有那些干一行爱一行的人,才能专心致志地搞好工作。如果只从兴趣出发,见异思迁,"干一行厌一行",不但自己的聪明才智得不到充分发挥,甚至会给工作带来损失。

提倡爱岗敬业就要努力培育敬业精神。敬业精神是人们对一件事情、一种职业的热爱而产生的一种全身心投入的精神,是社会对人们工作态度的一种道德要求。要有扎实的专业思想,要热爱本职工作,扎扎实实地掌握好专业基本功,达到专业水平,努力成为行家里手;要有强烈的事业心,具有事业心的人能根据自己的主客观条件,确立经过努力可以达到的可行目标;要有勤勉的工作态度,因为对工作的了解与工作态度的认知成分密切相关,对工作的积极性与工作态度的行为成分密切相关,对工作的满意度则与工作态度的情感成分密切相关;要有旺盛的进取意识,具有进取意识的人会为自己设定较高的工作目标,勇于迎接挑战,渴望有出色的工作成绩,争取更大、更好的发展。

提倡爱岗敬业就要努力积累专业技能。敬业,必须有与岗位相适应的能力,有了能力才能出色地完成任务。如果只有敬业的良好意愿,却没有敬业所需要的素质和能力,敬业就没法落到实处。能力需要在工作实践中展现、检验、锻炼和提升,而敬业的精神力量可以转化为一种能力,从而调动自身其他能力的发挥,让工作效率得到极大的提高。2016年4月26日,习近平总书记在知识分子、劳动模范、青年代表座谈会上指出:"素质是立身之基,技能是立业之本。广大劳动群众要勤于学习,学文化、学科学、学技能、学各方面知识,不断提高综合素质,练就过硬本领。"

案例

徐虎：辛苦我一人，方便千万家

徐虎是一位首创夜间义务挂箱服务的水电工。伴随着那句人们耳熟能详的"辛苦我一人，方便千万家"，"徐虎精神"一直代代相传。

1985年，徐虎已在中山北路房管所做了10年水电养护工。他曾以个人名义向附近住户发出了500张修理服务征询单，了解到双职工家庭普遍存在白天上班无法报修的难题，徐虎决定提供夜间义务服务。1985年6月23日，徐虎在辖区内挂了3只夜间报修服务箱，还写了告示：凡附近公房居民，如果遇到晚间水电急修，请写上纸条放入箱中，本人将为您服务。开箱时间为每晚7点，中山北路房管所徐虎。

从那一天起的10多年间，徐虎总会准时背上工具包，骑上他的那辆旧自行车，直奔这3只报修箱，然后按照报修单上的地址走了一家又一家，他从未失信过他的用户。徐虎累计开箱服务3 700多天，共花了7 400多小时，为居民解决夜间水电急修项目2 100多个，被群众誉为"19点钟的太阳"。

2002年，徐虎调任上海西部企业集团任物业总监。虽然岗位和角色变了，"辛苦我一人，方便千万家"的职业信条却一如既往。

在徐虎看来，物业管理和服务虽然技术含量不高，但真正要做到位、做到家，经验和窍门很多，非下苦功不可。他直接上门为居民群众服务的机会少了，为弥补这个缺憾，他主动向组织提出挂牌授徒，以使"辛苦我一人，方便千万家"的"徐虎精神"薪火相传，生生不息。近年来，徐虎手把手带出来的徒弟已遍布西部集团的各个物业企业。

在徐虎的职业生涯中，他5次被评为全国劳动模范，两次被评为上海市劳动模范，曾获得"全国优秀工人代表""全国优秀共产党员"等称号。还被评为"100位新中国成立以来感动中国人物"和"时代领跑者——新中国成立以来最具有影响的劳动模范"等。

（资料来源：http://cpc.people.com.cn/n1/2019/0929/c428852-31379435.html）

2．争创一流，发扬拼搏精神

争创一流是一种积极奋发的精神风貌，是一种凝心聚力的目标追求，可以内化为每个人的工作动力源泉。我们要学习劳模，创造一流的工艺、一流的质量、一流的管理、一流的服务，推动我国社会生产力水平实现整体飞跃。

争创一流就要立高标准。争创一流是事业发展的上游目标、内在动力,是提高工作水平的基本前提和条件。如果工作标准低,一出手就是二流、三流,工作的质量就得不到提升,遇到的困难就得不到克服,碰到的难题就得不到解决,久而久之就会形成思维上的惰性,以至于因循守旧、思想僵化、行动滞后、徘徊不前。争创一流就是在高起点上继续求高,在新起点上继续求新。争创一流从表面上看是行动的飞跃,从根本上讲是思维的飞跃。

争创一流就要追求最优。"取法乎上,仅得其中,取法乎中,仅得其下"。追求最优,需要坚持,成功需要量变到质变的积淀;追求最优,需要创造性思维,保持积极思考的习惯,保持自身思维的独立性与前瞻性;追求最优需要充满激情,积极主动地工作、学习和生活;追求最优,需要好方法,包括做人的方法、工作的方法和思考的方法。将追求最优作为对自己的一种要求,那么人生一定会与众不同,也才能争创一流。

争创一流就要有进取心。进是一种前进的动力,人们只有不断地学习、进步,才能不断地提升自己的能力,在工作中顽强拼搏、争创一流;取是指获取,但在获取之前需要有付出,有付出才有收获。进取心就是不满足于现状,坚持不懈地向新的目标追求的心理状态。要把"下一个成功"当作自己努力的目标,永远保持一颗进取之心。在迈向成功的道路上,每当实现一个近期目标时,绝不应该骄傲自满,而应该相信最好的永远都在"下一个",要把原来的成功归零并作为新的起点,才能不断地攀登新的高峰。

读书笔记

案例

屠呦呦:与青蒿结缘 用中医药造福世界

"中医药人撸起袖子加油干,一定能把中医药这一祖先留给我们的宝贵财富继承好、发展好、利用好。"中国中医科学院终身研究员、国家最高科学技术奖获得者、诺贝尔生理学或医学奖获得者屠呦呦的声音铿锵有力。60多年来,她从未停止中医药研究实践,在自己热爱的岗位上发光发热,不满足于现状,积极进取,一往无前,没有停下攀登的脚步。

2015年10月5日,瑞典卡罗琳医学院宣布将诺贝尔生理学或医学奖授予屠呦呦及另外两名科学家,以表彰他们在寄生虫疾病治疗研究方面取得的成就。这是中国医学界迄今为止获得的最高奖项,也是中医药成果获得的最高奖项。屠呦呦说:

"青蒿素是人类征服疟疾进程中的一小步,是中国传统医药献给世界的一份礼物。"

20 世纪 60 年代,在氯喹抗疟失效、人类饱受疟疾之害的情况下,在中医研究院中药研究所任研究实习员的屠呦呦于 1969 年接受了国家疟疾防治项目"523"办公室艰巨的抗疟研究任务。屠呦呦担任中药抗疟组组长,从此与中药抗疟结下了不解之缘。

由于当时的科研设备比较陈旧,科研水平也无法达到国际一流水平,不少人认为这个任务难以完成。只有屠呦呦坚定地说:"没有行不行,只有肯不肯坚持。"

通过整理中医药典籍、走访名老中医,她汇集了 640 余种治疗疟疾的中药秘方。在青蒿提取物实验药效不稳定的情况下,东晋葛洪《肘后备急方》中对青蒿截疟的记载——"青蒿一握,以水二升渍,绞取汁,尽服之"——给了屠呦呦新的灵感。

"未来我们要把青蒿素研发做透"是屠呦呦的目标与方向。"屠老师一辈子做科研的奔头儿就是利用科学技术探索中药更好的疗效。"她的学生说。2019 年 9 月 17 日,她被授予"共和国勋章"。但对于人生进入第 89 个年头的屠呦呦来说,她更在意的事情是"在这座科学的高峰上,我还能攀登多久?"事实上,从 1955 年进入中医研究院(中国中医科学院的前身)工作以来,她一直像青蒿一样保持着向上生长的姿态,潜心科研。

在艰苦的科研道路上,面对"暴风雨"时,她常用唐代王之涣的诗"欲穷千里目,更上一层楼"自勉。"她是一个靠洞察力、视野和顽强的信念发现青蒿素的中国女性。"她就像一株挺立的青蒿,顽强、倔强、执着地向高处生长,拥有着克服困难的巨大勇气。她淡泊名利,胸怀祖国,敢于担当,团结协作,传承创新,情系苍生,淡泊名利,是爱岗敬业、争创一流的优秀楷模。

(资料来源:http://www.xinhuanet.com/2019-09/24/c_1125035304.htm,有改动)

3. 艰苦奋斗,弘扬传统美德

艰苦奋斗是指为实现伟大的或既定的目标而勇于克服艰难困苦、顽强奋斗、百折不挠、自强不息、居安思危、戒奢以俭的精神和行动。艰苦奋斗精神的内在核心是不怕困难、自强不息,不屈服于艰难困苦,不懈怠于富足安逸,不满足于已有的成绩,不避讳于自己的差距,始终奋发向上、谦虚谨慎,保持一种不断进取的精神状态。

艰苦奋斗的内涵和表现有两个层面。一是物质层面。物质层面的艰苦奋斗要求人们的消费水平要节制在合理的限度内,这个合理限度的衡量标准要与时代的社会生产力水平相适应。它提倡的是勤俭节约,珍惜劳动创造的物质财富,自觉克服贪图安逸、追求享受的思想。二是精神层面。精神层面的艰苦奋斗是指不畏艰难困苦、锐意进取、坚忍不拔、奋发有为的精神状态和为人民利益乐于奉献的行为品质。这种精神状态与行为品质的本质是一种积极进取、奋发有为的世界观、人生观和价值观。

提倡艰苦奋斗就要在思想意识上树立正确的价值取向和立场观点，增强不怕困难的意识，坚定克服困难的信心，培育在艰苦环境中敢于奋起、有所作为的品格。提倡艰苦奋斗就要在精神意志上始终保持昂扬的朝气、奋进的锐气和浩然的正气，"任尔东南西北风，咬定青山不放松"，矢志不渝、志存高远、百折不挠。提倡艰苦奋斗就要在学习工作中始终勤奋刻苦、努力创新、厉行节约，吃苦在前，享受在后。只有勤劳肯干、勤学苦练，才能提高自己的专业技能，不断实现自我突破。提倡艰苦奋斗就要在生活态度上保持心态平和，耐得住清贫、抗得住寂寞、抵得住诱惑、把得住大节，自重、自省、自警、自励，自觉摆脱低级趣味，抵制腐化堕落的生活方式。

案例

张超然：耕耘长江的人

一生耕耘长江，把自己的人生融入祖国的水电建设，这种不凡的经历锤炼出一位技术功底扎实、实践经验丰富、人品优良的学者。他成功当选为2003年中国工程院院士。

他就是中国长江三峡集团公司总工程师、科技委副主任张超然。1999年，张超然被评为三峡工程优秀建设者，2000年被评为湖北省劳动模范，2005年荣获全国五一劳动奖章，2010年荣获"全国劳动模范光荣"称号。

在成都勘测设计院工作期间，张超然经历过水电站工作的种种艰苦。到三峡工地后，工作环境大大改善，但肩上的担子重了。是不是应该享受一下好的条件呢？张超然仍淡泊名利，不计较个人得失。作为总工程师，没有专车，没有总工程师办公室，许多具体工作都得自己做，太辛苦了，但张超然感到很满足。他总说："只要能让我干三峡工程，只要技术上不出差错，我比什么都踏实。既然选择了在三峡，就要做出奉献，不讲价钱，不讲荣誉地位，不计较个人得失，踏踏实实做好工作。"

从1996年到2002年的7年间，张超然坚守工地，在三峡工地过了6个春节。无论是周末双休还是正常上班作息，他都坚守在工地，召开技术论证会，审阅技术文件，查阅资料，忙个不停。几十年来，许多媒体的记者要采访他，都被他或老伴拒绝了。除工作和技术外，他不愿对任何人讲起个人的得失。

苦与乐，张超然自有体会。从事水电工作以来，张超然20多年没回过温州老家，就连父母病逝，也没有离开水电建设工地。两个女儿结婚，他也没有参加。小女儿在成都，他3年多没跟小女儿见过一次面。他常对女儿说："爸爸是幸运的，爸爸搞了二滩又来干三峡，马上又要搞溪洛渡，人生机遇难得！累点、苦点没什么，心里头是甜的！"

张超然工作的大部分时间在施工一线，了解施工现场情况，主持有关现场技术问题的会议，坚持自己动手编写或修改技术要点，编写有关技术汇报，经常忙到深夜。他患有脑血管硬化的毛病，经常头疼，还患有高血压和十二指肠溃疡。别人问起他的身体，他总是淡然一笑，说："只要精神不垮，有病也不怕，没啥了不起。"在三峡二期混凝土浇筑的3年高峰期间，张超然连续3个春节守在工地，他一刻也放不下对三峡工程的牵挂。

2000年，远在日本的大女儿分娩在即，盼望亲人赴日照料。当时正赶上中国三峡总公司准备组团去日本考察，总工程师张超然已在名单内。他听说后，坚决拒绝这种照顾，执意为老伴办理了因私出国护照，送老伴去日本照料女儿。在张超然眼里，公就是公，私就是私，没有公私兼顾的道理，表现了一个共产党员的平凡本色。三峡总公司原总经理陆佑楣知道这件事后，深有感触地说："许多人做不到的事，超然同志做到了。"

(资料来源：《中国三峡工程报》，2010年6月28日，有改动)

4. 勇于创新，挖掘自身潜能

创新是一个民族进步的灵魂，是事业发展的不竭动力。一个全民创新的国家会更有力量，一个自我创新的人也会更有作为。发展蕴含机遇，创新成就伟业。劳模勇于创新的精神是各行各业创新精神的总结，也是对青年学生的要求，更是值得永远传承的精神财富。

创新是以新思维、新发明和新描述为特征的一种概念化过程，主要有3层含义：更新、创造新的东西、改变。创新是人类特有的认识能力和实践能力，是人类主观能动性的高级表现形式，是推动民族进步和社会发展的不竭动力。创新就是要敢于突破老规矩，敢于打破旧框框，敢于接受新事物，创造性地建立新机制、制定新思路、采取新方法、取得新成绩。

对于青年学生来说，做到勇于创新，最重要的就是培养创新思维、提升创新能力，途径主要有以下3条：

（1）要充实知识储备，蓄积创新能量。学生创新主要靠知识技术。创新不仅需要专业知识，还需要管理、财务、法律、市场、人文等方面的知识，同时，要求学生具有对这些信息的获取、处理、加工和整合能力。学生可以通过专业课的学习、公共选修课、参加培训、社会实践等方式扩大自己的知识面。

（2）要掌握创新技巧，发挥创新潜能。没有好的方法技巧是很难达到预期目的的，方法技巧是创新的途径和工具，学生要通过学习与创新实践活动掌握类比、联想、设问、列举、组合、激励等创新创造技法，激发自己的创新潜能。

（3）要强化实践锻炼，提升实践能力。技能竞赛是提高学生实践能力的一个重要载体，学生可以通过积极参加适合自己的技能竞赛提升自身的实践能力。积极参加各级学生创新创业训练计划项目，通过项目体验，既是对知识的探究，也是对知识、方法技能的应用。

案例

艰苦奋斗　勇于创新——记"白银市劳动模范"获得者张宏祥

他是高级经济师，是中共党员，自1995年参加工作以来，实现了交通事故为零的安全目标，安全、圆满地完成了公司各项运输、建设任务……他叫张宏祥，任甘肃稀土股份有限公司汽车队队长。

多年来，他坚持执行党的路线、方针、政策，遵守国家法律、法规，立足岗位，踏踏实实工作并积极开拓创新，以高度的责任感和强烈的事业心，团结和带领全队职工励精图治、艰苦奋斗，一心扑在工作上，使汽车队的各项工作得到全面发展。

他多次被公司评为"劳动模范""先进生产者"，被白银市委评为"优秀共产党员"，被省国资委评为"创先争优先进个人"，在一年一度的公司干部综合考核中始终名列前茅。他带领团队多次荣获公司"先进生产单位""先进党支部"，连续3年获得省、市行政管理部门"AAA"企业等荣誉。他勤政务实的工作作风得到了领导、同事的充分肯定。

工作中，他时时刻刻将为人民服务作为自己的工作准则，作风优良、清正廉洁、爱岗敬业、甘于奉献，为人正直、遵纪守法，有高尚的品德和良好的精神风貌。他办事不推诿，遇难不回避，不贪不占，不损害群众利益，清正廉洁。在遇到"急、难、险、重"的任务时，他更是主动承担，从不推诿，全力服务于公司生产一线。

2017年是公司规划汽车队模拟市场运行独立核算的第一年。在这一年中，张宏祥率先垂范，开拓创新，建立内部生产经营任务指标核算考核体系，层层分解落实指标，严格各项考核，压力变动力，努力降低成本。2017年完成营业收入1 488.1万元，实现利润100万元，通过参与运输项目市场竞争和物资供运平台为公司节约运输资金300万元，创收136.06万元。

安全是张宏祥在工作中永远挂在嘴边的词。他以安全为己任，持续强化安全责任意识教育，狠抓安全管理工作。他时刻秉持"管生产必须管安全，管业务必须管安全，干工作时必须想安全"的工作思路，实行全员安全管理，把"走动式"的巡查管理落到实处，腿勤、嘴勤，发现问题及时处理、整改，通过各种有效途径贯彻安全生产方针，层层落实安全责任，实现全年交通事故为零的安全目标。

工作兢兢业业，拥有高度责任感和使命感……这是张宏祥的同事们对他本人给予的肯定。一直以来，张宏祥始终能够保持顽强拼搏、自强不息、奋发有为的精神状态。他爱岗敬业，团结协作，在工作中勇于创新，这是领导和同事们都看在眼里的。他用昂扬的斗志和精神风貌带领车队职工出色地完成了公司的各项任务，成了同事们学习的榜样，也赢得了全社会的认同和点赞。

（资料来源：http: //www.yybnet.net/2019年4月24日，有改动）

5. 淡泊名利，不断修炼自我

淡泊名利是中华民族的传统美德，是做人的崇高境界。淡泊名利不是力不能及的无奈，也不是心满意足的自赏，更非碌碌无为的哀叹，而是以超脱世俗、豁达客观的态度看待一切。劳模的业绩与淡泊名利的崇高精神密不可分。许多劳模几年、十几年，甚至几十年如一日，像螺钉一样将自己"拧"在平凡的工作岗位上，默默耕耘、奋斗不息，并且能做到清心寡欲、淡泊名利，脚踏实地地实现自己的人生理想和生命价值，成为全社会尊敬的先进人物。

淡泊名利，就要努力做到清白做事，干净做人；办事公正，清正廉洁；一心为公，尽职尽责。树立正确的名利观，以平和之心对"名"，以知足之心对"利"，自觉坚持洁心、洁身、洁行，以廉为荣、以俭立身，耐得住艰苦、守得住清贫、抗得住诱惑，始终具有拒腐防变的能力。

要做到淡泊名利，就要慎初、慎独、慎微。我国自古有"三慎"，即慎初、慎独、慎微的修德美谈。这"三慎"都要求将全部的人格、生活奉献给高尚的道德追求。慎初指谨慎于事情发生之初，在思想上筑牢第一道防线。人生贵善始，如果第一道防线被冲破了，往往会"兵败如山倒"。慎独是指一个人独处时能做到谨慎不苟，即使在别人看不到的情况下，也能洁身自好、问心无愧。慎独是一种情操，一种修养，一种自律，一种坦荡。慎微就是慎小事、慎小节，从小事做起,警钟长鸣,防微杜渐,"勿以恶小而为之,勿以善小而不为"。任何腐败都是从自身思想防线放松开始的,越微小越容易放松,因此,对于小事更应谨慎小心。

要做到淡泊名利,还要知足、知止、知耻。知足是指在生活需求和名利得失上要知道满足,不做过分的企求。知足必常乐,常怀知足心,常念感恩情,在功利面前才会多一分淡定,在诱惑面前才会多一分坚毅,在得失面前才会多一分从容。知止就是知道如何停止、放下,即做事有分寸,坚持自己的目标、原则和立场,知止是一种境界,追求的是适可而止、克制欲望。有欲望是正常的,可怕的是欲望没有止境,如果过分追名逐利,不懂节制,势必付出极大的代价。知耻就是有羞愧、耻辱之心,知耻是个人道德自我意识的一种表现,是谴责自己的行为、动机、道德品质的一种道德约束,只有知耻,才能控制、约束自己,才能自觉规范自己的行为,才能有了过失、错误而主动悔改。

"名利淡如水,事业重如山"。在新的历史条件下,我们要积极弘扬淡泊名利的精神,做到计利国家、无私忘我,不争名、不图利、不揽功,甘为人梯,甘做无名英雄,在祖国最需要的地方艰苦奋斗、建功立业,在平凡的岗位上苦干实干、创造实绩,不断提升自我完善、自我革新、自我提高的能力。

案例

黄大年:生动诠释不忘初心,谱写人生精彩华章

25年前,他带着科技强国的心愿出国留学、工作,成为国际著名的航空地球物理学家。当得知祖国的召唤,他放弃国外的优厚条件,义无反顾地回国填补我国在深部探测关键领域的技术空白,他惜时如金,夜以继日,用无私奉献和勇于担当的实际行动,对祖国最深沉的爱融入生命的最后一刻。他就是国际知名战略科学家、吉林大学新兴交叉学科学部首任部长黄大年。

"天清江月白,心静海鸥知。"在黄大年身上,我们深刻地感受到一名知识分子、党员对信念的坚守、对名利的淡泊。身为中科院院士评审专家的黄大年自己并不是院士,别人劝他抓紧申报时,得到的回答却是"时间有限,先把事情做好";他掌握着数以亿计的项目经费,但从来都是公事公办,绝不搞"拉关系""请托说情"那一套;他平易近人,注重实干,不仅自己以身作则,还耐心教导学生要"耐得住寂寞,坐得住冷板凳"。当得知国家启动引进海外高层次人才的"千人计划"时,黄大年第一时间向母校表示要回国。没有名缰利

锁的羁绊，黄大年自由驰骋在科技报国的广阔天地。带着先进技术，黄大年重点攻关国家急需的"地球深部探测仪器"，这种设备就像一只"透视眼"，能探清深层地下的矿产、海底的隐伏目标，对国土安全具有重大价值。而这样的高端装备，国外长期对华垄断、封锁。

"四时相催不肯迟，脚踏实地不停歇。"在黄大年身上，我们清晰地看到一名知识分子夙夜在公、甘于奉献的崇高精神。贴在办公室里的日程表见证了黄大年的日夜奋战。他出差始终赶当天最晚的午夜航班，这样就不耽误白天工作；同事经常在夜间两三点接到他的信息，得知新的任务。

为了实现祖国在科学技术上的弯道超车，回国7年间，黄大年带领由院士、大学校长、研究所所长等400多名高级别研究人员组成的团队协同攻关，惜时如金、夜以继日，8年里带领团队在航空地球物理领域取得一系列成就，创造了多项"中国第一"，为我国"巡天探地潜海"填补了多项技术空白，以他的团队研制出的我国第一台万米科学钻——"地壳一号"为标志，配备自主研制综合地球物理数据分析一体化的软件系统，我国的深部探测能力已经达到国际一流水平，局部处于国际领先地位。国际学界惊叹中国正式进入"深地时代"。

在回国整整6年的那一天，黄大年写下的"朋友圈"读起来仍让人感慨："从海漂到海归一晃18年，得益于国家强大后盾，在各国才子强强碰撞的群雄逐鹿中从未言败，也几乎从未败过！拼搏中聊以自慰的追求其实也简单：青春无悔、中年无怨、到老无憾。"

"人心公则如烛，四方上下，无所不照"。黄大年不计得失做人、坦坦荡荡做事的作风如同一股清流，不仅涤荡出他高尚的情操，更给予我们绵绵不断的精神滋养。他怀着对祖国的满腔热血、对理想信念的坚守和对事业的无限热爱，凭着一股子韧劲、闯劲和拼劲，践行了"竭尽全力、鞠躬尽瘁"的承诺。他的无私胸怀和奉献精神是对党性的诠释，是引领社会风尚不可或缺的正能量。

6. 甘于奉献，实现人生价值

奉献精神是指为了维护社会集体利益或他人利益，个人能够自觉地让渡、舍弃自身利益的一种高尚品格。无论时代发生怎样的变化，奉献精神永远是鼓舞和激励人们奋发向上的巨大力量。

奉献的内涵很丰富，包括不怕困难、勇挑重担的精神，见义勇为、助人为乐的无偿服务，不计报酬、不为私利的精神。奉献是一种美德，是推动社会发展的基石。正是有人无私奉献，社会的物质财富和精神财富才会不断增加。

甘于奉献首先要有思想动力准备。立志为他人、为国家、为社会做奉献的人们，无论从事什么行业、做什么工作，也无论能力大小、经验多寡、只要树立了正确的世界观、人生观和价值观,坚持全心全意为人民服务,就能甘于奉献、勇于奉献。王进喜说:"宁肯少活二十年,拼命也要拿下大油田。"徐虎说:"辛苦我一人,方便千万家。"劳模之所以能做出巨大的奉献,是因为甘于奉献的强烈思想动力准备驱使着他们做好本职工作,只要有需要,即使明知是困难和危险,他们也会挺身而出。

杜曼:奋战在抗疫最前线的娄底职院毕业生

杜曼,籍贯湖北省黄冈市,几岁时便随来长沙做工的父母在长沙市居住读书。2016年8月由长沙市地质中学考入娄底职业技术学院护理学院助产1601班。杜曼先后任卫生委员、副班长、学生会生活部长、娄职湘雅附三医院实习队副队长。她品学兼优,曾被评为助产标兵、优秀学生干部、优秀毕业生。2019年9月,杜曼通过公开招聘考入黄冈武穴市第一人民医院,成为该院感染性疾病科一名护士。

新冠疫情期间,黄冈市成为湖北省位列前三的新冠肺炎重灾区。湖南省分3批共474名医护人员,进驻黄冈10家医院救治患者。自新冠肺炎疫情暴发以来,杜曼始终在一线救治患者,除夕都在病房度过。原定大年初二回到长沙与家人团圆,也因疫情严重而被迫取消。2020年1月22日以来,与进了病房的同事一直没有回家,住在酒店。杜曼所在科室前后收治病人40多人,现在在科病人18人。

杜曼说,她们在进隔离病房之前需要穿一层自己的衣服,再就是工作服,再穿隔离衣,最后是防护服。穿防护服不透气,常常在里面憋出一身汗,每次下班工作服都是汗湿的。在病房里面除平常的打针输液外,还需要给病人生活上的护理。他们科现在都是危重症病人,很多病人上了呼吸机,这就需要她们进行口腔护理,床上擦浴等操作。进隔离病房是4个小时,其间不能吃东西和喝水,也不能上洗手间,不然就得浪费一套防护用品。刚开始进隔离病房的时候,护目镜完全是起雾的,慢慢地才能适应。他们病区出院了10多位患者,很多患者都写了感谢信,肯定他们的付出。

杜曼说,刚开始进隔离病房会害怕和担心,慢慢地就好了。她鼓励自己:既然穿上了白大褂,就得担负起责任,甘于奉献。

(资料来源:http://www.ldzy.com/16/19/content_28121.html)

甘于奉献还需要知识能力准备。有知识才能做出奉献,或者做出更大的奉献。在新知识不断涌现、新情况层出不穷的今天,要使自己能做出较大的奉献,必须加强学习,做到终身学习,天天学习,工作学习化,学习工作化,提高知识储备的总量和质量,并善于用理性思考架起学习与应用的桥梁,边学边用,学用结合,使自己的思想水平和知识水平适应时代的需要,并通过主观与客观相互转化,不断提高自身能力。

甘于奉献还需要劳动付出准备。劳动是有目的地改造世界的活动,是人以体力和脑力的支出生产物质与精神新产品满足人的需要的活动,因此要做出奉献,就必须付出劳动。奉献就是给予,就是付出,就是牺牲。甘于奉献是不求回报、不计报酬,甚至牺牲生命的。

时代发展浩荡向前,精神之火永不熄灭。伟大的时代呼唤伟大的精神,崇高的事业需要榜样的引领。在今后的学习工作中,我们要学习和弘扬奉献精神,将个人追求与国家发展、社会进步紧密联结在一起,拓展生命的维度,将淡泊名利、甘于奉献转化为自己的信念动力,融入自觉行动,争做不务空名的行动者和兢兢业业的奉献者。不忘初心,砥砺前行,将自己的梦想融入实现中华民族伟大复兴中国梦的波澜壮阔奋斗之中,书写无愧于时代的人生精彩画卷。

读书笔记

 实践课堂   寻找劳模

活动背景

这是一个激情燃烧的年代!这是一个创造劳模的年代!共和国70余载,孕育了万千名劳模,他们或曾在自己的工作岗位上做出过卓越的贡献,获得劳模的荣誉称号;他们或曾在基层岗位上兢兢业业坚守多年,用自己的一腔热血服务基层百姓。如今,他们过得好吗?

活动目的

在寻找中理解劳模精神,感悟劳模精神,传播劳模精神。

活动方式

寻找已被人淡忘的劳模,与其进行面对面交谈,采用视频或图文形式记录其光辉事迹,并对劳模现如今的生活状况做调查,与同学分享你的感悟。

 思考题

1. 列举身边劳模的可贵品质。

2. 你认为新时代应该怎样落实到具体行动,成为社会主义合格的建设者和接班人?请写一篇文章加以论述。

第四章
培育工匠精神

知识导航

1. 了解工匠精神的基本内涵。
2. 分析弘扬工匠精神的现实要求。
3. 分析培育大国工匠的原因。
4. 掌握培育大国工匠的途径。

课程引入

铁轨工匠信恒均：21年苦心钻研成"土专家"

信恒均所在的工段担任汉宜、宜万线259千米正级、108条股道、266组道岔的维修保养任务，拥有各种类型冲击镐60台、螺丝松紧机30台、内燃捣鼓机8台、发电机25台等价值400万元的机械设备。信恒均的工作就是维护、修理这些机具。

武汉铁路局荆门桥工段宜昌东线路车间里，信恒均和两个同事维护的维修工区放着近千个蓝色的盒子，盒子里全部是机械配件或零件，架子上都贴着标签还印上了二维码，哪个零件是哪台机械用的，都写得清清楚楚。由于对每个零件、配件都了如指掌，信恒均被工友们称为"机械的保姆"。

"修机械时全凭手感，你戴个手套，不方便，也不灵便。有时，空间小了，螺丝都拧不下来，也上不去，要是我们爱惜自己的手戴手套，一天20双手套都不够换……"整天维修工具，跟机油、柴油打交道，下班后，信恒均得用鞋刷才能刷掉手上的油污。

由于手上总是油污，容易打滑，有时抬个东西，搬个机械，稍不注意就会受伤。信恒均一双粗糙的大手上伤痕遍布，仅仅左手就做过4次手术，至今，无名指里埋的钢丝还没有取出来，无名指弯曲僵硬；右手中指的末关节也因受伤伸不直。

"他总是在钻、琢磨机械这个事情。我跟他休息时抽烟，我抽烟就是抽烟，他还在想工作上的事情，他抽烟都在想工作。"同事李玉蓉说。

由于喜欢机械，总在钻研机械，信恒均的发明创造就多了起来。

铁路秋季大修，每个区间的铁轨也只有210～240分钟的作业时间窗口，过了这个时间，铁轨必须放行，否则就会影响铁路通行，进而影响旅客出行。"每天进出宜昌东站的列车多达188趟，如何在有限的时间里，尽快完成铁轨修复，除需要维修工精湛的维修手艺外，还需要信恒均这样为维修师傅提供机具，维修机具的人。"宜昌东线路车间党总支书张登清告诉央视网记者。

大修的时候，要将铁轨下的土深挖1.5 m，架空铁轨后，挖出泥巴，重新铺上防水垫、沙子，再铺上厚厚的石子。原来，一个班100人挖土、徒手准备500篮石头填到铁轨两侧需要3个多小时，信恒均发明了"卸碎神器"后，10个职工只需要1个小时就能完成原来的工作量。目前，"卸给神器"已经量产6台，在多个施工工地推广使用。

铁轨运载时间长了，会起皮，为保障铁路安全，需要用打磨机将铁皮打磨掉。一台进口的道岔翼轨打磨机售价12万元，还只能打磨铁轨内侧。信恒均反复琢磨，反复实验，通过改变砂轮片的构造、调整砂轮片的方向，利用旧打磨机组装出的打磨机，不仅可以打磨铁轨内侧，还可以打磨正面、外侧，购置材料及加工费不到5 000元。

类似的改良、发明创造还很多，21年来，信恒均悉心钻研机械维修，先后完成各类技术改造项目36项，节约养护成本费用108万元、5 000多工时，累计为企业创造效益368万元，成为远近闻名的"土专家"。

（资料来源：http://news.cctv.com/2016/12/02/ARTlp6e1Hn2ufk32lnWrVLbQ161202.shtml）

第一节 工匠精神的内涵与现实要求

工匠，从字面来看，就是工人、匠人的意思。在中国古代"工匠"一词主要是指有手艺的劳动者。他们技艺精湛，匠心独具；他们勤劳、敬业、稳重、干练及遵守规矩，一丝不苟；他们不断雕琢自己的产品，不断改善自己的工艺，享受产品在手中升华的过程；他们以工作获得金钱，但他们不为金钱而工作；他们耐得住寂寞、经得起诱惑，将毕生精力奉献给一门手艺、一项事业、一种信仰；他们执着、坚守、精进，不断追求极致与完美。《考工记》中记载"国有六职，百工与居一焉"，体现了工匠在当时社会中的重要地位。古代工匠精神的内涵可以概括为三个方面：一是重视技艺，刻苦学艺，提高自身能力；二是追求"精益求精"，《诗经》用"如切如磋、如琢如磨"来形容工匠对玉石、骨器的加工态度，这体现了古代工匠精神的品质；三是讲求"道"，其一方面是指师道传统，尊敬师傅，另一方面是指工匠敬重上天、神灵，有参悟天道规律的精神。

一 工匠精神的基本内涵

所谓"工匠精神"，其核心：不仅要将工作当作赚钱的工具，而且要将其树立成一种对工作执着、对所做的事情和生产的产品精益求精、精雕细琢的精神。从本质上讲，工匠精神是一种职业精神，它是职业道德、职业能力和职业品质的体现，是从业者的一种职业价值取向和行为表现。工匠精神的基本内涵包括爱岗敬业、团结协作、精益求精、认真专注、创新创造等几个方面的内容。工匠在工作中全力以赴完成工作并力求达到极致，工匠具有的这些品质超越了普通劳动者的精神品质，是工匠精神的外在表现。

（一）敬业

敬业是从业者基于对职业的敬畏和热爱而产生的一种全身心投入

读书笔记

的认认真真、尽职尽责的职业精神状态。中华民族历来有"敬业乐群""忠于职守"的传统,敬业是中国人的传统美德,也是当今社会主义核心价值观的基本要求之一。早在春秋时期,孔子就主张人在一生中始终要"执事敬""事思敬""修己以敬"。其中,"执事敬"是指行事要严肃认真,不怠慢;"事思敬"是指临事要专心致志,不懈怠;"修己以敬"是指加强自身修养,保持恭敬谦逊的态度。宋代大思想家朱熹将敬业解释为"专心致志,以事其业"。

案例

史庆明:46年顾客零投诉的记录是这样实现的

史庆明在粮食供应系统已经工作了30多年,作为一家粮油食品公司的总经理也有近20年的时间。走进史庆明的办公室,四面墙上挂满了锦旗和荣誉牌匾。这些既是他的荣誉,也是他的责任。它们时刻提醒着他,永远都要坚持为人民服务。

虽然是粮店的一把手,史庆明并没有以领导的身份自居。每天,他和普通员工一样,在营业室忙前忙后,接待顾客,组织搬货,协调秩序,每件事情都亲力亲为。他不仅管店内的事,店外的事也管。冬天,当看到有刚买完粮的顾客站在店外的马路边半天打不着车时,史庆明就组织人或者亲自开车给顾客送回家。

在佳木斯市,粮店免费送货服务是史庆明最先提出的。当时还是计划经济时期,职工们对免费送货上门的规定很不理解,心里有抵触。史庆明就以身作则,亲自一家家地送,有了领导的示范作用,职工们也都慢慢接受了免费送货服务,最终将免费送货的服务在全店推开。粮店规定,只要顾客购买超过1元的商品,店里就给免费送货,但服务推行至今,没有一个顾客真的只买1元钱的东西就要求送货的,粮店的真心服务也换来了顾客的理解和信任。

在市场经济中,公司或企业都努力追求利益的最大化,谈到追求利益与优质服务的关系,在史庆明眼中,这两方面并不矛盾。粮店的顾客大部分是回头客,有些粮店的老顾客已经搬家,但是很多人宁可舍近求远,多走些路,多倒几趟车也要到粮店来买粮。在这些顾客的眼里,粮店俨然已经不再是个普通的粮店,而是消费者心中诚信的象征,他们到这里购物就是图安心和开心。每天,粮店的顾客都络绎不绝,小小的营业室常常挤满了前来选购的消费者。高质量、低价格、好服务就是粮店不断发展的秘诀。

多年来,史庆明几乎年年都能得到国家、省、市颁发的各种荣誉,但是对他来说,什么荣誉都不如顾客的一声"谢谢"、一个发自内心的微笑、一个感激的眼神。在他的示范作用带动下，粮店46名职工人人都是优秀营业员或先进工作者，并保持安全生产无事故、顾客零投诉的记录46年。

（资料来源：http：//news.cctv.com/2018/04/19/ARTIRKf4xyRyVwkZuafx7jXG180419.shtml）

（二）协作

所谓"协作"，是指团队成员的分工合作。与传统工匠不同，新时代工匠尤其是产业工人的生产方式已不再是手工作坊，而是大机器生产，工匠们所承担的工作只是众多工序中的一小部分。如"复兴号"列车，一列车厢就有3 700多道工序，这3 700多道工序，一个人是不可能完成的，必须由车间或班组（团队）协作完成。团队需要的是"协作共进"，而不是各自为战。因此，"协作"是现代"工匠精神"的要义。

优秀的团队是成功的一半

成立于2018年8月的浙江氢点信息科技有限公司，作为国内"流量共享"模式的倡导者，在国家"大众创业、万众创新"的号召下高瞻远瞩、顺势而为，精准把握新时代信息传播脉搏，探究其潜在规律，整合亿万级自媒体资源，旨在利用社交圈强关系链属性，势将流量共享进行到底。

作为一家年轻的互联网企业，氢点自成立之初就秉承"轻轻一点，让世界看见"的品牌服务理念，致力于为中小微企业解决一切营销问题，为所有互联网网民解决信息精准传播问题，满足一切信息传播需求，誓做互联网产业的下一个"阿里巴巴"。

氢点科技CEO罗辉，曾说：氢点是一个年轻的企业，但是团队一点儿不都简单。最初是不甘平庸的信念和打拼事业的信念，使得这群人走出建立氢点的第一步。

处于"大众创业、万众创新"这个时代中，一群同样身怀梦想和信念且不甘平庸的人，大家聚在一起，本身就是一堆干柴，只要有一点儿灵感的火星，足以点燃所有人的热血。

至今，CEO罗辉都认为，氢点公司核心的竞争优势就是人，是那些和他一起夜以继日地头脑风暴的团队。

任何一个产品都有替代品，任何一种商业模式都可以被复制，只有人和人的思想，只有创始人团队之间数十年如一日的磨合，是无法被复制的。先有氢点的团队，才会有产品体系，才会有业务体系，才会有整个氢点。

优秀的团队是一个公司的基石，人才是公司最宝贵的财富，拥有丰富的互联网经验的团队，在短短几个月内就打造了氢点平台，将"流量共享"的理念应用到现实营销场景中，并不断开发新的营销工具，解决了数万中小微企业的营销难题。

在不久的未来，氢点将不负众望，不断突破营销界限，整合现有用户资源，打造更加丰富多元的营销方案，为重构广大中小微企业的新型营销方式不断创新，砥砺前行！

（资料来源：创头条，http://www.ctoutiao.com/2049141.html）

（三）精益

精益就是精益求精，是从业者对每件产品、每道工序都凝神聚力、精益求精、追求极致的职业品质。所谓精益求精，是指已经做得很好了，还要求做得更好，"即使做一颗螺钉也要做到最好"。正如老子所说："天下大事，必作于细。"在工作中竭尽所能，耐得住寂寞，迎难而上，殚精竭力完成本职工作。只有尽心，才能在岗位中不断苦练基本功，熟练掌握操作要领。只有尽力，才能在工作中不断学习，不断提高技能，追求精益求精，在每一次锻炼实践中成长、成才。工匠制造产品有一定的标准，往往这个标准是至善至美的，因此，工匠在打造产品的过程中需要严格遵守标准要求。"失之毫厘，差之千里"，工匠全力以赴、殚精竭力完成工作也成为他们工作中的职业准则，同时，精益求精也是他们的优秀品质。

（四）专注

专注就是内心笃定而着眼于细节的耐心、执着、坚持的精神，这是一切"大国工匠"所必须具备的精神特质。很多技艺精湛者往往选择一生只做一件事，工匠精神就意味着这种执着精神，能做到几十年如一日的坚持与韧性。工匠精神，离不开专注和坚持这两个核心要素。工匠精神是精益求精，慢工出细活，往往需要时间的积累和实践的沉淀。那些卓越的艺术家、科学家和技术大师，无不是浸淫多年、苦心孤诣才成就的。在中国早就有"艺痴者技必良"的说法，古代的工匠大多穷其一生只专注于做一件事或几件内容相近的事。《庄子》中记载的游刃有余的"庖丁"、《核舟记》中记载的奇巧人王叔远等大抵如此。

案例

"当代鲁班"走红网络

鲁班凳、中国馆、运动的小猪佩奇，这些物件都出自"阿木爷爷"之手，凭着木块上的凹槽，木块之间结合得天衣无缝。这些让人惊艳的作品，网友纷纷点赞，"用最原始的工具，打造新颖的手工制作，鲁班功夫再现。"他的作品不仅在国内获赞无数，在国外"阿木爷爷"也收获了大批粉丝，他在YouTube上拥有118万粉丝，视频播放量上亿次。

网友们将他称为"当代鲁班"，对各种结构精妙的鲁班锁赞不绝口。小小的木块，拼拼叠叠，几个简单的操作就变成了一个苹果的形状。这里用到的是榫卯结构，这是古代中国建筑、家具及其他器械的主要结构方式，在两个构件上采用凹凸部位相结合的连接方式，不用钉子和胶水，木块之间神奇地成为一个整体。小到口哨，大到船只，都出自王德文之手。他告诉《现代快报》记者，自己从13岁就开始接触木工了，"9岁的时候父亲去世了，我就不上学了。那时候家里生活条件比较艰苦，一直想着挣点钱，补贴家用。"学习木工，王德文没有真正拜过一位师父，他只是跟着不同的木工前辈打杂。

16岁的时候，他完成了第一件木工作品，"当时家里的锅盖坏了，我就自己做了一个锅盖。"这件作品让他印象深刻，至今他还记得尺寸，直径70 cm。

木工活干了一辈子，需要经常和凿子、锯子、切割机打交道，在王德文看来，受伤是在所难免的事情。他回忆，2007年冬天，他在做工时不小心伤到了右手的中指，当时鲜血就涌了出来。"虽然后来去了医院，但是现在这个手指还是短了一厘米。"

王德文的视频中，最为网友惊叹的要数再现的鲁班作品。其中4月8日发布的鲁班锁视频，点赞量达到3.8万。网友纷纷留言赞叹，"这爷爷做的木工很有鲁班技术，现在的木工没法和爷爷比。""这就是木匠，大国工匠。""这手艺不能失传啊。"

视频中，木块被锯成了一块块小的长方条，一共33块小木块。之后在小木块上画线，以便凿出槽口，不一会儿零碎的木头就被拼成了鲁班锁。镜头下，王德文的双手偏黑，关节处已经有凸起的老茧。

"一件作品的完成，要从挑选木料开始。"王德文说，他一般会去桂林木材厂挑选木料，木纹有粗细之分，细纹的木料比较坚硬，一般都会挑细纹的。挑选完木料之后，再将木料分成小的木块，经过打磨之后就可以使用了。

因为再现了鲁班的作品，王德文也被网友们称为"当代鲁班"，对于这个称呼，王德文说："我只是个农民、老木工，因为拍视频被大家认识了，还有很多好的木工是大家不认识的。"

案例

付国艳：用非遗"锦绣"织就巾帼致富路

付国艳出生在贵州安顺，这里的蜡染被誉为"东方第一染"，安顺也被誉为"蜡染之乡"。付国艳听父亲说起，早年祖父在安顺集镇上开办染坊，在众多的作坊中，帅家、付家、谭家是规模较大的。付家即是付国艳祖上。

1988年，付国艳辞去了令人羡慕的国企营业员工作，开了一间蜡染小作坊。1990年，亚运会在北京举办，亚洲劲吹中国风。街头巷尾，越来越多敢秀的贵阳人把民族服饰穿在身上，蜡染蝙蝠衫、扎染连衣裙成为最时尚的打扮。付国艳看准商机，和朋友合作开设了一家蜡染服装厂。

贵州是名副其实的非遗大省，拥有从县级到世界级的"非遗"名录总数超过6 000项，涵盖传统工艺、民族歌舞等，如何把这些民粹传承下去？付国艳开始研究民族工艺品的市场化发展。水族马尾绣、苗族刺绣、蜡染等"非遗"产品大受欢迎。

贵州省有1 609万名妇女，其中36%是少数民族妇女，大约60%生活在乡村。多年来，外出务工几乎成为妇女脱贫增收的唯一途径，但随之带来留守儿童和留守老人等社会问题。20世纪90年代，很多村寨不通水，饮水都要靠走几小时的山路肩挑背扛，村民生活贫困落后。

那时，付国艳经常只身到几百千米外的山野田间收购蜡染刺绣等民族工艺品，用自己缝制的背包能够背回近百斤民族工艺品。"有时找不到要问路，别人指着一座山头说走两小时就到了，结果走过去才发现四五个小时过去了，天都黑了。"付国艳回忆，这让她坚定了用民粹拉动村民脱贫增收的想法。

为了保证产品质量和数量,她一直坚持以3倍的订货数目向绣娘们收购产品,对于不合格产品,她宁可剪坏扔掉。"避免绣娘以后不好好绣,她的产品可以给她收,但是你要当着她的面,拿剪刀把它剪坏,把它扔到垃圾里去。只有下这个决心,才可以把产品做好。"有一次,为了给客户赶货,付国艳带着团队三天三夜没睡觉,"因为你一睡,她们肯定也要睡,没办法,就带着她们三天三夜不睡觉,做出来交给客户"。

2013年以来,贵州省妇联牵头推出锦绣计划,把妇女手工与精准扶贫相结合,把传统技艺与现代时尚相融合,女性"指尖经济"如雨后春笋般旺盛生长,先后建成千余个巧手脱贫基地、1 354家妇女特色手工企业和专业合作社,从事特色手工产业及辅助行业的女性近50万人。贵州省妇联整合各成员单位开展锦绣计划培训6.5万人次,贵州全省妇女特色手工产业产值达到60亿元。

这解决了付国艳的大难题。"妇女在合作社里接受培训,交货时我再去合作社取。绣娘的群体扩大了,品质好了,我也不用再一家一家去收了。"付国艳笑着说。

随着"锦绣计划"的实施与推广,付国艳找到20多位"非遗"传承人。她们在安顺、黔东南、黔南等地设立了农村合作社、手工联盟基地,通过对绣娘和手艺人进行培训,产品可以直接提供给黔粹行。

自1994年推出的专利技术产品"真丝蜡染"在国际中小企业新产品、新技术博览会上获得金奖后,2010年,付国艳为上海世博会的贵州馆提供了90%的展品,包括苗族银饰、水族马尾绣工艺品等。2016年,她带着贵州民族工艺品亮相第十二届中国深圳文化博览会。在2018年东盟"一带一路"沿线国家旅游文化交流周上,来自柬埔寨、马来西亚、缅甸等东盟国家的代表团成员被她带来的马尾绣手包精致的刺绣图案深深吸引。

付国艳团队已经取得了贵州民族手工艺15项专利,但她仍然怀揣着对传统工艺不变的坚持和敬畏,"会创造更多更好的民艺产品,继续带动更多的贫困妇女居家就业增收,让民族工艺的璀璨明珠在更多人手中传承下去"。

(资料来源: http://news.cctv.com/2019/09/02/ARTIqzUAxYHVPInJ2uZPGC1J190902.shtml)

(五)创新

工匠精神强调执着、坚持、专注,甚至是陶醉、痴迷,但绝不等同于因循守旧、拘泥一格的"匠气",其中包括追求突破、追求革新的创新内蕴。这意味着,工匠必须将"匠心"融入生产的每个环节,既要对职业有敬畏、对质量够精准,又要富有追求突破、追求革新的创新活力。古往今来，热衷于创新和发明的工匠一直是世界科技进步的重要推动力量。中华人民共和国成立初期，我国涌现出一大批优秀的工匠，如倪志福、郝建秀等，他们为社会主义建设事业做出了突出贡献。改革开放以来，"汉字激光照排系统之父"王选、"中国第一、全球第二的充电电池制造商"王传福、从事高铁研制生产的铁路工人和从事特高压、智能电网研究运行的电力工人等都是工匠精神的优秀传承者，他们让"中国创新"重新影响了世界。

案例

大国工匠王军：宝钢"蓝领科学家"为机器装上"中国心脏"

坐落在上海市浦东新区浦电路370号的宝钢是中国现代化程度最高、最具竞争力的钢铁联合企业，成立38年来为国家经济社会发展做出了巨大贡献。

19岁怀揣八级钳工梦的王军刚从上海宝钢工业技术学校毕业就被分配到宝钢，在2050热轧精整线做剪刃组装工。在旁人看来，这种辅助岗位劳动强度大、技术含量低，很难熬出头。但王军认为，即使没机会成为八级钳工，也要做最优秀的剪刃组装工。

正是这种朴素的职业追求、积极的职业心态，促使王军日后在原本不起眼的岗位成长为一位工匠大师。

"像科学家那样去工作"是王军的座右铭，也是他给自己订立的人生信条。王军强调，一个技术工人不仅要懂技术，还要懂理论，要像科学家一样去思考、去工作、去创新。

王军认为，与科学家相比，一线技术工人更具有得天独厚的实验条件。"创新是技术单元的巧妙结合，工厂有现成的装备和现场，就是现成的实验室，而且工厂是全厂员工一起努力探索，十分了解这些机器的特性和'脾气'，一旦做成功立刻就能产生真金白银的效果。""蓝领科学家"是宝钢同事对王军的评价。王军获得的诸多创新奖项更是用事实证明这个评价是中肯的。例如，王军获2007年度国家科技进步奖二等奖、2013年上海市科技进步奖二等奖，享受国务院政府特殊津贴，荣获第七届全国技术能手和全国劳动模范等荣誉，国内外发明展获奖35项，其中金奖18项，近5年创直接经济效益6亿元。

在王军眼中，创新从来不是社会精英、科学家的"分内事"，创新同样可以成为一线工人的"专利"。正是凭着这样的信念，在公司近30年的时间里，王军先后申请国家专利208项（已受理186项，其中已授权155项）、申请PCT国际专利12项（已受理12项，其中已授权8项）、获宝钢技术秘密认定42项、获国家软件著作权登记2项，在安全、环保、节能等方面的诸多创新成果替代进口并达到国际先进水平。正如王军所言："从我身上可以看到，再普通的岗位都能创新。'中国制造'要转变为'中国创造'，就要依靠大家不断创新。"

作为一名钢铁工人，王军的愿望是在世界冶金钢铁发展史上留下中国人的印记，宝钢成为全球最具竞争力的钢铁企业。王军所在热轧厂将成为现代热连轧技术引领者的目标作为所有热轧人的愿景。对刚刚年满50岁的王军来说，未来10年还要在创新的道路上继续干下去。他透露，未来还将完成一项重要突破，这项突破不一定是全新的技术，但肯定会在此前创新基础上实现更好的发展。

（资料来源：http: //news.youth.cn/gn/201607/t20160726_8345742.htm，有删减）

工匠精神的时代要求

"社会主义是干出来的，新时代也是干出来的。"在新的历史方位，中国经济高质量发展呼唤工匠精神，人民对美好生活的向往呼唤工匠精神。工匠精神在新中国成立以后的科学技术事业中发挥了巨大作用。新中国成立初期面对严峻的国际形势，为抵抗帝国主义的威胁，在国家百废待兴时，成功研制"两弹一星"。我国第一颗人造卫星在1970年发射成功，开启了中国航天发展进程。"两弹一星"的研发与发射过程中的每一环节都凝结着工匠技艺，这些成就的背后无不体现出工匠的吃苦耐劳、攻关克难、创新等精神，这也是工匠精神的体现。正是隐藏在背后的工匠推动了我国国防事业和科技事业的发展，增强了我国自主建立强国的力量与信心。

当代中国不仅有受到表彰的大国工匠，也有很多平凡的工匠。他们或者是普通岗位的技术工人，或者是文物的守护者，又或者是传承民族特色的手艺人。不可否认，当代工匠精神无处不在，绽放出夺目光彩。

近代以来，手工业发展受到工业机器化生产的挑战，成为被边缘化的生产方式，工匠精神的继承受到影响。当代人们逐步认识到再先进的技术也无法代替工匠，科技的高速发展也代替不了工匠精神的引领。工

读书笔记

匠精神成为行业发展不可或缺的重要精神。工匠精神并不守旧,它是依据时代发展的需求传承传统工艺,并在此基础上完成创新,打造中国品牌。

工匠精神,匠心为本。工匠精神的根本是职业的坚守,是爱岗敬业的表达,是追求极致的体现。只有不忘初心,执着专注,严谨认真,摒弃浮躁,才能在本职岗位上坐得住、做得好。对工作最好的尊重,就是有一颗心无旁骛、精益求精的匠心。

工匠精神,品质为重。有工匠精神的劳动者,对自己的产品会精雕细琢,力求完美,从而不断超越自我。对他们来说,产品的品质只有更好,没有最好。弘扬工匠精神,就是要将产品当成艺术,将质量视为生命。只有打造更多的优质产品,中国制造才能不断做大做强,"中国品牌"才能真正享誉世界,中国经济增长的质量和效益才能持续提升。

工匠精神,创新为要。创新是战略之举、强国之路。只有不断增强创新驱动力,才能在高起点上实现更高质量、更可持续的发展。"苟日新,日日新,又日新。"古代中国曾是世界上最大的匠品出口国及匠人之国,同时,也是最大的原创之国。创新基因本就深深植根于工匠精神的丰富内涵当中。弘扬工匠精神,就是要守正创新,既要继承优良传统,又要紧跟时代步伐,不断推陈出新。

话题讨论

有人说,工匠精神的实质是细致、专注、精益求精、慢工出细活,但这样的工匠在市场经济竞争中没有竞争力。你认为追求工匠精神的人在现代社会有竞争力吗?

新时代弘扬工匠精神,就是要重塑爱岗敬业、劳动光荣的价值本色,树立品质取胜、创新引领的市场风尚,让尊重劳动、尊重知识、尊重人才、尊重创造成为社会共识,加快建设制造强国,推动经济高质量发展,不断满足人民日益增长的美好生活需要。

阅读延伸 中国制造呼唤大国工匠精神

习近平总书记曾经提出"推动中国制造向中国创造转变、中国速度向中国质量转变、中国产品向中国品牌转变",这是给中国制造业提出的行动指南。政府工作报告中也提到鼓励企业开展个性化定制、柔性化生产,培育精益求精的工匠精神,增品种、提品质、创品牌的问题。在中国经济发展进入新常态,产业结构向中高端发展,全社会创新创业全面展开的大背景下,提出并强调工匠精神,确实是适逢其时,有很强的现实意义和深远的历史意义。

所谓的工匠精神,是指五种精神:一是精益求精的精神。工匠们追求完美,注重细节,为产品质量不惜花费时间和精力,孜孜以求。二是严谨认真的精神。工匠们对细节有很高的要求,坚持标准,一丝不苟,不投机取巧,不达要求绝不轻易交货。三是专注敬业的精神。工匠们对精品执拗地坚持,对专业执着地探索,可能几代人为一种产品不懈追求,耐心、隐忍和毅力是一切手工匠人所必须具备的特质。四是推陈出新的精神。工匠们不跟别人较劲,永远跟自己较劲,为此不断改进设计,不断提升产品和服务,绝不停止追求与进步,无论是使用的材料、设计还是生产流程,都在不断完善。五是文化感染的精神。工匠们喜欢不断雕琢自己的产品,热爱自己所做的事,不断改善自己的工艺,享受着产品在双手中升华的过程,乐在其中。

工匠有着悠久的历史,是中国人几千年日常生活中须臾不能离开的职业,木匠、瓦匠、铁匠、石匠、鞋匠等手工匠人是社会被推崇的人群,他们的精湛技艺在人们日常生活中传为佳话。工匠精神也是有着悠久历史的。中国有着悠久的"匠文化"传统,在中国的文化观念中,自古并不缺乏对"匠心"的追捧,有"技进乎道"的文化源流。成语有"匠心独运",用"匠心"来形容做事的高妙境界。中国人最推崇的匠之鼻祖就是鲁班。工匠精神依靠言传身教地自然传承,无法以文字记录,以程序指引,它体现了旧时代师徒制度与家族传承的历史价值;工匠精神只能靠人与人的情感去感染,现代大工业的组织制度无法承载,流水作业的操作流程无法衡量,最先进的数学模型也无法计算。

在我国,制造业整体上仍然"大而不强",在一些关键技术领域仍存在短板的背景下,强调"工匠精神",切中了时弊,切中了要害。当下一些地区、行业只看眼前、不顾长远、急于求成的思维和习惯,造成我国制造业大而不强、产品档次整体不高、自主创新能力弱的状况,与发达国家相比还有很大差距,直接制约中国产品在国际上的竞争力和吸引力。

没有工匠精神,就不可能打造金字招牌的中国制造。今天的中国正在打造经济升级版,中国制造要走进世界市场,品牌、技术、标准、质量等一定要建立国际比较优势。其中的人才建设,特别是形成一批新一代的"工匠"是重要的因素。如果将提高科技创新水平、提升信息化与工业化融合能力等看作我国制造业转型升级的"硬件",那么广大劳动者身上的工匠精神就是必不可少的"软件",缺少软件支撑的硬件犹如断弦之弓,发挥不出任何价值。任何科技的创新都不能取代劳动者的双手,在从制造业大国迈向制造业强国的过程中,我国需要一大批具备工匠精神的劳动者挥洒汗水,实现由制造业大国向制造业强国的跃升,离不开大国工匠精神的坚实支撑。

弘扬"工匠精神",就要让工匠们工作得有舞台、有价值,生活得有尊严、有体面,让讲究"工匠精神"的企业有公平、健康的市场竞争环境。要改革教育制度,让职业技术教育在国家有更高的社会地位,让工程教育在高等教育中有更大的分量,让实践教育贯穿我国的中小幼教育;要提高工匠的地位,通过物质奖励和精神鼓励等手段培养一批专家与技术工人,扎根基层,扎根专业领域,让工匠在社会上有职业声望、更高的获得感和荣誉感;要营造"鼓励创新、宽容失败"的社会文化环境,建立创新失败补偿机制,让青年创客要沉得下心、坐得住"冷板凳",真正做出好创意、好作品。

让中国制造走向世界,企业是主体,产品和技术创新是关键环节,要将工匠精神融入企业生产的每个环节,促进企业精益求精、提高质量,使认真、敬业、执着、创新成为更多人的职业追求,带动中国从制造大国走向制造强国。

(资料来源:http://theory.gmw.cn/2017-06/13/content24769647.htm,有删减)

思考题

1. 工匠精神包括哪些要素?
2. 列举新时代弘扬工匠精神的模范人物。

第二节　争做匠心报国的大国工匠

　工匠精神的时代价值

2016年政府工作报告中说到"提升消费品品质"时，强调"培育精益求精的工匠精神"。这是"工匠精神"这一概念第一次出现在中央政府的文件之中，显示"培育工匠精神"的诉求已上升为国家意志和全民共识。党的十九大报告提出："建设知识型、技能型、创新型劳动者大军，弘扬劳模精神和工匠精神，营造劳动光荣的社会风尚和精益求精的敬业风气。"

当前，我国正处在从工业大国向工业强国迈进的关键时期，培育和弘扬严谨认真、精益求精、追求完美的工匠精神，对于建设制造强国具有重要的意义。工匠精神的内涵已经不仅只包含工匠这个职业本身所具备的价值取向，而是作为在社会工作中的任何人的行为追求。在"中国制造"向"中国创造"转变的背景下，当今工匠有新的历史使命和重要责任，工匠精神也被赋予了更多的意义。

读书笔记

案例

刘恒明：肺科医院ICU的"牛"组长

在武汉市肺科医院的ICU，"90后"护理组长刘恒明被称为"技术牛"。ICU主任胡明说，这孩子技术最好。护士长钟小锋说，这孩子是最拼的。

ICU如同战场，检测病人的生理数据、注射药物、ECMO、呼吸机、血液净化装置、纤支镜……这些精密仪器的预装、调试、清理、维护、紧急情况的处理等，刘恒明时常忙得汗流浃背，却一刻也停不下来。

　　肺科医院13楼ICU的值班室，一床被子，一张床，战斗六七个小时回来躺一躺，24小时随叫随到，这就是刘恒明的抗疫日常。刘恒明说：科室里其他人下班可以回宾馆休息，但我要随时解决病房里出现的技术故障，所以，我就跟护士长提出住在值班室。吃住都在医院的刘恒明，缺席女儿的周岁生日，更没有机会回家抱抱女儿。深夜空下来了，亲人已入睡，他就去翻看手机里家人白天发来的视频，一个人傻笑。

　　平时，即使不是刘恒明的班，一些难度大的操作、一些重症救治仪器的报警及故障处理都得依靠刘恒明。刘恒明随叫随到，一忙就是数小时。

　　在疫情期间，许多国家级专家亲自到病房操作，刘恒明抓住机会向专家请教，他说："这种机会，一生可能只有一次，我学到了难得的技术，更学到了专家们诲人不倦的奉献精神。"

（资料来源：https: //www.sohu.com/a/392847720_120479147）

（一）工匠精神是实现中国梦的力量支撑

　　实现中华民族伟大复兴的中国梦，物质财富要极大丰富，精神财富也要极大丰富，只有物质文明建设和精神文明建设都搞好了，国家物质力量和精神力量都增强了，全国各族人民物质生活和精神生活都改善了，中国特色社会主义事业才能顺利向前推进。也就是说，物质文明与精神文明是推动社会文明进步的"两个轮子"，是实现中华民族伟大复兴中国梦的"一双翅膀"，两者缺一不可。事实上，工匠精神的发育程度与社会的物质文明、精神文明的进步程度都直接相关。从精神文明的角度来看，工匠精神作为一种职业精神，在本质上是同社会主义核心价值观，特别是同其中的敬业、诚信要求高度契合。从物质文明的角度来看，工匠精神在物质文明的创造过程中可以发挥强大的精神动力及智力支持作用。

（二）工匠精神是中国制造业前行的精神源泉

　　制造业是国民经济的主体，是立国之本、兴国之器、强国之基。中华人民共和国成立尤其是改革开放以来，我国制造业持续快速发展，建成了门类齐全、独立完整的产业体系，有力推动了工业化和现代化进程，显著增强了综合国力，支撑世界大国地位。然而，与世界先进水平相比，中国制造业仍然大而不强，在自主创新能力、资源利用效率、产业结构水平、信息化程度、质量效益等方面差距明显，转型升级和跨越发展的任务紧迫而艰巨。

为实现中国从全球制造大国到制造强国的跨越，《中国制造2025》提出了中国政府实施制造强国战略第一个十年的行动纲领。中国要迎头赶上世界制造强国，成功实现《中国制造2025》战略目标，就必须在全社会大力弘扬以工匠精神为核心的职业精神。只有当敬业、精益、专注、创新的工匠精神融入生产、设计、经营的每个环节，实现由"重量"到"重质"的突围，中国制造才能赢得未来。

在中国从制造大国迈向制造强国的进程中，工匠精神被赋予了新的时代内涵。它不是工匠大师特有的殊荣，每个坚守工作岗位兢兢业业的劳动者都是工匠精神的诠释者和践行者。

读书笔记

案例

巾帼女"匠"盖立亚：让中国智能机床冲击世界一流

盖立亚，沈阳机床集团优尼斯智能装备有限公司教授级高级工程师，在机床行业工作20多年，先后主持和参与4项国家重大专项项目，取得主导实用新型专利22项、发明专利3项，成为"代表中国一流冲击世界一流"的业界重要领军者。

1999年，盖立亚大学毕业入职沈阳机床集团公司机床研究所。这一年，公司正好从生产制造普通机床向数控机床转型。盖立亚跟着一位资深工程师研发CKS6132数控机床设计。2000年时，这位工程师生病住院，重新安排人可能赶不上交货时间。时任沈阳机床研究所所长王瑛问盖立亚："你敢干不？"盖立亚没有细想，就答应了。

时隔多年，她再次谈起这件事，自己都禁不住笑起来："大学毕业才一年，就敢接公司第一次搞的科研项目，你说我是不是有点虎？"

当时，研究所能够用于产品设计的计算机只有五六台，像她这样刚来的年轻人白天几乎没机会使用，她就等别人下班了用，忙通宵是经常的事。

设计出来了，机床也组装起来了，可一试车毛病一大堆：主轴振动、刀架不锁紧、防护漏水……装配工人毫不客气地叫来盖立亚："你赶紧过来看看！"

从机床漏出的水淌了满地，盖立亚二话不说就钻到车床下找漏水点。漏水点找到了，她重新设计了防护装置，把问题解决了。紧接着又解决主轴振动、刀架不锁紧等问题。

2000年8月，按时交货。这是机床公司第一台高端数控车床，开创了国产数控机床商品化之路。

"大学书本中的经典车床再也不是市场的主流，所以必须要创新。"盖立亚力主创新，瞄准新观念、新方法，创造新成果。久而久之，同事都叫她全机能产品的"小鼻祖"。随着技术和经验的不断积累，她逐渐有了与专家"掰手腕"的信心与实力。

在沈阳机床集团，只要客户有需求，盖立亚随时随地都会组织讨论会帮助客户解决问题。有一次，一家世界500强企业因为对机床指标要求太苛刻，所以没有供货商愿意供货，而盖立亚毫不犹豫地接下了这个订单。

这一年，33岁的盖立亚怀孕了，妊娠反应特别强烈。考虑到这份合同不仅能给公司带来可观的经济效益，而且是设计技术的一大突破。她深知必须坚持下去，保质保量地完成任务。她组织技术人员自制毛坯料在机床上进行模拟模型实验，并对切削结果进行比较。对机床结构、参数设定、加工工艺、切削效果、性能、精度等环节反复修改技术方案11次。

盖立亚带着团队一直工作到临产前4天，产假没休完，她又回到工作岗位上参加设备调试，将机床的精度提高到进给单脉冲0.5 nm，相当于人头发丝直径的1/120。这家世界500强企业的专家操着生硬的中国话对盖立亚说："盖，你都不知道你们的机床有多好！"后来，仅这一家企业就陆续从沈阳机床公司订购近百台机床。

"这个精度到目前为止还是领先于世界的，证明了我们中国人可以做出来高精度的机床。行业龙头企业职责所在，应该为国家担起这样的职责和责任。"盖立亚心里更多的不是自豪，而是使命感。

2014年，在研发岗位上工作了十几年的盖立亚主动要求到市场一线，用一年的时间走访了100多个客户，收集了7大类158项改进意见。

"无论是企业发展、国家需要，还是社会层面，都需要将基础工业水平提升上去。我希望能够通过我们的努力，来提升我们的装备制造水平。"这是盖立亚的心声，也是她从过去到现在，甚至在未来一直坚持做的。

（资料来源：http: //news.cctv.com/2019/05/14/ARTI1DyVp7yLZ9QXvyNfsVB2190514.shtml）

（三）工匠精神是企业竞争发展的品牌资本

随着市场经济特别是知识经济的到来，现代经济越来越呈现为一种品牌经济。在现代市场经济视域下，作为知识资本形态的品牌形象也是一种可经营的企业资本，是一种潜在的、无形的、动态的、能够带来价值增值的价值，是传统的会计体系反映不了的无形资本。塑造良好的品牌形象，有效开发、经营品牌资本，是企业参与市场竞争、占领市场制高点的重要手段。事实上，工匠精神在企业品牌形象塑造和品牌资本创造过程中具有十分重要的作用。工匠精神是企业品牌内涵的重要体现，也是企业品牌知名度、美誉度及顾客忠诚度培育的有效途径，更是企业品牌资本价值增值的重要来源。例如，中华老字号"全聚德"烤鸭能够驰名中外，也是得益于其"食不厌精，脍不厌细"的工匠精神。

读书笔记

阅读延伸　　传统工匠的没落　不是传承的问题

"中华老字号"共有2 000余家，原本是一道亮丽的商贸景观和传统文化现象，但如今仍能正常营业的仅为30%，其中约150个活得还不错，更只有10来个称得上活得很好。这是为什么呢？先来看看王麻子剪刀。

当年，王麻子剪刀以质量好、服务佳而远近闻名，在长江以北的地区几乎家喻户晓。各地区的人们都慕名争相选购北京"王麻子"的产品。谁曾想到，2003年年初，这个始创于1651年，有352年历史的王麻子剪刀厂宣布破产。原因是"王麻子"在经营中没能紧跟市场的变化，巩固住自己的品牌，产品创新跟不上，盲目地进行品牌延伸。

客观来说，王麻子剪刀能够存活352年，"工匠精神"应该为其立下了汗马功劳。例如，"王麻子"创牌伊始就将品质作为立身之本，为保证质量，掌柜的（相当于总经理）要亲自选货，并形成了自己的一套质量监测体系："三看""两试"，坚持执行验收。而让其马失前蹄的应该是对市场与用户了解不够，创新力不足，品牌意识不强，特别是盲目进行品牌延伸。

"北有王麻子，南有张小泉"。创建于1663年的张小泉剪刀现在的发展相对还可以，但与创建于1731年的德国"双立人"存在较大差距，其菜刀价格是"双立人"价格的1/20，销量和市场占有率的差距更大。这是为什么呢？因为"张小泉"仍亦步亦趋地走在先人开拓的路上，材料不变，工序不变，款式不变；而"双立人"百般求变，技术不断更新迭代，生产工艺全面创新，款式种类更是层出不穷。

医药行业过去以"同仁堂"的名字最为响亮，它创建于1669年（清康熙八年），自1723年开始供奉御药，历经8代皇帝。在300多年的风雨历程中，历代"同仁堂"人始终恪守"炮制虽繁必不敢省人工，品味虽贵必不敢减物力"的古训，以"修合无人见，存心有天知"的自律要求，造就了制药过程中兢兢业业、精益求精的工匠精神。

过去，"同仁堂"的发展当然可圈可点，其严守古训的做法值得称赞。然而，目前行

115

业中发展最好的老字号当属"云南白药"。它于1902年由云南名医曲焕章创建，独家掌握配方并秘密配制，其配方、工艺列入国家机密。从10多年前开始，在王明辉的带领下，"云南白药"推动各项改革，先后开发出胶囊剂、酊剂、硬膏剂、气雾剂、创可贴等新品类，甚至还进入牙膏、洗发剂等领域，成为"中华老字号"企业中第一家年销售额突破百亿的公司。如果固守曲焕章的小瓶模式，"云南白药"恐怕迄今还是一家小作坊而已。

德国的"双立人"、中国的"云南白药"是我们学习和推崇的新工匠。而光是传承，不创新、不与时俱进的传统工匠不值得推崇，也不是我们要倡导的工匠精神。传统工匠走向没落的根本原因是没有处理好变与不变的辩证关系，盲目固守用户不需要的东西。那些没有获得用户青睐的"精益"，不是真正的工匠精神。新工匠追求精益的基本内涵不变，但外在形式要与时俱进，百般求变，包括款式种类、工艺结构和作业流程都要进行全面创新。

当工匠精神进入政府工作报告，成为一个"热词"后，大众对于工匠精神的追捧将会持续很长时间，会有相当一批企业认为"复古式的精益"就是工匠精神，这是一个误区。我们要以"焦三爷"这样的民间艺人和"王麻子"这样的老字号企业为鉴，与时俱进，准确判断用户的需求，不断推陈出新。要坚决反对"复古式的精益"，以弘扬适应现代社会发展需要的新工匠精神。只有如此，才能让工匠精神在中国大放异彩，充分发挥工匠精神的价值。

如此看来，只传承"复古式"的工匠精神远远不够！要深入探究，了解当前环境对工匠发展的影响很有必要。

（资料来源：http://book.ce.cn/news/201704/06/t20170406_21753290.shtml）

（四）工匠精神是劳动者实现个人成长的重要基石

读书笔记

工匠精神注重劳动者技能水平的提高，良好职业心态的锤炼，为劳动者的职业发展助力。"让那些大国工匠、技能大师成为青年人乐于学习、甘于推崇的榜样，进而营造全社会关心、重视和支持职业教育的良好氛围，尽快改变对职业教育的偏见。"劳动者职业发展需要劳动者加强理论学习与实践锻炼，当然心态的历练也是十分重要的，耐得住寂寞、专注于一件事，同时，积极的工作态度与刻苦钻研的工作行为，其实也是工匠精神的实际内涵。当今职场竞争无处不在，就业门槛越来越高，对技术型人才的需求不断加大，那些具有创新思维的劳动者被各行各业所青睐。因此，工匠精神的传承，有利于劳动者增强自身实力，提高自身竞争力。职业道德的培育也需要强化工匠精神，工匠要把好质量关、有匠心，先德后艺，恪守职业道德的要求。

工匠精神提倡的不是简单机械地重复一件事情，而是在日常的工作中注重思考与创新。即使某工人在某个岗位上工作了很长时间，他们也不应该故步自封、墨守成规，而应积极参加职业培训，掌握更多的高端技术。劳动者在自身职业发展中要加强工匠精神，使自己不断加强理论修养，提高工作能力。

事实上，企业员工所具有的高尚职业操守和强烈的工匠精神与拥有较高专业知识技能一样，是其自身立足职场的重要条件和在未来职业生涯中脱颖而出的制胜法宝。

案例

"大国工匠"李德：自主创新让环卫工作"少些味道、多些尊严"

河北沧州人李德自1982年进入环卫系统，36年来，从以身作则、不眠不休工作的"拼命三郎"，到寻求技术突破、提高机械化作业率解放双手的专家，用自主创新真正改善了这份曾被戏言"顶风臭八里地"的工作。

小型粪便机械化作业车、自动压缩式固液分离吸污车、多功能高压冲洗车……从2004年开始，李德的发明填补了我国特种设备及特种车4项空白。14年间，他靠着自主研发，让沧州运河区公厕管理的粪便清淘机械化作业率从18%提升到了98%。

9项专利代表着环卫工作中需要攻克的9个难题。李德说，作为环卫工人，他要让这份工作少些味道、多些尊严。

"我所理解的大国工匠，不仅需要专业知识和技能的支撑，更需要吃得了苦、经得起磨难、耐得住寂寞。"李德说。

（五）工匠精神是劳动者实现自我价值的重要途径

当今社会，机器化生产提高了产品生产率，很多工作由计算机、机器来完成，很多劳动者在工作中觉得单调、机械和乏味。甚至有的劳动者觉得在智能时代自我价值已经消失了，人的劳动正在被机器取代。实则不然，对于一个具有工匠精神的劳动者而言，产品是向往自由美好愿望的充分表达。劳动者在创造工作过程中具有完全的主动权，根据自己的构思、意志来完成产品，使自我想法在作品中体现，创作出来的产品是自我对世界的理解、认识、客观化的体现。以工匠精神来做创造，工作就变成了一种忘我的投入、生命的外在表达。自我的价值存在于自己双手所能控制的作品中，不受其他因素的影响，使自己在工作过程中能够获得真正的满足与成就感。

 课堂小活动

请收集古代具有工匠精神的人物，并对他（他们）的事迹进行评价。

 二 工匠精神的培育途径

时代需要大国工匠，大国工匠需要工匠精神的力量滋养，对于我们大学生而言，工匠精神又是我们人生观、价值观、职业观的集中体现，是知、情、意、行的统一。因此，我们应立足于自己的职业选择，知行合一，通过对自身的思想认识、行为习惯、意志情感的锻炼，在职业认知、工匠精神价值认同、激发职业兴趣的基础上，牢固树立新时代的工匠精神，培养我们的社会责任意识、使命意识，让工匠精神在我们身上养成和升华。

（一）建立科学的职业认知

正确认知我们的职业，坚定将职业转化为毕生事业的理想。有什么样的思想就有什么样的行为。干一行，首先必须要爱一行，只有对自己将来所从事的职业真正的了解、热爱，才能长期坚持和精益求精。对职业的认知，我们不应视之为谋生的工具，而应视之为自己终生奋斗的事业。理想的高度决定人生的高度，如果我们的职业理想只是为了谋生，为金钱而劳动，那么是不可能具备工匠精神的。工匠不是普通的从业者，能被称为"工匠"的从业者必须具有高超技艺、精湛技能且有敬业奉献的可贵品质。高超技艺、精湛技能来自日复一日的反复磨炼和刻苦钻研，没有正确的职业观是难以坚持的。那些成长为大国工匠的劳动者没有一个人是为了金钱或待遇而工作的，如南仁东、贾立波、高凤林、胡双钱、王伟等。我们大学生首先要了解我们的专业，主动了解我们将来所从事的职业及岗位工作内容，客观分析自身兴趣和特长，择己所爱，确定自己毕生奋斗的职业目标，有了这样的思想认识，我们才能沉下心进行专业知识和技能的学习，才能在

精湛技艺的积累中守得住初心，耐得住寂寞。

（二）提升对工匠精神的情感认同

痴于其中，则技艺必精。积极的情感是我们行为的重要驱动力，我们首先做到情感上热爱专注执着、热爱精益求精，我们要摈弃对匠人的鄙视，将工匠精神融入敬业、文明的社会主义核心价值观之中。我们要意识到当代社会工匠精神的价值，当代社会消费升级，对产品要求质量至上。要做到同类产品（服务）中使用寿命最长、故障发生率最少，这就要求劳动者严谨细致、技能精湛、技术高超。正如《大国工匠》第一集的解说词所言，"工匠的工作看似平淡无奇，但这些工作中都积淀经年累月淬炼而成的珍重技艺，承担着身家性命和社会民生的重大责任。相当多的工匠岗位是以一身之险而保大业平安，以一人之力而系万民康乐"。我们在学习中，要把工匠精神提升到职业道德的层面，将弘扬工匠精神视作责任和使命，在工作和学习中理直气壮地追求卓越，追求极致。

读书笔记

阅读延伸　快递小哥雷海为的诗词大会夺冠之路

雷海为，湖南邵阳人，娄底职业技术学院机电一体化专业成教生，原娄底机电职业中专毕业。毕业后，雷海为开始了打工生涯——电话销售员、工地小工、马路推销员、服务员、传菜员、洗车工、保安……

2004年，雷海为到了上海一家礼品公司打工做销售。一个偶然的机会，他在书店里看到一本叫《诗词写作必读》的书，他买了下来，自学了诗词格律的道道，一下子对诗词的兴趣"上了好几个档次"。于是他在打工间隙，经常出入书店看诗读诗。没钱买那么多书，他就一首首地背，回家将诗写在纸上，下次去书店再核对一遍。2008年春节后，雷海为来到杭州打工。他做过电话销售、广告安装，2011年发现送快递收入不错，转行成为快递小哥。2015年开始，雷海为在肯德基做起了住店外卖小哥。大部分时间他都在店里待着，身上总是带着一本《唐诗三百首》。2017年，他加入"点我达"外卖平台，成为兼职外卖员。每天送餐50多单，工作12小时，日晒雨淋，跑遍大半个杭州。

雷海为是怎么记下这么多诗词的呢？他说，会在日常生活中根据具体情景在脑海中回忆与之有关的诗句，从而能更深刻地体会到诗句的意境和作者的思想感情，产生共鸣，从而进一步加深记忆。雷海为说他最喜欢的诗人是李白，因为"李白极度浪漫和潇洒"；最喜欢的诗句是"天生我材必有用"，因为"这一句诗豪情满怀，充满了自信和乐观，思想积极向上"，他经常用来自勉；最喜欢的词人是姜夔，因为"姜夔不但是诗词大家，也是杰出的音乐家，实现了我的人生理想"；最喜欢辛弃疾的词，因为其词"笔力雄厚，意境阔达，读来顿觉豪情万丈、热血澎湃"。雷海为说，学无止境，他还将继续学诗背诗，也勉励热爱古诗词的同好们多读多背，"只有把自己喜欢的诗词背下来牢记在心，诗词才能融入你的身心"，另外"了解诗词格律和押韵也非常重要，精通这些，会帮助你记忆"。

就这样，雷海为带着对诗歌的痴迷，凭着一点一滴的日常积累，他站在了中央电视台"中国诗词大会"比赛的领奖台上，让无数人见证了一个普通人的逆袭，见证了他的光芒。

"我觉得你所有在日晒雨淋、在风吹雨打当中的奔波和辛苦，你所有偷偷地躲在书店里背下的诗句，在这一刻都绽放出了格外夺目的光彩。"《中国诗词大会》主持人董卿说。

网友纷纷为雷海为留言点赞："致敬为梦想坚持的人！""所谓人生开挂，不过是厚积薄发。"雷海为不愧是新时代的草根英雄！

（资料来源：http://www.ldzy.com/16/19/content_22929.html）

（三）锻炼坚忍不拔的工匠意志

古人云：古之立大事者，不惟有超世之才，亦必有坚忍不拔之志。大学生要成长为大国工匠亦如此。不光要有超出世人的天赋和才华，还必须有坚忍不拔的意志。匠人最引以为傲的是成熟的技艺，而技艺的提高和精湛在于重复的练习和一次次的突破，技艺、技能从掌握到炉火纯青需要经历长时间的反复练习和揣摩，这种枯燥的重复练习也不是一时的兴趣可以维系的，必须具备坚强的意志。同时对于真正的工匠来说，往往还需要技艺的突破、提高和创新，需要无数次的反复实践，在实践的过程中难免会遇到竞争、挫败感、瓶颈期等的压力，靠一时的激情也是难以维系的，更需要锻炼我们顽强的意志品质。因此，我们在提升职业兴趣的同时，还必须锻炼我们的意志品质，培养我们的吃苦耐劳的精神、不怕挫折的抗打击能力和坚忍不拔的意志力。

（四）注重工匠精神的行为养成

"纸上得来终觉浅，绝知此事要躬行。"工匠精神的培育和养成重在知行合一，贵在持续坚持。敬业乐业、勤勉做事的职业操守，干一行爱一行，钻一行精一行，身边的杰出工匠给我们树立了光辉的榜样，我们大学生需要将工匠精神转化到我们的日常行动中来，将工匠精神转化到我们的行为习惯中来。在我们身边，大学生宿舍保洁做到一尘不染，在自家菜地设计修建高铁模型，小伙子在家用泥巴制作共和国勋章获得者钟南山泥塑网络蹿红等,说明工匠精神的培养可以就在我们身边进行,可以在不起眼的日常生活中进行。我们在行为习惯中实践工匠精神,在实践中感悟和提升自己的工匠精神。这样,工匠所需要的基本素养就可以进入我们的意识深处,融入我们的思维和劳动习惯中。

"践行工匠精神先进个人"暨"劲牌阳光奖学金"优秀奖——唐小红

由团中央学校部、全国学联秘书处、劲牌有限公司共同举办的2017年度高职学生"践行工匠精神先进个人"暨"劲牌阳光奖学金"寻访活动结果正式揭晓,共评选出10名特别奖和300名优秀奖,来自娄底职院2015级艺术设计学院动漫设计与制作专业的唐小红同学荣获"践行工匠精神先进个人"暨"劲牌阳光奖学金"优秀奖。

2017年12月"劲牌阳光奖学金"暨"践行工匠精神先进个人"寻访活动正式启动,娄底职院团委高度重视、积极组织,经过校内寻访、各级团组织推荐,2018年1月初,选定唐小红同学参加遴选活动。3月,经团中央学校部、全国学联秘书处通过微信平台网络投票并综合专家评比意见,唐小红同学最终脱颖而出,成为湖南省12名优秀奖获得者之一。

唐小红同学在校期间,在领导、老师和身边同学的关心、帮助下,秉承一丝不苟、精益求精的工匠精神,时刻以共青团员的标准严格要求自己,不断提升自己的思想政治觉悟和综合素质水平。平时非常重视专业技能的学习,不断追求完美,超越自己。2017年被评选为娄底职院第一届十大励志典型人物"创新创业类"励志人物,大一至大三在校期间分别创立两个移动互联网公司(娄底市娄星区迅之捷网络科技有限公司、贵州咋的了科技有限公司)。

此次活动由团中央学校部、全国学联秘书处联合劲牌有限公司共同设立高职学生"劲牌阳光奖学金",旨在贯彻落实全国高校思想政治工作会议精神,在高职学生中深入开展培育和践行社会主义核心价值观活动,弘扬工匠精神、发挥优秀典型的示范作用,引领广大高职学生勤奋学习、砥砺品格、全面发展,为实现中国梦不懈奋斗。

(资料来源:http://www.ldzy.com/16/19/content_22919.html)

第四章　培育工匠精神

阅读延伸　　什么是新时代的"工匠精神"

十九大报告中提出"建设知识型、技能型、创新型劳动者大军，弘扬劳模精神和工匠精神，营造劳动光荣的社会风尚和精益求精的敬业风气"。报告中所提的"工匠精神"，在笔者看来，是具有新时代内涵的。

新时代"工匠精神"的基本内涵，主要包括爱岗敬业的职业精神、精益求精的品质精神、协作共进的团队精神、追求卓越的创新精神四个方面内容。其中，爱岗敬业的职业精神是根本，精益求精的品质精神是核心，协作共进的团队精神是要义，追求卓越的创新精神是灵魂。

爱岗敬业的职业精神。爱岗敬业，是爱岗和敬业的合称，两者互为表里，相辅相成。爱岗是敬业的基础，而敬业是爱岗的升华。具体来说，所谓"爱岗"，就是要干一行，爱一行，热爱本职工作，不能见异思迁，站在这山望那山高。所谓"敬业"，就是要钻一行，精一行，对待自己的工作，要勤勤恳恳，兢兢业业，一丝不苟，认真负责。笔者调研中发现，凡是获得"工匠"和"劳模"荣誉称号的工人，都是爱岗敬业的典范，很多人都在本职岗位上工作了二三十年之久，干出了一番事业。所以，"工匠精神"最根本的内涵，就是"爱岗敬业的职业精神"。

精益求精的品质精神。顾名思义，精益求精，是指一件产品或一种工作，本来做得很好了，很不错了，但还不满足，还要做得更好，达到极致。"精益求精的品质精神"是"工匠精神"的核心，一个人之所以能够成为"工匠"，就在于他对自己产品品质的追求，只有进行时，没有完成时，永远在路上；他不惜花费大量的时间和精力，反复改进产品，努力将产品的品质从99%提升到99.9%、再提升到99.99%。对于"工匠"来说，产品的品质只有更好，没有最好。笔者在调研中，最深感受之一就是，追求极致、精益求精，是获得各类"工匠"荣誉称号的工人的共同特点，这也是他们能身怀绝技、在国际、全国或省的各种技能大赛中夺金戴银的重要原因。

协作共进的团队精神。如果说"爱岗敬业的职业精神""精益求精的品质精神"是传统的"工匠精神"中具有的内涵，那么，"协作共进的团队精神"则主要体现于新时代的"工匠精神"之中。因为和传统工匠不同，新时代工匠尤其是产业工人的生产方式已不再是手工作坊，而是大机器生产，他所承担的工作，只是众多工序中的一小部分。如"复兴号"列车，一列车厢就有三万七千多道工序，这三万七千多道工序，一个人是不可能完成的，必须由车间或班组即团队协作来完成。团队需要的是"协作共进"，而不是各自为战。因此，"协作共进的团队精神"是现代"工匠精神"的要义。所谓"协作"，就是团队成员的分工合作；所谓"共进"，就是团队成员的共同努力、共同进步。

追求卓越的创新精神与"协作共进的团队精神"一样，也是新时代"工匠精神"的内涵之一，甚至是新时代"工匠精神"的灵魂。传统的"工匠精神"强调的是继承，祖传父、父传子、子传孙，是传统工匠传承的一种主要方式，而新时代的"工匠精神"强调的则是在继承基础上的创新。因为只有在继承基础上的创新，才能跟上时代前进的步伐，推动产品的升级换代，以满足社会发展和人们日益增长的对美好生活的需要。有无"追求卓越的创新精神"，是判断一个工人能否成为新时代"工匠"的一个重要标准。

当前，我国正处在从工业大国向工业强国迈进的关键时期，培育和弘扬严谨认真、精益求精、追求完美的工匠精神，对于建设制造强国具有重要的意义。而只有对新时代"工匠精神"的基本内涵形成共识，才能树匠心、育匠人，为推进中国制造的"品质革命"提供源源不断的动力。

（资料来源：http：//dangjian.gmw.cn/2018-08/30/content_30879356.htm）

《匠心》电影观赏与心得交流分享会

活动目的
通过观看电影，感悟工匠精神的内涵。

活动方式
观看电影《匠心》，将你对工匠精神的理解和心里的感悟说出来。

【电影简介】
电影《匠心》主要讲述了青年设计师陆曦机缘巧合回到故乡木雕小镇，重拾祖孙情与匠心精神的故事。该片于2019年4月22日在人民大会堂举行全国首映发布会，于2019年7月18日在中国大陆上映。

在远离繁华大都市的木雕小镇上，传统的中华工艺依旧在代代传承。青年设计师陆曦和台商方寒冰为了一个建筑修复方案误打误撞回到自己故乡木雕小镇，在这里重拾祖孙情，也找到了当下社会年轻人所缺失的匠心精神。

作为中华人民共和国成立70周年的文艺献礼片，《匠心》成功使"匠人精神"焕然一新。"匠"字不单意指有手艺的人，是职业，也是态度，更是精神。提到匠心，我们脑海中浮现的都是宏伟的建筑、精美的瓷器、精致的木雕。影片《匠心》虽聚焦在木雕这一行业，但是上映以来，社会各界的观众都在影片中看到了自己的影子，找到了自己的榜样。

读书笔记

 思考题

1. 现代制造业应从哪些方面培育和发扬工匠精神?
2. 作为普通劳动者,应该怎样培育工匠精神?请结合实例叙述。

第五章
提升劳动素养

知识导航

1. 了解劳动素养的概念和内涵。
2. 理解提升劳动素养的价值和意义。
3. 掌握提升劳动素养的途径,积极参与劳动实践。

第五章 提升劳动素养

课程引入

22岁小伙，登上世界技能舞台巅峰

世界技能大赛被誉为"技能界的奥林匹克"。2015年我国获得5枚金牌，实现零的突破，其中杭州技师学院教师杨金龙获得一枚金牌。

2017年10月，在第44届世界技能大赛中，杭州技师学院教师蒋应成和拱墅区职高教师王芹分别获得金牌和优胜奖，创造了杭州市参赛以来的最好成绩。

值得一提的是，22岁的蒋应成是继2015年杭州技师学院杨金龙获第43届世界技能大赛汽车喷漆项目金牌后的再次夺金，既是中国在世界技能大赛上首次实现汽车喷漆项目冠军蝉联，也是世界技能大赛历史上该项目金牌的首次蝉联。

"我庆幸生活在国家大力推进创新创业的新时代，让每个人获得改变命运的平等机会，而我因选择学习技能幸运地抓住了这样的机会，成为中国征战世界技能大赛的一员。"

之前在北京举行第44届世界技能大赛参赛总结大会上，蒋应成作为获奖者代表发表获奖感言。从云南的小山村，到登上世界技能舞台的巅峰，蒋应成表示，自己做得最正确的选择，就是来到杭州，继续学习与深造。

技能大师工作室，巾帼不让须眉

"麻根英绣花鞋技能大师工作室""於彩英电焊技能大师工作室""曹桢服装制作技能大师工作室"……第44届世界技能大赛参赛总结暨杭州市高技能人才建设推进会上，还为2017年新认定的35家市级技能大师工作室和4家技师工作站授牌，并为20位新晋"杭州市首席技师"颁发了证书。这35个技能大师工作室，既有来自战略性新兴产业的企业，也有属于杭州传统优势项目。

例如，麻根英是合村绣花鞋市级非遗传承人、市级民间美术工艺师。入行10多年，经常不定期免费举办中小学生培训讲座、作品交流展等。

"在境外参加作品交流展时，我们展出的一双双绣花鞋很受老外欢迎，经常在我们展位流连忘返。""麻根英绣花鞋技能大师工作室"领军人物麻根英自豪地说。

"於彩英电焊技能大师工作室"，所在单位是电联工程技术股份有限公司。让人意外的是，从事电焊工作数十年、每年培养100名以上焊工高技能人才的电焊工高级技师於彩英是一位女性。

於彩英说，起初她是一名造船厂电焊工，相比钢结构，造船业对焊工技术要求更高，女性能够坚持下来的并不多。

但是，於彩英不仅坚持下来，还对自己严格要求，在技术上不断创新。她研发的通信铁塔埋弧环焊缝电弧跟踪装置获国家实用新型发明专利证书；2014年完成的新型焊接防飞溅液的制备和使用效果，刊登在萧山技工第一期技术发明成果介绍；2015年根据产品特点设计研发的通信塔焊接专机投入使用,有效地提高了生产效率和产品质量……

"我现在主要从事培训工作,希望将自己的技艺毫无保留地传给每一个学员,成为企事业单位的高技能人才。"她说。

据统计,截至目前,杭州已有市级技能大师工作室90家,区、县(市)级技能大师工作室191家,成功创建国家级技能大师工作室4家,省级37家,初步形成了大师工作室建设梯次推进的格局。各工作室团队成员培养高技能人才6 000余人,完成技术攻关和革新项目近1 200项,直接产生经济效益3.5亿元。

(资料来源: http://zjnews.zjol.com.cn/zjnews/zjxw/201801/t20180119_6401774.shtml)

第一节 劳动素养的概念和内涵要求

随着世界经济和社会的飞速发展,高素质的人力资源开创着新时代。高素质的人力资源取决于个体的劳动素养,因而,劳动素养高低直接影响国家的前途和民族命运。习近平总书记曾寄语青少年"从小就要树立劳动光荣的观念,自己的事自己做,他人的事帮着做,公益的事争着做"。我国的教育改革也趋向能力为重,注重社会实践的能力培养,要求学生会做人会做事,适应社会发展的变化。因此,对青年学生劳动素养的关注度在不断上升,不同的层面对劳动教育进行了有效的尝试,并取得了阶段性的成效。

一 素养和劳动素养

(一)素养

素养是个体在长期的教育和环境影响下形成的某一方面的稳定修养,包含了能力、知识、态度和价值观,人在特定情境中学会综合运用知识、技能和态度去解决问题,是人在知识、态度和能力三个层面

读书笔记

的综合表现。"素养"一词最早见于《汉书·李寻传》"马不伏枥，不可以趋道；士不素养，不可以重国"。"素养"强调修习涵养，后天养成，是发展中的、动态的。"素养"一词涵盖知识、能力、态度、价值观等方面，是全方面的素养，有利于贯彻"立德树人"的教育目标。"素养"具有综合性的特征，它基于学科发展以"学生"或"人"为主体，在教育过程中逐渐形成的知识、能力、态度等方面的综合表现。

从古代延伸至20世纪初的农业社会中，德行是人才"素养"的第一标准。在教育哲学中，素养被认为是集正义、智慧、勇敢于一体的，代表人物有苏格拉底、亚里士多德和孔子。随着工业社会的到来，20世纪初，以"能力"为中心对素养的概念进行了新的思考与分析，代表人物有皮亚杰、麦克利兰、加德纳等。20世纪90年代以来，随着信息社会的到来，对"素养"的概念进行了扩展与升级，强调核心素养（Key Competencies）才是培养能自我实现与社会和谐发展的高素质国民的基础。从认知的角度出发，素养定义为一个人在具体的社会环境中对知识、技术能力、态度等的应用。

2016年9月北京师范大学发布了《中国学生核心素养》的研究成果，为我国学生发展核心素养体系构建较为权威的总体框架。根据《中国学生发展核心素养》，中国学生核心素养可分为文化基础、自主发展、社会参与3个方面，提出了人文底蕴、科学精神、学会学习、健康生活、责任担当、实践创新6大核心素养及18个基本要点。

阅读延伸　　中国学生发展核心素养

学生发展核心素养，主要是指学生应具备的，能够适应终身发展和社会发展需要的必备品格和关键能力。研究学生发展核心素养是落实立德树人根本任务的一项重要举措，也是适应世界教育改革发展趋势、提升我国教育国际竞争力的迫切需要。

十八大和十八届三中全会提出要把立德树人的要求落到实处，2014年教育部研制印发《关于全面深化课程改革落实立德树人根本任务的意见》，提出"教育部将组织研究提出各学段学生发展核心素养体系，明确学生应具备的适应终身发展和社会发展需要的必备品格和关键能力"。学生发展核心素养研究专业性强，必须基于对学生身心发展规律的科学认识，采取科学的程序和方法。研究工作历时3年，联合课题组由北京师范大学等多所高校的近百名研究人员组成。2016年9月13日上午，中国学生发展核心素养研究成果发布会在北京师范大学举行。北京师范大学校长董奇、教育部基础教育二司副司长申继亮出席会议并致辞。来自教育学界和心理学界的知名专家学者、教育行政部门人员和一线教育工作者代表等参加了会议。

中国学生发展核心素养以培养"全面发展的人"为核心,可分为文化基础、自主发展、社会参与3个方面,综合表现为人文底蕴、科学精神、学会学习、健康生活、责任担当、实践创新6大素养,具体细化为社会责任、国家认同等18个基本要点。各素养之间相互联系、互相补充、相互促进,在不同情境中整体发挥作用。根据这一总体框架,可针对学生年龄特点进一步提出各学段学生的具体表现要求,图5-1详细展示了核心素养的全貌。

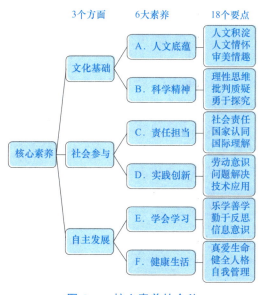

图 5-1 核心素养的全貌

"素质"和"素养"在日常生活中人们常常交叉使用,但"素养"与"素质"的概念有所不同。素质在心理学上指人的某些先天的特点,是事物本来的性质。素养是由训练和实践而获得的技巧或能力。例如,人文素养是指人们在人文方面所具有的综合品质或达到的发展程度。其包括具备人文知识、理解人文思想、掌握人文方法、遵循人文精神。人文素养的形成主要有赖于后天的人文教育,包括语言教育、文学教育、历史教育、哲学教育、艺术教育、道德教育、思想教育、政治教育等内容。人文素质是指人具备的人文科学研究能力、知识水平和内在品质。其核心就是"人文精神",一种为人处世的基本品德、价值观和人生哲学,科学精神、艺术精神和道德精神均包含其中。又如职业素养是劳动者对社会职业了解与适应能力的一种综合体现,其主要表现在职业兴趣、职业能力、职业个性及职业情况等方面。影响和制约职业素养的因素很多,主要包括受教育程度、实践经验、社会环境、工作经历及自身的一些基本情况（如身体状况等）。职业素质是指职业内在的规范和要求，是在职业过程中表现出来的综合品质，包含职业道德、职业意识、职业态度、职业技能、职业行为、职业作风等。素养是素质的表现，两者相辅相成。

阅读延伸　　　　　素质冰山模型

美国著名人力资源研究专家斯潘塞（Spencer）提出的人的素质冰山模型将个体的素质分为动机、特质、自我概念、知识与技能五种基本素质。其中，动机是指一个人对某种事物持续渴望并付诸行动的内驱力；特质是指身体的特性及拥有对情境或信息的持续反应；自我概念是指一个人的态度、价值观及自我印象；知识是指个人在特定领域的专业知识；技能是指个人所拥有的动作技能和心智技能。上述五个方面的素质特征组成了一个人整体的素质结构。斯潘塞进一步将此素质结构以冰山模型（The Iceberg Model）加以分析（如图5-2所示）。

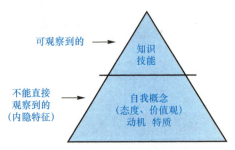

图 5-2　人的素质结构冰山模型

知识和技能是可以看得见的、表层的、外显的个人特征，漂浮在水上；动机和特质更隐藏，位于人格结构的更深层，自我概念位于两者之间。表面的知识和技能相对容易改变，可以通过培训促使其发展；自我概念，如态度、价值观和自信也可通过培训而得以改变，但这相对知识和技能的培训要困难；核心的动机和特质处于人格结构的最深处，难以对其进行培训和发展。内隐特征是决定人们行为表现和行为结果的关键因素。

麦克利兰认为，水上冰山部分知识和技能是基准性素质，是对胜任者基础素质的要求，但它不能将表现优异者与表现平平者准确区别开来；水下冰山部分可以统称为鉴别性素质，是区分优异者和平平者的关键因素。企业在招聘人才时，不能仅局限于对技能和知识的考察，而应从应聘者的求职动机、个人品质、价值观、自我认知和角色定位等方面进行综合考004。如果没有良好的求职动机、品质、价值观等相关素质的支撑，能力越强、知识越全面，对企业的负面影响会越大。

（二）劳动素养

有学者认为，劳动素养是指经过生活或教育活动形成的与劳动有关的人的素养，包括劳动价值观、知识、能力等具体指向。苏霍姆林斯基认为，劳动素养是指人在精神发展上达到这样的阶段：这时人不为公共福利而劳动就觉得无法生活，这时劳动使他的生活充满高尚道德的鼓舞力量，从精神上丰富着集体的生活。这里说的劳动素养特指劳动活动在一个人精神生活中的作用和地位，以及劳动创造中的充实的智力内容、丰富的道德意义和明确的公民目的性。综合起来，劳动素养是指劳动者在劳动过程中与其年龄相适应、与时代发展所同步的劳动认知、劳动态度、劳动情感、劳动实践状态的概括，是衡量公民综合素养最根本、最直接的能力指标。

高等学校培养的人才必须是具备良好劳动素养的高素质劳动者。因而，大学生的劳动素养指的是大学阶段的学生在劳动教育的过程中所形成的包含劳动认知、态度、情感和实践状态等内容的一种综合劳动素养，它是大学生综合素养的重要组成部分，是大学生的核心竞争力，有助于大学生的社会化和自我成长。具体而言，大学生在掌握扎实专业知识的同时，具有积极主动的劳动意识，具有良好的热爱劳动的心态，尊重他人劳动成果，不仅能够开展学习、生活、工作中的脑力与体力实践活动，而且能够根据条件变化创造性地开展活动。大学生的劳动素养左右着他们对未来职业、岗位和人生道路的选择，影响着他们人生价值的实现，进而在一定程度上影响国家和社会的未来。

二 劳动素养的内涵

劳动素养是指个人能够从劳动的角度来分析劳动问题且运用劳动技能来解决问题的内在涵养。其由劳动认知、劳动态度、劳动能力等组成。一个人在劳动素养的发展必须具备两个特点：一是在日常教育生活中积极主动地学习劳动知识，提高劳动认知水平，围绕劳动问题引发思考，培养良好的劳动态度；二是具备很强的劳动能力。《中国学生核心素养》的研究成果在最后实践创新核心素养部分中指出："劳动意识重点：尊重劳动，具有积极的劳动态度和良好的劳动习惯；具有动手操作能力，掌握一定的劳动技能；在主动参加的家务劳动、生产劳动、公益活动和社会实践中，具有改进和创新劳动方式，提高劳动效率的意识；具有通过诚实合法劳动创造成功生活的意识和行为等。"其中，"劳动素养"是重要内容，强调学生要尊重劳动，培养良好的劳动习惯、劳动态度和劳动能力。劳动素养维度见表 5-1。

表 5-1　劳动素养维度

劳动素养维度	内容表述
劳动认知	认识、尊重劳动,对劳动的重要性有明确的认知,有正确的劳动观
劳动态度	积极健康的劳动热情、良好的劳动习惯和崇高的劳动品质
劳动能力	结合已有知识掌握劳动技能,具有动手操作能力、实践能力、创新能力;利用已有资源解决实际问题。承担社会责任,具有通过诚实合法劳动创造成功生活的行动

　　劳动素养不仅重视知识,还涵盖了价值观、态度和能力的发展,最终目标是实现学生的全面发展。劳动素养不能单纯考虑通过劳动教育来传授知识,还应重视其态度和能力等方面的全面发展。同时,一个人的能力与其态度是密切相关的。大学生劳动教育的最终目标不单单是劳动技能水平的提升,而是通过劳动教育改善学生的认识结构、开发其潜能、丰富其情感与情操。依据劳动素养基本指标的成果,将劳动素养划分为劳动认知、劳动态度及劳动能力 3 个层面,改变过去只注重知识,孤立态度和忽视能力的观点,真正使其相互融合,相互作用。下面就从劳动认知、劳动态度及劳动能力 3 个层面阐述劳动素养的基本内涵。

(一)劳动认知层面

　　青年阶段生命个体的思维能力发展较快,概括能力及系统思考能力也都有较好的发展和提高。因此,大学阶段教育要注重学生认知能力的培养。从现代认知心理学角度而言,认知是指人的一种认识活动,它是刺激与反应之间的一种中介因素,也是影响人类行为的一个重要因素。也就是说,认知是人们通过外界环境认识事物的过程,并对认识的事物进行加工,通过获得信息来认识和理解事物。人们经过外界环境的刺激和影响,做出认知选择。在这一过程,人们自身会产生不同的观点,从而产生不一样的行为表现。因此,劳动认知是指获取劳动知识和进行劳动实践(包括在学校接受劳动教育的课程教学或是课外实践活动),根据自身的劳动兴趣对劳动有关的知识或信息进行选择和加工,重新认识和评价劳动素养。劳动素养认知层面主要体现在正确的劳动价值观方面。

第一节　劳动素养的概念和内涵要求

劳动价值观是劳动者对劳动的思想认识、根本看法，它直接决定劳动者的价值判断、情感取向与行为选择，是劳动素养的重要内容。习近平总书记多次强调，"劳动最光荣、劳动最崇高、劳动最伟大、劳动最美丽"，这是对新时代劳动价值观的明确定位。落实这一定位，需要结合唯物史观教育和劳动科学知识的学习，引导大学生充分认识"人民创造历史，劳动开创未来。劳动是推动社会进步的根本力量"的真理性意义；真正明白"劳动是财富的源泉，也是幸福的源泉"的道理，真切体验在劳动创造中"把自己的理想同祖国的前途、把自己的人生同民族的命运紧密联系在一起，扎根人民，奉献国家"的幸福感；深刻理解按劳分配是实现社会主义的基本原则，"全社会都要以辛勤劳动为荣、以好逸恶劳为耻"，鄙视"不劳而获""少劳多获"的投机思想；正确认识新时代劳动的复杂性和多样性，由衷地认同"劳动没有高低贵贱之分，任何一份职业都光荣""一切劳动，无论体力劳动还是脑力劳动，都值得尊重和鼓励"的道理，切实改变轻视体力劳动和体力劳动者的错误心态；深入理解为什么"尊重劳动"为"四个尊重"之首，不能离开"尊重劳动"去谈时代精神。正确的劳动价值观主要体现如下：

（1）劳动创造人类文明。在人类从猿进化为人的漫长历程中，劳动起了决定性作用。它不仅帮助人从爬行状态转向直立行走，更帮助人在弱肉强食、自然条件恶劣的情况下得以存活与繁衍。在人类求本能生存、求优质生活、求高效生产的发展过程中，劳动越来越成为群体共识、自卫盔甲、致富手段。人类文明的每一次进步和跨越都离不开劳动的助推，在习近平总书记看来，"人间万事出艰辛。越是美好的未来，越需要我们付出艰辛努力。"只有付出和投入智力、物力、体力，劳动才可以挖掘人类意识的潜能、唤醒蕴藏在人体中的无限本能，进而形成丰富多彩、光辉灿烂的世界文明。对于当前所取得的一系列崭新成就，习近平总书记认为，"是全国各族人民撸起袖子干出来的，是新时代奋斗者挥洒汗水拼出来的。"可以说，一部人类文明的发展史，就是一部劳动的纪念史和讴歌史。

（2）劳动托起中国梦。习近平在参观《复兴之路》展览时首次提出"中国梦"，强调"实现中华民族伟大复兴，就是中华民族近代以来最伟大的梦想"。此后，"中国梦"成为目之所及、耳之所闻的高频词汇，在党的十九大报告中"中国梦"更是出现13次之多。习近平总书记指出，"伟大的事业呼唤着我们，庄严的使命激励着我们。"只有汇聚起13亿国人的磅礴之力，在追求梦想中探寻正确方向，在砥砺前行中摸索清晰路径，才能不负手中的事业和肩上的使命。习近

读书笔记

平总书记强调,"我国工人阶级和广大劳动群众要更加紧密地团结在党中央周围,勤奋劳动、扎实工作,锐意进取、勇于创造,在实现'两个一百年'奋斗目标的伟大征程上再创新的业绩,以劳动托起中国梦。"他用坚定的话语表述,还劳动以道义,还劳动者以尊严,充分论证了劳动助力国家富强、民族振兴、人民幸福的重要作用,进而得出只有劳动才能铸就中国梦的经典论述。在习近平看来,伟大事业"始于梦想""基于创新""成于实干"。尤其是在机遇与挑战面前,"大家还要一起拼搏、一起奋斗""我们都在努力奔跑,我们都是追梦人"。这既凸显了劳动的恒久性,也彰显了梦想只有在劳动中才能散发出耀眼的光辉。

(3)劳动成就人的价值。恩格斯赞美"劳动创造了人本身";马克思更认为劳动是人的本质。从猿进化成原始人,再从原始人进化为现代人,劳动始终起着不可替代的重要作用。劳动不仅让人成为人,而且让人成为更好的人。随着历史进程的推演,人的需要向高级的自我价值跃进,而劳动能够助力培塑人的正确价值观、助力人的全面发展、助力实现人的社会价值。习近平总书记指出,"一切劳动者,只要肯学肯干肯钻研,练就一身真本领,掌握一手好技术,就能立足岗位成长成才,就都能在劳动中发现广阔的天地,在劳动中体现价值、展现风采、感受快乐。"所以,劳动不仅是谋生手段,也是公民的责任和义务,更是每个人实现自身价值的根本途径。无论是穿行于大街小巷的快递小哥,还是凌晨挥动扫把的环卫工人;无论是在田野里辛勤耕耘的农民,还是埋头创新攻关的科研人员……不同的群体,千万种忙碌,各行各业的劳动者都在用奋斗的姿态追寻更好的自己,在全力奔向美好生活的同时,铸就了新时代最美的风景。

(二)劳动态度层面

劳动态度主要是指学生接受劳动教育之后,愿意增强对劳动的认识和理解。

同时,学生经过学习劳动知识,开始参与劳动,对劳动实践产生兴趣和好奇心。在此基础上,学生也学会热爱劳动、尊重劳动人民和珍惜劳动成果,学会树立正确的劳动观念,形成优良的劳动品质。"即使是大学毕业生,如果没有正确的劳动观点、劳动态度和劳动习惯,缺乏热爱劳动人民的思想感情,也不可能成为社会现代化建设需要的人才。"可见,大学生劳动态度的培养至关重要。

1. 劳动热情

劳动情感态度是劳动者的个体心理特征的反应,是个体在一定劳动价值观的支配下、在长期劳动情感体验基础上形成的一种相对稳定的对待劳动的心理倾向。"爱劳动"一直是我国劳动教育特别重视培养的基本劳动情感态度。新时代劳动情感态度教育既要强调热爱劳动、勤于劳动,又要强调热爱创造、善于劳动。因为热爱劳动、热爱创造是立业为人的根本,是实干兴邦的基石,更是富民强国的动力。习近平总书记更是多次强调"要通过各种措施和方式,教育引导广大青少年牢固树立热爱劳动的思想、牢固养成热爱劳动的习惯,为祖国发展培养一代又一代勤于劳动、善于劳动的高素质劳动者","要教育孩子们从小热爱劳动、热爱创造,通过劳动和创造播种希望、收获果实,也通过劳动和创造磨炼意志、提高自己"。培育大学生热爱劳动、热爱创造的情感态度,要在培养热爱劳动者的真挚情感上下功夫,教育引导大学生真正做到"任何时候、任何人都不能看不起普通劳动者,都不能贪图不劳而获的生活",认识到尊重普通劳动者、珍惜他们的劳动成果是人的基本修养;要在科学构建劳动实践训练体系上下功夫,着力优化大学生专业实习实训、精心组织社会实践与志愿服务、全面推进创新创业教育、不断深化产教融合,引导大学生在广阔的生产劳动与实践中加强磨炼、增长本领,教育大学生"要敢于做先锋,而不做过客、当看客,让创新成为青春远航的动力,让创业成为青春搏击的能量";要在培养大学生勤奋学习、刻苦钻研上下功夫,狠抓学风建设,教育大学生由衷认识到认真学习、刻苦钻研,不仅是增进知识的过程,更是磨炼意志、锤炼品行、提高自己的辛勤劳动过程,让勤奋学习成为青春飞扬的动力。

读书笔记

毛泽东和儿子

在毛泽东住的院外有个小厕所。那里以前一向由警卫班的同志打扫,但是一连很多天厕所总是在战士们去之前就被打扫干净了。战士们心中很是纳闷儿。一个大雪过后的清晨,战士们很早就起来扫雪。当警卫班长准备去扫厕所附近的积雪时,发现厕所外的积雪早被打扫完了。"是谁打扫的呢"大家估摸着,一时却猜不出来。

忽然,班长听厕所里有人说话:"你到炉灶里掏些灰,用筐子挑来,往厕所里撒一撒。"多么熟悉的声音啊,班长立刻就听出这是毛泽东同志和小岸英的对话。原来,毛泽东同志为了培养岸英从小爱劳动的好习惯,特意和岸英一起来打扫厕所。从这以后,警卫战士们经常能够看到一个小男孩打扫厕所,很少间断过。

毛泽东学打草鞋

秋收起义后,毛泽东带着队伍上了井冈山。由于国民党反动派的封锁,井冈山生活十分困难。为了应对困难,毛泽东向红军指战员发出号召:没有粮,我们种;没有菜,我们栽;没有布,我们织;没有鞋,我们自己动手编!

一天,毛泽东望见半山坡的一间小茅屋前坐着一位白发老汉。走近一看,老人正在打草鞋。毛泽东高兴地走上前去,笑着说:"老人家,我拜你为师来啦!"毛泽东坐在一旁仔细地向老人学习打草鞋,每个步骤、每个动作都默默地记在心里。

不一会儿,一只草鞋打好了。毛泽东学会了打草鞋,又一招一式地教给战士们,给大家树立了一个勤劳俭朴的好榜样。

2. 良好劳动习惯

劳动习惯是个体在长期劳动实践训练中形成的稳定的行为模式。新时代互联网的飞速发展、数字经济的到来、人工智能的崛起,在带给人类生活极大便利的同时,也在无形中滋长了年轻一代企图不劳而获、渴望一夜暴富、追求一夜成名的不良心理。习近平总书记一直强调"空谈误国,实干兴邦",倡导"在全社会大力弘扬真抓实干、埋头苦干的良好风尚",强调"幸福不会从天而降,梦想不会自动成真","人世间的美好梦想,只有通过诚实劳动才能实现;发展中的各种难题,只有通过诚实劳动才能破解;生命中的一切辉煌,只有通过诚实劳动才能铸就",实现我们的奋斗目标,开创我们的美好未来,"必须依靠辛勤劳动、诚实劳动、创造性劳动",正是对前述种种不良现象的有力纠偏。

大学生要养成真抓实干、埋头苦干的生活方式。2018年5月2日在北京大学师生座谈会上的讲话中,习近平总书记更是谆谆教诲广大青年"要力行,知行合一,做实干家","不论学习还是工作,都要面向实际、深入实践,实践出真知;都要严谨务实,一分耕耘一分收获,苦干实干"。新时代高校劳动教育要回到全面的、本原的劳动观上,将劳动看成人类创造世界、改造世界的一切实践活动,是劳动、工作、做事、干事、奋斗的统称,让"真抓实干、埋头苦干"成为新时代大学生学习、工作、做人、做事的基本行为方式。

3. 优秀劳动品质

劳动品质体现了劳动的伦理要求，是指人们在劳动过程中所表现出来的对他人和社会的稳定的心理特征与倾向。辛勤劳动、诚实劳动、创造性劳动，是习近平总书记对新时代劳动的基本要求。辛勤劳动、诚实劳动和创造性劳动是统一的。辛勤劳动是诚实劳动和创造性劳动的前提和基础。"一勤天下无难事"，"民生在勤，勤则不匮"，这些中国人自古秉承的劳动信念在新时代依然熠熠生辉，"坚持艰苦奋斗，不贪图安逸，不惧怕困难，不怨天尤人，依靠勤劳和汗水开辟人生和事业前程"依然是新时代大学生需要发扬的美德。诚实劳动是辛勤劳动的表现，也是创造性劳动的前提。习近平总书记高度讴歌诚实劳动的价值，将其视为实现人世间的美好梦想，破解发展中的各种难题、创造生命里的一切辉煌的必由之路。创造性劳动是辛勤劳动、诚实劳动的发展，也是劳动的核心和本质要求。新时代是创新发展的时代，大学生是新时代创新发展的重要新生力量，要深刻理解新时代的劳动者"不仅有力量，还要有智慧、有技术、能发明、会创新"，以科学家、大国工匠和劳动模范为榜样，胸怀理想、脚踏实地、勤奋学习、锐意进取、敢为先锋、勇于创造，不断谱写新时代的劳动创造之歌。劳动品质是劳动素养的核心和方向标，传统的劳动品质主要凸显的是吃苦耐劳、诚实守信、勤俭节约、坚韧顽强、乐于奉献等，在新时代背景下，劳动品质增加了新的时代特征，更加凸显了为国争光、团结协作、开放融合、创新创造、精益求精、坚持专注、追求卓越等特征。

读书笔记

案例

禾下乘凉梦　一稻一人生——"共和国勋章"获得者袁隆平

2019年12月18日，袁隆平在参加第四届国际海水稻论坛期间接受采访时，连说了4个"奇迹"。就在"奇迹"视频火爆的两个多月前，2019年9月29日，在中华人民共和国成立70周年前夕，党和国家以最高规格向8位英雄模范颁授共和国勋章，被称为"杂交水稻之父"的袁隆平就是其中的一位。颁奖词这样描述袁隆平：他一生致力于杂交水稻技术的研究、应用与推广，发明"三系法"籼型杂交水稻，成功研究出"两系法"杂交水稻，创建了超级杂交稻技术体系，为我国粮食安全、农业科学发展和世界粮食供给做出杰出贡献。

守望稻田："每天都要到田里去"

就在启程来北京的前一天，袁隆平还过去田里观看了稻田长势。在参加完共和国勋章颁授仪式后，他当天就返回湖南，因为"明天还要到田里去""第一个动作就是要到田里去"。他心心念念他的那些宝贝"超级稻"，每天都惦记着有没有新的发现、有没有病虫害发生。每天都要到田里去，已经成为袁隆平的生活习惯。

20世纪50年代，袁隆平最初从事的是红薯育种研究教学。当时国家粮食非常短缺，于是他转而从事国家最需要的水稻育种研究。1961年7月的一天，袁隆平在实验田选种，意外发现一株特殊的水稻。这株水稻长得特别好：鹤立鸡群，穗头很大，籽粒饱满，整整齐齐。袁隆平如获至宝，就小心翼翼把它收了回来。但第二年播种下去后，袁隆平大失所望——没有一株达到预想的结果。但这也激发了他的灵感。他敏锐地意识到，这可能是杂交水稻才有的分离现象。当时，世界权威遗传学理论普遍认为，水稻等自花授粉作物没有杂交优势。这次意外的发现，坚定了袁隆平培育杂交水稻的信心。灵感来得突然，而研究之路漫漫。袁隆平在田里一株株寻找"天然雄性不育株"，也就是雄蕊没有花粉的水稻，三年后，1964年，他从14万株稻穗中找到6棵水稻雄性不育株，这意味着，杂交水稻育种的攻关迈出关键性一步。

9年后，袁隆平的杂交水稻"三系配套法"终于研究成功，比常规水稻增产20%左右，实现了杂交水稻的历史性突破，为从根本上解决我国粮食自给难题做出重大贡献。1986年，袁隆平正式提出了杂交水稻的育种战略：由三系法向两系法，再到一系法，由繁到简、效率越来越高。

拓荒人精神：从亩产700千克到1 200千克

"粮食始终是国计民生最重要的战略物资。"袁隆平说，为了解决中国粮食问题，1996年农业部①中国超级稻计划立项。"5个阶段的目标，从亩产700千克、800千克、900千克、1 000千克到1 100千克，我们都达到了。我们现在要向1 200千克攻关。"对于袁隆平来说，爱国就是让粮食增产，用有限的土地养活更多的人。2016年，86岁的袁隆平带领团队，向"海水稻"发起挑战，并在新疆、山东、浙江、黑龙江、陕西等全国五大类型盐碱地区域开展测试。袁隆平希望通过耐盐碱杂交水稻的研发和推广，让盐碱地像普通耕地那样造福人类，他把海水稻技术的突破和创新称为拓荒人精神。袁隆平设定的目标是要在8年时间里推广1亿亩海水稻，按照每亩300千克收入，可多养活8 000万人口。2019年10月14日公布的《中国的粮食安全》白皮书显示，目前我国人均粮食占有量达到470千克左右，比1949年新中国成立时的209千克增长了126%，高于世界平均水平。

---

① 农业部：今为农业农村部。

"90后"袁隆平的两个梦想

鲐背之年的袁隆平有两个梦想：一个是禾下乘凉梦；另一个是杂交水稻覆盖全球梦。袁隆平说："我梦见我们实验田里的超级稻，长得有高粱那么高，一人多高，穗子有扫帚那么长，这个籽粒有花生米那么大。我就跟我的助手在一起，就坐在稻穗下乘凉。第二个梦就是杂交稻覆盖全球梦。全世界有22亿多亩稻田。如果有一半的稻田都种上杂交稻，可以增产1.5亿吨粮食。这个梦想的实现，对保障世界粮食安全和促进世界和平都有重要意义。"

从20世纪80年代至今，袁隆平和他的团队通过开办杂交水稻技术培训国际班，已经为近80多个发展中国家培训了14 000多名杂交水稻的技术人才。目前，全球有40多个国家和地区实现了杂交水稻的大面积种植，已经种到马达加斯加、尼日利亚等非洲国家，并在当地不断创造出高产纪录。全球杂交水稻每年种植面积达到700万公顷，普遍比当地水稻增产20%以上。

"中国人的饭碗，要牢牢端在自己手上。"在这份至关重要的事业中，"90后"袁隆平信心满满，初心不改，以满腔热情持续为国家和世界粮食安全贡献力量。

（资料来源：http: //www.xinhuanet.com/food/2020-02-20/c_1125600113.htm）

（三）劳动能力层面

劳动能力主要是指个体能够在劳动实践活动中，通过自己的劳动行为充分发挥自身的操作技能、实践能力和创新能力，做到自我培养和自我判断，有能力组织和实现个人任务或是集体任务，是大学生劳动素养全面提升的必备基础。正如习近平总书记所强调的那样，"素质是立身之基，技能是立业之本。广大劳动群众要勤于学习，学文化、学科学、学技能、学各方面的知识，不断提高综合素质，练就过硬本领。"应该说，大学各专业知识的学习本身就是一种劳动知识学习，大学生的专业实习、毕业实习也都明确被列入教学计划的劳动技能训练，这正是大学劳动教育区别于中小学的重要一维，必须抓紧抓好，为建设宏大的知识型、技术型、创新性劳动大军奠定基础。劳动者素质对一个国家、一个民族发展至关重要。劳动者的知识和才能积累越多，创造能力就越强。

1. 劳动技能

劳动技能是个体从事一定劳动所必须具备的知识、技术、技巧及综合运用这些知识、技术、技巧的能力。劳动技能包括一般劳动技能和专门劳动技能。一般劳动技能是劳动者从事一般工作的能力，是劳动技能的基础；专门劳动技能是劳动者的独特能力，是创造财富的核心能力。劳动技能可分为个体劳动技能和组织劳动技能。个体劳动技能是组织劳动技能的基础；组织劳动技能是个体劳动技能的有机整合。一般来说，组织的结构体系越科学、劳动力配置与激励越合理、组织变革越及时，则组织的劳动技能越强。劳动技能按照其状态可以划分为显现的劳动技能和潜在的劳动技能。显现的劳动技能是已经发挥出的劳动技能，潜在的劳动技能是尚未发挥出来的劳动技能。潜在的劳动技能是显现劳动技能的基础，潜在的劳动技能越大，能够发挥出的显现劳动技能才可能越多，发挥的质量才可能越高；反之，显现的劳动技能发挥得越多、越充分，又能够有效地促进潜在劳动技能的提升。劳动技能的形成与发挥受许多因素的影响，一方面既包括个体的因素，也包括组织的因素；另一方面既包括组织内部的因素，也包括组织外部的环境因素。

2．实践能力

实践能力是指参与校内外的劳动实践活动，获得实践体验，如在卫生清洁、内务管理、勤工助学、志愿服务、创新创业、专业实践等活动中表现出来的能力。劳动实践活动是开展劳动教育的一条重要途径，学生将学到的劳动知识运用到社会实践中，学会与生活密切联系，这样有助于学生拓展学习领域，还可以进一步地发展他们自己的兴趣和爱好，为其提供众多选择，并且有利于学生在社会实践中整合知识，发挥实践能力。

3．创新能力

创新能力是指学生善于发挥自身的创新意识和探究意识。通过劳动发展学生的实践能力和创新能力，也是苏霍姆林斯基非常鼓励的一种劳动教育方式。他希望学生能够在不断地劳动过程中加入新的东西，使其拥有热情和兴趣，保持创造的欲望，真正发挥劳动的作用，带来兴趣，促进学生全面发展，增强其克服困难的意志。勇于创新是劳动素养的新时代特征，因此，创新能力是劳动能力的关键因素。

阅读延伸　北斗三号开通之日，习近平总书记为何提出"新时代北斗精神"

人类梦想追逐到哪里，就希望时空定位到哪里。人类脚步迈进到哪里，就希望导航指引到哪里。2020年7月31日，源自中国的北斗系统迈入为全球定位、导航的新阶段。在这个重要时刻，习近平总书记提出要传承好、弘扬好新时代北斗精神。在中国智慧、中国坐标背后，蕴含着什么样的中国精神呢？

2020年7月31日上午，北斗三号全球卫星导航系统建成暨开通仪式在北京人民大会堂举行。

深邃夜空，斗转星移。北斗星，自古为中华民族定方向、辨四季、定时辰。我国全球卫星导航系统以"北斗"命名，恰如其分。昔有指南之针，今有北斗导航，这是中国智慧遥隔时空的接力。从2000年10月第一颗北斗一号实验卫星成功发射，到2020年6月23日北斗三号最后一颗全球组网卫星完成部署，20年来，44次发射，中国先后将4颗北斗实验卫星，55颗北斗二号、三号组网卫星送入太空，完成全球组网，为世界贡献全球卫星导航的"中国方案"。

北斗系统是党中央决策实施的国家重大科技工程，习近平总书记始终牵挂。《时政新闻眼》梳理发现，习近平总书记不仅在2014年、2016年、2018年三届两院院士大会上"点赞"北斗导航，还先后两次在新年贺词中介绍北斗导航的进展。从2019年贺词中"北斗导航向全球组网迈出坚实一步"，到2020年贺词中"北斗导航全球组网进入冲刺期"，再到2020年7月31日建成开通，北斗系统"瓜熟蒂落"。我国也由此成为世界上第三个独立拥有全球卫星导航系统的国家。

国之大器，利国惠民。火神山、雷神山医院的修建，是北斗为复杂地形地貌实现高精度定位、精确标绘。2020年5月，中国登山健儿再登珠穆朗玛峰峰顶，同样以北斗数据为主。北斗的创新应用还体现在工业互联网、物联网、车联网等新兴领域。2035年前，北斗还将建设完善更加泛在、更加融合、更加智能的综合时空体系。

航天人的"造梦"接力

2020年4月24日"中国航天日"前夕，孙家栋等11位参与"东方红一号"任务的老科学家给习近平总书记写信，表达实现中国梦、航天梦的信心。他们很快收到习近平总书记的回信。信中说："你们青春年华投身祖国航天事业，耄耋之年仍心系祖国航天未来，让我深受感动。"

孙家栋是"两弹一星"元勋、"东方红一号"卫星总体设计工作负责人，后来又带领团队完成了我国北斗一号、北斗二号建设任务，以及北斗三号立项和论证。孙家栋院士还是绕月探测工程技术总负责人。2020年7月31日，91岁的孙家栋院士坐着轮椅来到人民大会堂。这是一年之后他和总书记在人民大会堂的再次见面。2019年9月，孙家栋荣获国家最高荣誉勋章——"共和国勋章"。2015年，杨长风接替孙家栋院士担任北斗卫星导航系统总设计师，带领团队继续为航天梦奋斗。

仰望星空、北斗璀璨，脚踏实地、行稳致远。中共中央、国务院、中央军委的贺电指出，北斗三号全球卫星导航系统的建成开通，凝结着一代又一代航天人接续奋斗的心血，饱含着中华民族自强不息的本色。为何要传承好、弘扬好新时代北斗精神？在参观北斗系统建设发展成果展览展示时，习近平总书记强调，26年来，参与北斗系统研制建设的全体人员迎难而上、敢打硬仗、接续奋斗，发扬"两弹一星"精神，培育了新时代北斗精神，要传承好、弘扬好。

什么是新时代北斗精神？

当天中共中央、国务院、中央军委的贺电指出，要大力弘扬"自主创新、开放融合、万众一心、追求卓越"的新时代北斗精神。为什么要传承好、弘扬好新时代北斗精神？这一精神的每一层面都饱含时代意义。

自主创新

中国始终坚持自主建设、发展和运行北斗系统。研制团队首创星间链路网络协议、自主定轨、时间同步等系统方案，填补了国内空白。北斗导航卫星单机和关键元器件国产化率达到100%。总书记多次谆谆告诫："自主创新是我们攀登世界科技高峰的必由之路。""不能总是用别人的昨天来装扮自己的明天。"

开放融合

北斗系统鼓励开展全方位、多层次、高水平的国际合作与交流，提倡与其他卫星导航系统开展兼容与互操作。习近平总书记在向国际热核聚变实验堆计划重大工程安装启动仪式致贺信时说，10多年来的积极探索和实践充分证明，开放交流是探索科学前沿的关键路径。

万众一心

习近平总书记指出，北斗三号全球卫星导航系统的建成开通，充分体现了我国社会主义制度集中力量办大事的政治优势。2014年6月，习近平总书记在两院院士大会上说，"我国社会主义制度能够集中力量办大事是我们成就事业的重要法宝。我国很多重大科技成果都是依靠这个法宝搞出来的，千万不能丢了！"

追求卓越

"中国的北斗、世界的北斗、一流的北斗"。这是北斗系统的发展理念。北斗三号卫星采取了多项可靠性措施，使卫星的设计寿命达到12年，达到国际导航卫星的先进水平。2018年5月，习近平总书记在两院院士大会上寄语广大科技工作者："追求卓越、赢得胜利，积极抢占科技竞争和未来发展制高点。"

灿烂星空，北斗闪耀。中国"星网"，导航全球。新时代北斗精神，在中国人的心灵深处，铸就闪亮的精神坐标。

（资料来源：http://news.cnr.cn/native/gd/20200802/t20200802_525190283.shtml）

思考题

从劳动素养的三个层面对自己进行评价，思考哪些方面需要改善，如何提升自己的劳动素养？

第二节 劳动素养的提升途径

一 提升劳动素养的意义

习近平总书记在全国教育大会上强调,坚持中国特色社会主义教育发展道路,培养德智体美劳全面发展的社会主义事业建设和接班人。劳动素养既是个人成长进步的基础素养,更是当代大学生综合素养的重要组成部分。

(一)良好的劳动素养是马克思主义者的优良品质

历数史上的优秀马克思主义者,无不具有良好的劳动素养。正是多种多样的劳动实践使他们具有了健康的体魄与良好的心态进行社会主义事业的理论创作与实践活动,为人类发展做出了不朽贡献。恩格斯年轻时曾投身军营,为日后领导革命活动打下了坚实基础。他利用 21 个月时间,深入英国曼彻斯特工人住宅区调查工人阶级的生活状况和劳动状况,又通过广泛收集材料而写成著作《英国工人阶级状况——根据亲身观察和可靠材料》。正是怀着对广大无产阶级的深厚情感、对劳动人民的深深同情,才使他甘愿放弃资本家的优裕生活而投身无产阶级和全人类解放事业。邓小平指出:"为了创造社会主义的幸福生活,没有极艰苦的劳动是不可能的。我们要参加劳动,特别要积极参加工农业生产的体力劳动。因为体力劳动是社会存在和发展的基础,是最大多数人民都要负担的光荣义务。"习近平总书记在陕北梁家河的知青岁月里,带领人民群众建沼气池、修堤坝,踏踏实实地参加繁重的体力劳动。梁家河的劳动实践对于习近平总书记一生治国理政理念的形成有重要的影响,这种身体力行的精神更是当下年轻人学习的榜样。即使到了新时代,人工智能可以代替人类部分体力或者脑力劳动,但绝不能滋生贪图享乐、好逸恶劳的心理,人类的文明进步、社会的健康和谐、国家的繁荣富强依然离不开中国制造硬实力

读书笔记

的支撑，离不开全体社会成员人尽其才、各尽其能的辛勤劳动、诚实劳动、创造性劳动。

（二）提升劳动素养是个体实现人生价值的必要途径

实现中国梦的前提是每一个中国人能够努力实现自己的梦想，大学生是实现中华民族伟大复兴的中国梦的生力军和主力军，祖国的未来和民族的希望在青年身上，因此，提高大学生的劳动素养，使大学生具备劳动精神、劳模精神、工匠精神，做到"知劳动、爱劳动、会劳动"，不断刻苦钻研，求真务实，锐意进取，创新创造，全力投身社会主义劳动实践，才能够使大学生实现自我价值，凸显人生价值，为社会主义建设添砖加瓦。

阅读延伸　　开展劳动教育有三重意义

在教育家苏霍姆林斯基眼中，劳动教育及劳动素养的培养都具有重要的意义。苏霍姆林斯基认为："劳动素养包括劳动创造活动的智力充实性和完满性、道德丰富性和公民目的性。"劳动教育在大学阶段的意义，也可以从这三个方面着手进行分析。

第一，劳动帮助智力体系得到完善。首先，可以通过学习与劳动相结合，更好地掌握事物之间的联系。其次，可以利用劳动发展才能和爱好。对某一种劳动的共同热爱有利于将学生聚集到这个或那个集体中。在整个过程当中，要着重培养那些天赋还没有显著表现出来的学生的才能和爱好。

第二，劳动教育也是人格教育。学校是育人的场所，教师在校的所有行为对学生都是教育，其中也包括必要的体力劳动。学校应当教会学生懂得敬重劳动和劳动者，而不是鄙视劳动。引导学生意识到每一个劳动者都值得尊敬，任何一种劳动都值得尊重。

第三，生活的真正幸福源于劳动。没有劳动就谈不上真正的幸福。幸福源于劳动，学校教育的重要使命之一就是要使学生理解和领悟到一个人获得的生活及文化的财富是与他参加的劳动有直接联系的。好逸恶劳、贪图享受、期盼不劳而获、少劳多得都是病态的劳动价值观，需要全社会确立正确的劳动价值观去克服。

为了有效地开展劳动教育，培养学生的劳动素养，学校就应该致力于形成有效的综合性学习的课程，因势利导地开展家务劳动、校园劳动、校外劳动、志愿服务等形式多样的劳动，让劳动教育成为激发孩子学习动机、巩固学习成果的重要渠道。

（资料来源：https: //www.360kuai.com/pc/9fd8a1fa40671368e?cota=4&kuaiso=1&tjurl=so_news&sign=360_57c3bbd1&refer_scene=so_1）

（三）培养大学生劳动素养是建设社会主义事业的内在要求

马克思主义认为，劳动创造了人类，创造了人类社会。恩格斯在《自然辩证法》中指出，"但是劳动的作用远远不止于此。劳动是整个人类生活的第一个基本条件，而且达到这样的程度，以至我们在某种意义上不得不说：劳动创造了人本身。然而即使是最低级的野蛮人的手，也能做任何猿手都做不了的数百种动作。任何一只猿手都不曾制造哪怕是一把最粗笨的石刀。"习近平总书记在2016年宁夏考察时指出："社会主义是干出来的，就是靠着我们工人阶级的拼搏精神，埋头苦干，真抓实干，我们才能够实现一个又一个的伟大目标，取得一个又一个的丰硕成果。"我们的社会主义事业取得如此大的成功，没有千千万万劳动者的辛勤劳动是不可能的，没有众多的具有高素养的劳动者的付出是不可能的。根据《国家中长期教育改革和发展规划纲要（2010—2020年）》，到2020年我国高等教育规模将达3 550万。青年群体关乎未来我国社会主义事业建设是否源源不断、后继有人。因此，进一步提升当下高校大学生劳动素养事关社会主义事业建设成败。习近平总书记曾指出："以劳动托起中国梦"，以进行伟大斗争、建设伟大工程、推进伟大事业、实现伟大梦想，全面建成小康社会，进而建成富强民主文明和谐美丽的社会主义现代化强国，根本上要靠劳动，要靠劳动者的辛勤劳动、诚实劳动和创造性劳动。新时代的劳动，无论是体力劳动还是脑力劳动，无论是简单劳动还是复杂劳动，都是为我国社会主义现代化建设做出贡献的劳动，提高大学生的劳动素养不仅能够促进个体全面和谐健康发展，实现自我价值，同时，也能助力国家经济发展、繁荣富强，为实现中华民族伟大复兴的中国梦添砖加瓦。

二 大学生劳动素养现状

劳动素养是经过生活和教育活动形成的与劳动有关的人的素养。其包括劳动的价值观（态度）、劳动的知识与能力等维度。一个有良好劳动素养的人，不仅要有对于劳动价值的正确认识及积极态度，还要有对劳动知识和技能的娴熟了解与掌握，并具有良好的劳动习惯。青年大学生群体富有活力，充满激情，对待生活和学习积极乐观。但物质丰裕的环境决定了当代大学生缺少艰苦环境的历练和艰难生活的磨炼，导致部分大学生劳动素养偏低。当前大学生的劳动素养现状表现为以下特点：

读书笔记

（一）劳动认知不足

认知是态度和行为的基础，对劳动的积极认知，能够指导大学生热爱劳动，尊重劳动，投身劳动；反之，大学生就可能对劳动持消极和抗拒态度。然而，由于社会环境、成长经历和应试教育等因素的长期影响，当前大学生对劳动的认知普遍不足。劳动包含体力劳动和脑力劳动，但不少大学生对劳动简单化理解，片面地将体力劳动等同于劳动的全部，对劳动充满抵触情绪；也有一部分学生轻视体力劳动，认为从事体力劳动低人一等，对体力劳动者缺乏应有的尊重；部分学生毕业后找不到满意的工作，宁愿在家"啃老"也不愿意到基层一线去；还有一些学生不能理解国家开展劳动教育的意义和价值，对劳动教育是"人生的第一教育""劳动教育是立德树人的重要载体"认识不到位，觉得当下开展劳动教育多此一举。

（二）劳动态度消极

认知影响态度。对劳动教育认知的不足，导致了部分学生劳动意识淡薄，劳动态度不够端正。如有学生认为经济社会发展了就无须发扬艰苦奋斗精神，甚至认为辛勤劳动是愚蠢行为，因而，依赖父母积累的物质财富和社会资本不思进取，逐渐养成了逃避劳动的心理，形成了好逸恶劳的思想和懒散消极的习惯，成为"啃老族""佛系青年"；少数学生劳动取向功利化，参加志愿服务及社会实践活动不以认识社会和提升能力为目的，而是关注能否在综合测评中"加分"，是否有助于"评优评先"，一旦认为达不到应有的回报，便选择逃避。日常生活中对劳动的消极态度，影响着大学生对劳动及劳动人民的情感，并进一步影响大学生的就业观，表现为就业时眼高手低，追求不切实际的薪酬待遇，随意毁约，频繁跳槽。

（三）劳动品质欠佳

社会主义的劳动教育最重要的目的是培养学生的劳动价值观，使学生知道劳动的价值，欣赏劳动的过程，尊重劳动的果实。然而受劳动认知不足和劳动态度消极的影响，不少大学生没有养成良好的劳动品质，且劳动情怀比较缺失。如有的学生崇尚安逸享乐，渴望不劳而获，梦想一夜暴富；有的学生劳动意志脆弱，不能够吃苦耐劳，在劳动面前容易产生退缩心理；也有学生缺乏艰苦奋斗精神，生活不够节俭，铺张浪费，攀比享乐；还有学生以自我为中心，不善于团队协作。部分学生在学校宁愿将大部分时间花在娱乐消遣上，也不愿意打扫宿舍卫生，导致寝室脏乱不堪。还有一部分学生缺乏劳动意识和劳动自觉，不仅不愿意亲自动手劳动，而且难以理解劳动过程的辛勤，不爱惜、不尊重别人的劳动成果，随手丢垃圾、随地吐痰等现象时有发生。

（四）劳动能力弱化

娴熟的劳动能力需要在长期的学习和动手实践中培养与练就。由于劳动观念淡薄、劳动价值模糊、劳动实践不足，当前大学生普遍动手能力较差，缺乏基本的劳动技能，更有甚者，连自己的日常生活都不能自理。如有的学生不会做饭烧菜，甚至不会整理房间和清洗衣物，以至于新生开学常有父母帮忙挂蚊帐的现象，媒体中时有大学生邮寄脏衣服回家清洗的报道。部分学生不会使用劳动工具，扫把不会拿，拖把不会用，将劳动工具当玩具，劳动技能几乎为零。一些毕业生眼高手低，只会纸上谈兵，不能很好地胜任工作岗位，且不愿意向有经验的先辈学习。以前的农村大学生对农活还有所了解，并能从事简单农务活动，但现今农村学生也吃不起苦，受不起累，不仅劳动技能大幅下滑，甚至"五谷不分"，更谈不上土地情结。另外，由于校内外实践资源相对短缺和实践环节落实不到位，不少大学生很少参加劳动，缺乏实践锻炼，这使他们将劳动看得过于简单，眼高手低，大事做不来，小事不愿做。当前国家倡导"大众创业、万众创新"，有些学生仅凭一股热情就去创业，不仅创业失败，自信心还遭受打击。由于平时努力不够，也缺乏必要的培训，他们的知识、技能、经验、心态等都不足以支撑其创业的热情。

三 大学生劳动素养问题的原因剖析

大学生劳动素养存在的问题，既有高等学校劳动教育不足的原因，也有社会、家庭和大学生自身的原因。

第一，高校的原因。在大学中，学生很少从事体力劳动，打扫卫生、植树种草几乎全部由保洁公司或物业公司承揽，许多学生在读大学的过程中甚至没有参加过一次学校组织的打扫卫生、种树、花园除草等体力劳动。由于客观条件不足、经费短缺等原因，教学计划中的实验、实习等往往落实得不好，有些实习，学生只能走马观花式地参观，根本没有机会顶岗劳动。寒暑假期间，许多学生也都是在休闲中度过，没有利用这个时间打工、实习以锻炼自己。对学校布置的暑期社会实践任务，许多学生敷衍应付，学校要求有实践单位的盖章证明，学生就通过"关系"盖章了事。由于上述原因，不少学生直到大学毕业也没有做好参与社会劳动的思想、心理和技能准备。

第二，社会的原因。主要有这几个方面：其一，社会现实的影响。在过去较长的一段时间，我国经济、社会发展水平与发达国家的差距较大。产业水平处于全球产业链的低端，普通劳动者的收入水平偏低；社会保障制度不健全，社会保障水平不高；法制不健全，劳动者权利保障不充分等。这使部分普通劳动者缺少体面、光荣的体验。某些媒体为了收视率，推出各类选秀节目，一夜成名的故事不断上演，对涉世未深的大学生产生误导，一些大学生误以为一个人不需要经过长期努力来为自己的发展积蓄力量，只需要不择手段去博出名，而一旦出了名，财富就会滚滚而来。这非常不利于大学生形成热爱劳动的思想观念。其二，传统观念的影响。几千年来"劳心者治人，劳力者治于人"和"万般皆下品，唯有读书高"的思想根深蒂固，直到今天，许多社会成员依然认为脑力劳动者比体力劳动者地位尊贵。过去国家没有发展起来的时候，高等教育资源短缺，考大学如同"千军万马过独木桥"，大学生被看作"天之骄子"。尽管目前高等教育入学率已接近50%，一些社会成员仍习惯性地认为大学生不应该是普通劳动者。许多大学生也认为体力劳动与自己的身份不相符，他们渴望过上梦想中的好生活，却不愿意付出艰苦劳动。其三，社会多元价值观的影响。劳动价值观是社会价值观的组成部分。在当下中国，各种价值观互相激荡、激烈碰撞。外来腐朽价值观念大量涌入，对社会成员的思想观念产生强烈冲击；与各种经济成分相适应，不同利益主体在价值认同上存在差异。一些社会成员不再以劳动贡献作为价值目标，而单纯将获得和拥有财富作为价值目标。在错误价值观的影响下，一些大学生形成了错误的劳动观念。

第三，家庭的原因。现在的在校大学生，多数是独生子女，从小生活条件就比较好，几乎没有人有缺吃少穿的体验。就算是经济并不宽裕的家庭，也会尽最大努力为孩子提供良好的学习和生活条件。有的家长溺爱、娇惯孩子，生怕孩子吃苦受累，自己就是再忙再累，也不愿意让孩子为自己分担劳动。有的家长望子成龙心切，为了让孩子尽可能多地把时间和精力用在学习上，以便考上更好的学校，凡是自己能代劳的绝不让孩子动手，孩子在家里很少有机会从事劳动，自然很少获得劳动体验和劳动技能的训练。这就使一些学生上了大学却还不具备基本的生活技能。更为严重的是，少数学生还形成了自私自利、好逸恶劳的思想和散漫、懒惰的不良习惯。

第四，大学生自身的原因。绝大多数大学生是成年人，经过了10多年的系统教育，本应具备比较成熟的心智和良好的思想素质，能够认识到自己将要承担的社会责任，认识到自身安身立命必须具有怎样的劳动素养，并自觉反省自身劳动素养等与承担社会责任的需要之间存在的差距。但是，从以往的经验看，部分大学生心智还不够成熟，缺乏主动提高自身劳动素养的紧迫感和自觉性，缺乏自我反省、主动探索、自我激励、自我锻炼的主动性和积极性。这些都是大学生劳动素养不足的内因。

四 大学生劳动素养的提升途径

劳动是人类社会发展进步永恒的主题，劳动素养是一个合格大学毕业生必备的基础素养。当代大学生的劳动素养如何，会左右他们对未来职业、岗位和人生道路的选择，影响他们人生价值的实现，进而在一定程度上影响国家和社会的未来。大学生提升劳动素养要从以下几个方面着手：

1. 大学生要加强马克思主义劳动理论的学习

要自主自发利用课堂和课余时间学习马克思主义劳动理论，深刻理解和领会马克思主义关于劳动创造人、劳动促进人的全面发展等观点，努力提高参加劳动实践、接受劳动锻炼的自觉性和主动性，同时学习新时代劳动教育的内涵和意义，领悟习总书记对劳动教育赋予的时代思想意蕴。习近平总书记在2018年五一国际劳动节前夕，给中国劳动关系学院劳模本科班的同志们回信，站在坚持和发展新时代中国特色社会主义的战略高度，勉励全国劳动模范"珍惜荣誉、努力学习""用你们的干劲、闯劲、钻劲鼓舞更多的人，激励广大劳动群众争做新时代的奋斗者"，强调"社会主义是干出来的，新时代也是干出来的"，重申"劳动最光荣、劳动最崇高、劳动最伟大、劳动最美丽"，号召"全社会都应该尊敬劳动模范、弘扬劳模精神，让诚实劳动、勤勉工作蔚然成风"。这些重要思想，开辟了马克思主义劳动思想新境界。习近平总书记在回信中，把劳动与人生、荣誉联系起来，这就给劳动赋予了高尚的人生追求和特殊时代意蕴，实现了普通劳动者的人生价值与开辟中国特色社会主义新时代的高度统一。

如果说"解释世界"是为了"改变世界"，那么在中国特色社会主义新时代，唯有通过劳动，实践马克思主义劳动观，在统筹推进"五位一体"总体布局、协调推进"四个全面"战略布局中，突出劳动的历史地位，我们才能更有定力、更有自信、更有智慧地坚持和发展新时代中国特色社会主义，确保中华民族伟大复兴的巨轮始终沿着正确航向破浪前行。

2. 大学生要加强自我劳动教育，锻造劳动精神

大学生要学会提升自己的个人修养，时刻保持主动学习的精神。

只有坚持主动学习，才能尽可能地获得知识，培养自我，提升自我，要有意识地进行自我反省、自我判断、自我学习和自我教育。在接受劳动教育中，能充分认识劳动素养对自身的作用，从而在劳动实践中强化自己对劳动素养的认识，增强培养劳动素养的意识，除了在学校教育、家庭教育等途径获得对劳动素养的了解，还可以通过自我服务和自我充实的方式来认识劳动素养，加强自我劳动教育。第一，大学生要自觉主动地学习，把在学校获得的劳动知识进行自我消化和自我认知。其次，在学校要主动认真地学习劳动教育课，遇到不懂的问题积极思考和提问，尽自己最大的能力做到自主学习、自我管理、自主思考和自己行动，培养正确的劳动观念；其次，还可以发挥同伴关系，一起学习和讨论劳动知识和参与劳动，可以在集体学习过程中表现自己，充分认识到集体荣誉感所带来的那一份责任，感悟体验劳动带给自身的力量和磨炼。最后，要不断了解我国国家荣誉称号获得者、劳动模范、改革先锋等人物故事和精神，不断弘扬和践行劳动精神、劳模精神、工匠精神，不断地积累和运用，这是提高劳动素养水平的基础。

3. 大学生要加强劳动实践锻炼，提升劳动能力

劳动是一个实践的过程，因此提升劳动素养需要课堂学习与课外实践的有机统一，如果课堂学习与课外实践不结合起来，大学生对劳动的认同感和敬畏心就不可能真正形成。因此，大学生要加强实践体验，通过开展多种形式的劳动实践，切实感悟劳动的获得感和成就感。一是加强校内劳动锻炼，主动参与校园卫生保洁和花木修剪，通过自己的劳动营造清洁美丽的校园环境，在"流自己的汗"的劳动实践中形成积极的劳动情怀。二是参加校外劳动实践，如志愿服务公益活动、社会实践、勤工助学、校外实习、假期打工等劳动机会，发挥专业所长，在奉献社会的实践过程中增强与劳动人民的接触，加强对劳动人民的认识，培养对劳动人民的热爱情感，培育劳动品质，训练劳动技能，提升劳动能力。三是利用学校搭建的劳动教育实践基地以及职业体验实践基地，在接地气、接生活的劳动体验课程中，积极进车间下田野，通过学工学农实践发展自己，通过各种形式的创新创业实践内植创新精神，创造财富，收获幸福。总之，要通过劳动实践，充分感受劳动的乐趣，享受劳动成果的喜悦，养成吃苦耐劳的品质，以及独立担当的品格，进而形成尊重劳动、热爱劳动的真挚情感。大学生要在自己的生活实践中体会劳动素养提升与自身健康成长和全面发展的内在联系，积极参加校内外组织的劳动教育和劳动锻炼平台，并积极寻找劳动机会，在劳动过程中训练劳动技能，形成热爱劳动的良好品德，锻炼吃苦耐劳的意志品质，全面提高劳动素养。

阅读延伸　　新时代如何做好劳动教育

在2018年全国教育大会上，习近平总书记强调要构建德智体美劳全面培养的教育体系。党的十九届四中全会进一步明确了"培养德智体美劳全面发展的社会主义建设者和接班人"的培养目标。中央全面深化改革委员会第十一次会议审议通过的《关于全面加强新时代大中小学劳动教育的意见》，强调劳动教育是中国特色社会主义教育制度的重要内容，要全面贯彻党的教育方针，坚持立德树人，将劳动教育纳入人才培养全过程，贯通大中小各学段，贯穿家庭、学校、社会各方面，把握育人导向，遵循教育规律，创新体制机制，注重教育实效，实现知行合一，促进学生形成正确的世界观、人生观、价值观。

新时代呼唤劳动教育，是对劳动教育本质认识的回归。它既有马克思主义"教劳结合"思想的引领，又传承了"耕读传家久"的传统，还具有鲜明的时代特征，强调教育要与科学技术为基础的劳动相结合、书本知识和实践经验的结合，培养学生的专业精神、职业精神、劳动精神。

将劳动教育纳入人才培养全过程，必须坚持以习近平新时代中国特色社会主义思想为指导，全面贯彻党的教育方针，从立德树人的高度来思考体系建构，突出传承性、制度性、操作性和时代性。

（1）突出传承性，弘扬中华优秀传统劳动文化。中华民族始终将勤勉劳作视为社稷之基和生活之本，崇尚"天道酬勤""民生在勤，勤则不匮"等理念。加强新时代劳动教育，必须坚持在继承传统中创新发展，推动中华优秀传统文化中劳动思想的现代转化，在劳动教育中融入社会主义核心价值观，培育敬业奉献精神。

（2）突出制度性，完善劳动教育的制度建构。"仁圣之本，在乎制度而已"。构建大中小幼相互贯通，职业教育与普通教育、校内教育与校外教育有机衔接的教育机制，突出制度的刚性，明确各主体的责任，建立评价、督导、激励机制等一系列制度建构。教育行政管理部门是劳动教育管理的主体，要依法治教，依法监督、管理、规范劳动教育实施机构的教育活动；学校是劳动教育实施主体，必须在劳动教育的课程设置、开展劳动教育评价、建立劳动教育档案等方面起到主导作用；社会和家庭有配合实施劳动教育的责任与义务，是配合学校劳动教育实施的主体；学生直接参与劳动，是接受劳动教育的主体，在不同年龄阶段必须接受相应的劳动教育。教育管理部门要建立切实可行的评价机制，将学生的劳动素养纳入学校综合考评机制，探索建立考评结果全方位使用的激励机制。

（3）突出操作性，建立系统科学的操作体系。可在国民教育体系各阶段中设置劳育科目和课程，针对大中小幼不同阶段，制定科学的劳动教育大纲，编写切实可行的劳动教育教材，对家务劳动、班务劳动、校务劳动、公益劳动、简单生产劳动、技术性劳动和工艺劳动等劳动教育内容进行科学的编排。探索建立专兼职结合的劳动教育教师队伍，广开渠道，开门办学，聘请能工巧匠、专业技术人员担任兼职教师。设置劳动教育的专门教室或场所，配齐相关设备，并在校外设立综合实践基地。

（4）突出时代性，与时俱进推进劳动教育。积极与物联网、云计算、大数据、人工智能等新技术相衔接，不断创新劳动教育形式，运用人工智能技术搭建网络空间、虚拟环境教育情景，鼓励学生运用多元学科知识，开展创造性劳动。与新产业、新业态、新技术相呼应，挖掘劳动教育新内涵。与德智体美相结合，通过劳育，达到在劳力上劳心的效果，最终实现道德的提升、智慧的增长、体质的强健、美感的涵养，从而更加彰显劳动教育的综合育人价值。

（资料来源：http://theory.gscn.com.cn/system/2020/03/06/012335013.shtml，有改动）

大学生劳动素养现状调查

活动目的

通过调查大学生劳动素养现状，引导学生正视自身不足，激发学生的劳动热情。

活动方式

各班级以任课教师为指导教师，带领学生编制《大学生劳动素养调查问卷》，展开校园大调查，并撰写调研报告。

读书笔记

通过前面几章内容的学习，思考在新时代社会背景下，作为中国公民，可以从哪些方面助力全民劳动素养提升？

第六章
加强劳动保障

知识导航

1. 了解劳动者的权利与义务、劳动者在劳动过程中存在的安全隐患、劳动防护用品的正确使用方法及一般的急救常识。
2. 培养全面对待劳动相关问题的能力,具有对自己和他人进行劳动保护的基本技能。
3. 认识到提高劳动技能的紧迫性和遵守劳动过程中的职业道德的重要性,培养对社会的责任感,从思想上、知识上、身体上为未来就业做好准备。

第六章 加强劳动保障

课程引入

小陈进入某酒店工作前，被酒店以服装费的名义收取了600元。两个月后，小陈提出辞职并要求结算工资和退还服装费，但酒店方面表示，只有做满一年才可以退服装费。小陈向当地的劳动部门投诉。

劳动监察机构经过调查处理，认为该酒店确实存在以服装费的名义收取劳动者押金问题，于是责令该酒店退还小陈押金。

温情提醒：用人单位不能要求劳动者提供担保或以其他名义收取财物。相关条款规定，向劳动者收取押金、保证金等费用的，责令退还给当事人，并按照其收取金额总数的2倍以上3倍以下处以罚款。

第一节 劳动者的权利与义务

为了保护劳动者的合法权益，调整劳动关系，建立和维护适应社会主义市场经济的劳动制度，促进经济发展和社会进步，根据宪法，制定《中华人民共和国劳动法》，于1994年7月5日第八届全国人民代表大会常务委员会第八次会议通过，自1995年1月1日起施行。根据2009年8月27日第十一届全国人民代表大会常务委员会第十次会议《关于修改部分法律的决定》第一次修订。根据2018年12月29日第十三届全国人民代表大会常务委员会第十七次会议《关于修改〈中华人民共和国劳动法〉等十部法律的决定》第二次修订。

一 劳动者的权利

（1）《中华人民共和国劳动法》规定了劳动者在劳动关系中的各项权利，主要有以下几个方面：

1）劳动者有平等就业的权利。劳动者有平等就业的权利是指具有劳动能力的公民，有平等地获得职业的权利。劳动是人们生活的第一个基本条件，是创造物质财富和精神财富的源泉。劳动就业权是有劳动能力的公民获得参加社会劳动和切实保证按劳取酬的权利。公民的劳动就业权是公民享有其他各项权利的基础劳动者有选择职业的权利。如果公民的劳动就业权不能实现，其他一切权利也就失去了基础。

2）劳动者有选择职业的权利。其是指劳动者根据自己的意愿选择适合自己才能、爱好的职业。劳动者拥有自由选择职业的权利，有利于劳动者充分发挥自己的特长，促进社会生产力的发展。劳动者在劳动力市场上作为就业的主体，具有支配自身劳动力的权利，可根据自身的素质、能力、志趣和爱好，以及市场资讯，选择用人单位和工作岗位。选择职业的权利是劳动者劳动权利的体现，是社会进步的一个标志。

3）劳动者有取得劳动报酬的权利。随着劳动制度的改革，劳动报酬成为劳动者与用人单位所签订的劳动合同的必备条款。劳动者付出劳动，依照合同及国家有关法律取得报酬，是劳动者的权利。而及时定额地向劳动者支付工资，则是用人单位的义务。用人单位违反这些应尽的义务，劳动者有权依法要求有关部门追究其责任。获取劳动报酬是劳动者持续地行使劳动权不可少的物质保证。

4）劳动者有权获得劳动安全卫生保护的权利。这是保证劳动者在劳动中生命安全和身体健康，是对享受劳动权利的主体切身利益最直接的保护。其包括防止工伤事故和职业病。如果企业单位劳动保护工作欠缺，其后果不仅是某些权益的丧失，而且是劳动者健康和生命直接受到伤害。

5）劳动者享有休息的权利。我国宪法规定，劳动者有休息的权利，国家发展劳动者休息和休养的设施，规定职工的工作时间和休假制度。

6）劳动者享有社会保险和福利的权利。疾病和年老是每一个劳动者都不可避免的。社会保险是劳动力再生产的一种客观需要。《中华人民共和国劳动法》规定，劳动保险包括养老保险、医疗保险、工伤保险、失业保险、生育保险等。但目前我国的社会保险还存在一些问题，社会保险基金制度不健全，国家负担过重，社会保险的实施范围不广泛，发展不平衡，社会化程度低，影响劳动力合理流动。

7）劳动者有接受职业技能培训的权利。我国宪法规定，公民有受教育的权利和义务。所谓受教育既包括受普通教育，也包括受职业教育。公民要实现自己的劳动权，必须拥有一定的职业技能，而要获得这些职业技能，越来越依赖于专门的职业培训。因此，劳动者若没有职业培训权利，那么劳动就业权利也就成为一句空话。

8）劳动者有提请劳动争议处理的权利。劳动争议是指劳动关系当事人，因执行《中华人民共和国劳动法》或履行集体合同和劳动合同的规定引起的争议。劳动关系当事人，作为劳动关系的主体，各自存在着不同的利益，双方不可避免地会产生分歧。用人单位与劳动者发生劳动争议，劳动者可以依法申请调解、仲裁、提起诉讼。劳动争议调解委员会由用人单位、工会和职工代表组成。劳动仲裁委员会由劳动行政部门的代表、同级工会、用人单位代表组成。解决劳动争议应该贯彻合法、公正、及时处理的原则。

9）法律规定的其他权利。法律规定的其他权利包括依法参加和组织工会的权利，依法享有参与民主管理的权利，依法享有参加社会义务劳动的权利，从事科学研究、技术革新、发明创造的权利，依法解除劳动合同的权利，对用人单位管理人员违章指挥、强令冒险作业有拒绝执行的权利，对危害生命安全和身体健康的行为有权提出批评、举报和控告的权利，对违反劳动法的行为进行监督的权利等。

（2）《职业学校学生实习管理规定》对学生实习工作、学校和实习单位的合法权益进行了规范、加强和维护。

1）学生顶岗实习应签订实习协议，实习协议应明确各方的责任、权利和义务，协议约定的内容不得违反相关法律法规。

实习协议应包括但不限于以下内容：各方基本信息；实习的时间、地点、内容、要求与条件保障；实习期间的食宿和休假安排；实习期间劳动保护和劳动安全、卫生、职业病危害防护条件；责任保险与伤亡事故处理办法，对不属于保险赔付范围或者超出保险赔付额度部分的约定责任；实习考核方式；违约责任；其他事项。顶岗实习的实习协议内容还应当包括实习报酬及支付方式。

2）职业学校和实习单位要依法保障实习学生的基本权利，并不得有下列情形：安排、接收一年级在校学生顶岗实习；安排未满16周岁的学生跟岗实习、顶岗实习；安排未成年学生从事《未成年工特殊保护规定》中禁忌从事的劳动；安排实习的女学生从事《女职工劳动保护特殊规定》中禁忌从事的劳动；安排学生到酒吧、夜总会、歌厅、洗浴中心等营业性娱乐场所实习；通过中介机构或有偿代理组织、安排和管理学生实习工作。

3）除相关专业和实习岗位有特殊要求，并报上级主管部门备案的实习安排外，学生跟岗和顶岗实习期间，实习单位应遵守国家关于工作时间和休息休假的规定，并不得有以下情形：安排学生从事高空、井下、放射性、有毒、易燃易爆，以及其他具有较高安全风险的实习；安排学生在法定节假日实习；安排学生加班和夜班。

4）接收学生顶岗实习的实习单位，应参考本单位相同岗位的报酬标准和顶岗实习学生的工作量、工作强度、工作时间等因素，合理确定顶岗实习报酬，原则上不低于本单位相同岗位试用期工资标准的80%，并按照实习协议约定，以货币形式及时、足额支付给学生。

5）职业学校和实习单位不得向学生收取实习押金、顶岗实习报酬提成、管理费或者其他形式的实习费用，不得扣押学生的居民身份证，不得要求学生提供担保或者以其他名义收取学生财物。

6）实习学生应遵守职业学校的实习要求和实习单位的规章制度、实习纪律及实习协议，爱护实习单位设施设备，完成规定的实习任务，撰写实习日志，并在实习结束时提交实习报告。

7）职业学校组织学生到外地实习，应当安排学生统一住宿；具备条件的实习单位应为实习学生提供统一住宿。职业学校和实习单位要建立实习学生住宿制度和请销假制度。学生申请在统一安排的宿舍以外住宿的，须经学生监护人签字同意，由职业学校备案后方可办理。

8）学生在实习期间受到人身伤害，属于实习责任保险赔付范围的，由承保保险公司按保险合同赔付标准进行赔付。不属于保险赔付范围或者超出保险赔付额度的部分，由实习单位、职业学校及学生按照实习协议约定承担责任。职业学校和实习单位应当妥善做好救治和善后工作。

阅读延伸　　劳动保障案例分析

2008年6月1日，刘某入职某大型连锁酒店有限公司任分店经理，并签订2年期的劳动合同。2012年1月16日，该公司以电子邮件方式告知刘某因其分店销售业绩和服务质量在区域中排名持续靠后，决定解除其劳动关系，按《中华人民共和国劳动合同法》相关规定支付经济补偿金、代通知金合计5个月工资35 000元，并附上离职表、解除劳动合同协议要求刘某签名回寄。刘某收到邮件后，曾多次以电子邮件方式与公司沟通拒绝接受解除劳动关系事宜，未果。3月初，刘某的代理人梁某多次到公司吵闹，称公司在2010年5月31日合同期满后并未与刘某续签劳动合同，现在还单方面强迫解除劳动关系，且刘某已有2个多月身孕，公司无故解聘造成刘某情绪极度抑郁，要求公司支付刘某1～3月工资、工资滞纳金、违法解雇的双倍经济补偿金、法定年假工资、法定节假日工资、孕期哺乳期工资、加班工资、未续签劳动合同的双倍工资及精神损失费等合计46万余元。3月30日，某中队接"110"联动通报，梁某再次来到公司吵闹，某中队立刻派员到场协调。在协调过程中，公司人事总监曹某表示，公司愿意继续履行原合同，或者在合情合理合法的前提下跟刘某协商补偿问题。多次协商后，由于刘某所提出的赔偿标准远远超出公司预期，公司因财务审计方面的原因无法继续同意刘某所提出的条件，表示希望能通过劳动仲裁解决此纠纷。梁某表示，是否通过法律途径解决是他们应有的权利，并不需由单位或政府部门决定，如单位不愿意私下协商解决，只要单位出具一份签发日期为3月30日的解除劳动关系通知书，剩下的法律程序他们自己会走。

案例分析：

一、解除劳动关系的时间存在争议

在本案例中，用人单位认为他们已于1月16日以电子邮件形式通知劳动者解除劳动合同，并将补偿方案一并发给劳动者，劳动者也对邮件进行了回复。在此之前，人事部也以电话形式与刘某进行过沟通，不存在说刘某不清楚公司解除与其的劳动关系。由于行业的特点，用人单位下属的酒店分布全国各地，日常的工作沟通主要是通过电子邮件和电话进行，解除劳动关系通知书通过邮递或纸质方式会存在时间误差的问题，难以实际操作，故双方劳动关系应在1月16日终止。劳动者认为1月16日只是用人单位单方面提出解除劳动关系，双方并未就赔偿问题达成一致，还处于协商阶段，且用人单位并未出具纸质的解除劳动关系通知书，双方劳动关系的解除应当按纠纷协商完结之日为止。

根据《中华人民共和国劳动合同法》以及《中华人民共和国劳动合同法实施条例》有关规定，用人单位应当在解除或者终止劳动合同时出具解除或者终止劳动合同的证明，并写明劳动合同期限、解除或者终止劳动合同的日期、工作岗位、在本单位的工作年限。随着信息技术的日益发展，电子邮件系统广泛应用在日常的工作当中。在此案例中，用人单位以电子邮件方式通知劳动者解除劳动关系应视为正式解除，但事后应书面送达劳动者。

二、解除劳动关系合法性的争议

在本案例中，用人单位以劳动者分店销售业绩和服务质量在区域中排名持续靠后为由，决定解除其劳动关系。

《中华人民共和国劳动合同法》规定："劳动者不能胜任工作，经过培训或者调整工作岗位，仍不能胜任工作的"，用人单位才能解除劳动关系。而且劳动者称自己已有2个月身孕，《中华人民共和国劳动合同法》规定："女职工在孕期、产期、哺乳期的，用人单位不得解除劳动合同"。本案例中，用人单位涉嫌违法解除劳动合同，应按《中华人民共和国劳动合同法》向劳动者支付赔偿金。虽然用人单位表示愿意继续履行合同，但由于劳动者自身原因，不愿继续履行，用人单位还是要按《劳动合同法》规定支付双倍补偿金。

思考建议：

用人单位随着员工增多，进行裁减属于企业的内部事务。但裁减之前，须慎重考虑。无论是劳动者违反单位规章制度，还是不能胜任工作的，都必须按照国家法律法规进行处理。用人单位不要盲目按照自身规章制度执行，对自身的违法行为而茫然不知。在解除劳动关系之前，应该聘请专业人员进行分析其中的利弊，不应该事后找理由而是在事前想好对策，能够协商尽量协商以，减少矛盾的发生。

（资料来源：https://www.wenku.baidu.com/view/7073e5c15fbfc77da269b1a6.html）

二 劳动者的义务

劳动者的义务是指劳动者必须履行的义务。劳动义务是指《中华人民共和国劳动法》规定的对劳动者必须做出一定行为或不得做出一定行为的约束。权利和义务是密切联系的，任何权利的实现总是以义务的履行为条件，没有权利就无所谓义务，没有义务就没有权利。劳动者有劳动就业的权利，而劳动者一旦与用人单位发生劳动关系，就必须履行其应尽的义务，其中最主要的义务就是完成劳动生产任务。这是劳动关系范围内的法定的义务，同时，也是强制性义务。劳动者不能完成劳动义务，就意味着劳动者违反劳动合同的约定，用人单位可以解除劳动合同。《中华人民共和国劳动法》规定了劳动者的各项权利，同时也要求劳动者履行以下基本义务：

（1）完成劳动任务——最基本的义务；
（2）提高职业技能；
（3）执行劳动安全卫生规程；
（4）遵守劳动纪律；
（5）遵守职业道德。

权利与义务的关系：在社会主义制度下，劳动者的权利与义务是统一的。在社会主义制度下，每一位劳动者都是国家的主人。劳动者的主人翁地位是由劳动者享有的基本权利和劳动者履行的基本义务构成的，是通过劳动者的权利和义务体现出来的。劳动者的权利和义务是相互依存，不可分离的。任何权利的实现总是以义务的履行为条件。没有权利就无所谓义务，没有义务就没有权利。劳动者在享法律规定的权利的同时，还必须履行法律规定的义务。只有坚持权利和义务的统一，才能充分体现劳动者主人翁地位。

三 劳动者权利的主要实现方式

一般来说，从实力对比看，劳动关系的两个主体——劳动者和用人单位。劳动者往往处于弱势，用人单位则处于相对的强势。为了使法律规定的劳动者权利得到切实的实现，我国采取了工会和职工代表大会的组织形式，由其代表职工和组织职工参加国家和社会事务的管理，以及在企业中组织和代表职工参与企业的决策和管理。显然，工会和职工代表大会是代表与维护劳动者权益的主要组织，是劳动者实现劳动权利的主要途径之一。

从工会和职工代表大会的作用和地位看，职工代表大会可代表劳动者具体行使下列职权：

（1）听取和审议厂长关于企业的经营方针、年度计划、基本建设方案、重大技术发行方案、职工培训计划、留用资金分配和使用方案、承包和租赁经营责任制方案的报告，提出意见和建议；

（2）审查同意或否决企业的工资调整方案、奖金分配方案、劳动保护措施、奖惩办法及其他重要的规章制度；

（3）审议决定职工福利基金使用方案、职工住宅分配方案和其他有关职工生活福利的重大事项；

（4）监督企业各级行政领导干部，提出奖惩和任免建议；

（5）根据政府主管部门的决定选举厂长，报政府主管部门批准。

思考题

1. 劳动者的权利与义务有哪些？
2. 遇到劳动纠纷时，应该按什么程序依法维护自己的权利？

第二节 劳动防护用品

劳动防护用品是为了保护工人在生产过程中的安全和健康而发放给劳动者个人使用的防护用品，用于防护有灼伤、烫伤或者容易发生机械外伤等危险的操作；用于防护在强烈辐射或者低温条件下的操作；用于防护散放毒性、刺激性、感染性物质或者大量粉尘的操作等。正确佩戴劳保用品可以使从业人员在劳动过程中避免遭受或减轻事故伤害及职业危害，是保障从业人员人身安全与健康的重要措施，也是保障生产经营单位安全生产的基础。

一　劳动防护用品的分类

劳动防护用品可分为头部护具、呼吸护具、眼部护具、听力护具、脚部护具、手部护具、身体护具、防坠落护具、护肤用品九类。

（1）头部护具。头部护具是用于保护头部，防撞击、挤压伤害、防物料喷溅、防粉尘等的护具。其主要有玻璃钢、塑料、橡胶、玻璃、胶纸、防寒和竹藤安全帽及防尘帽、防冲击面罩等。

（2）呼吸护具。呼吸护具是预防尘肺和职业病的重要防护品。

（3）眼部护具。眼部护具用以保护作业人员的眼睛、面部，防止外来伤害。其可分为焊接用眼部护具、炉窑用眼护具、防冲击眼护具、微波防护具、激光防护镜及防 X 射线、防化学、防尘等眼部护具。

（4）听力护具。长期在 90 dB（A）以上或短时在 115 dB（A）以上环境中工作时应使用听力护具。听力护具有耳塞、耳罩和帽盔 3 类。

（5）脚部护具。脚部护具是防止足部伤害，有防滑鞋、防滑鞋套、防静电安全鞋、钢头防砸鞋等。

（6）手部护具。手部护具用于手部保护，主要有耐酸碱手套、电

读书笔记

工绝缘手套、电焊手套、防 X 射线手套、石棉手套、丁腈手套等。

（7）身体护具。身体护具用于保护职工免受劳动环境中的物理、化学因素的伤害。身体护具可分为特殊防护服和一般作业服两类。

（8）防坠落护具。防坠落护具用于防止坠落事故发生。其主要有安全带、安全绳和安全网。

（9）护肤用品。护肤用品用于外露皮肤的保护。其可分为护肤膏和洗涤剂。

二 劳动防护用品的使用及注意事项

1. 安全帽

安全帽（如图 6-1 所示）的作用是保护头部不受到坠物和特定因素引起的伤害。其由帽壳、帽衬、下颌带及其附件组成。安全帽具有缓冲减震作用和分散应力作用，在受到外力的冲击后，最大限度地保护头部不受伤害。

图 6-1　安全帽

安全帽正确使用方法如下：

（1）安全帽在佩戴前，应调整好松紧大小，以帽子不能在头部自由活动，自身又未感觉不适为宜。

（2）安全帽由帽衬和帽壳两部分组成。帽衬必须与帽壳连接良好，同时帽衬与帽壳不能紧贴，应有一定间隙，该间隙一般为 2～4 cm（视材质情况），当有物体附落到安全帽壳上时，帽衬可起到缓冲作用，不使颈椎受到伤害。

（3）必须拴紧下颌带，当人体发生附落或二次击打时，不至于脱落。由于安全帽戴在头部，起到对头部保护作用。

（4）应戴正，帽带系紧，帽箍的大小应根据佩戴人的头型调整箍紧；女生佩戴安全帽应将头发放进帽衬里。

2. 呼吸护具

呼吸防护用品是防止空气缺氧和有毒、有害物质被吸入呼吸器官时对人体造成伤害的个人防护装备，是预防尘肺和职业病的重要护具。常用的有防尘口罩和防毒面具。

（1）防尘口罩。防尘口罩是从事和接触粉尘的作业人员必不可少的防护用品。防尘面罩可分为多次使用型和一次使用型。在有粉尘环境下工作，作业者必须佩戴防尘口罩。过滤式防尘面罩的作用仅仅是过滤空气中的有害物质，对缺氧空气环境提供不了任何保护作用，因此不能用于缺氧环境和有毒环境及具有挥发性颗粒物的环境。防尘过滤元件的使用寿命受颗粒物浓度、使用者呼吸频率、过滤元件规格及环境条件的影响，当呼吸阻力逐渐增加以致不能使用时，应按要求更换过滤元件。

（2）防毒面具。防尘口罩只能防尘，防毒面具可以防护有毒气体、吸附气味，且防护性能更强，全面罩防毒面具可以防护呼吸系统、面部、眼睛等。当作业场所空气中氧含量大于19%，且有毒有害气体浓度没有超标的情况下可以使用防毒面罩。

使用防毒面罩时的注意事项有以下几点：

1）使用前要进行气密性检查，使用者戴好面具后，用手堵住进气口，同时用力吸气，若感到闭塞不透气时，说明面具是基本气密的。

2）正确佩戴，选择合适的规格，使罩体边缘与脸部贴紧。使用时必须记住，事先拔去滤毒罐底部进气孔的胶塞，否则易发生窒息事故。

3）专人保管，使用后及时消毒。

3．防护眼镜

（1）防护眼镜的作用。

1）防止异物进入眼睛。

2）防止化学性物品的伤害。

3）防止强光、紫外线和红外线的伤害。

4）防止微波、激光和电离辐射的伤害。

（2）防护眼镜使用前的检查事项。

1）检查镜片是否容易脱落。

2）透镜表面应充分研磨，不得有以肉眼可看出的伤痕、纹理、气泡、异物等。

3）戴上透镜时，影像应绝对清晰，不得模糊不清。

（3）防护眼镜的使用注意事项。

1）宽窄和大小要适合使用者的脸型。

2）镜片磨损、镜架损坏，应及时调换。

3）专人使用，防止传染眼病。

4）焊接防护面罩的滤光片和保护片要按规定作业需要选用和更换。

5）防止重摔重压,防止坚硬的物体摩擦镜片和面罩。

（4）防护眼镜的维护方法。

1）不能随意搓擦透镜以免刮伤,使用"特制"眼镜布者除外。

2）拿取眼镜时一定要用双手,从脸颊的正面戴上或取下,以免镜框变形。

3）摘下眼镜必将上端朝下放稳(即镜架和镜框的上端朝下)。

4）眼镜放入保管箱(柜子、盒子等)时,先折叠左耳支架。

5）建议近视者配安全眼镜时,依眼科医师处方指示配镜。

6）存放时,镜片应朝向不易被刮伤手不易碰触,不易被污染的方向妥善保管为原则。

7）更换配件时应以同厂牌为主,尤其是遮光透镜不可更换不合格品,以免伤害眼睛。

8）镜片应随时保持清洁,手指不可碰触,以免影响视线。

9）清洗镜片可用温水、肥皂水、专用清洗剂或超声波眼镜洗净器。

10）使用防雾镜片前应撕去内外层保护膜,可增长使用寿命。

11）防激光安全眼镜暴露在非常强的能量或功率密度下会失去其有效性,应丢弃换新。

4．听力护具

听力护具主要有两大类:一类是置放于耳道内的耳塞,用于阻止声能进入;另一类是置于耳外的耳罩,限制声能通过外耳进入耳鼓及中耳和内耳。需要注意的是,这两种保护器具均不能阻止相当一部分的声能通过头部传导到听觉器官。

（1）耳塞。耳塞在使用后要注意清洁,也要注意耳塞和使用者的耳道是否匹配。虽然耳塞有多种不同的尺寸,但要由经过考核的人员来决定佩戴者应使用的尺寸。因为各人的耳道大小不一,所以要用不同尺寸的耳塞。

耳塞的佩戴方法如下:

1）耳塞需做卷折。

2）一手绕过后脑,轻提耳部顶端。

3）另一手轻柔地将耳塞推入耳道至适当深度。

4）待耳塞膨胀恢复原状。

（2）耳罩。耳罩由可以盖住耳朵的套子和放在人脑上来定位的带子组成。套子通常装有树脂塑胶泡沫材料,达到将耳朵密封起来的效果。套子里填充了吸声材料。耳罩的密封性取决于耳罩的设计、密封的方法及佩戴的松紧程度。

耳罩的佩戴方法如下：

1）使用耳罩时，应先检查罩壳有无裂纹和漏气现象。

2）佩戴时应注意罩壳的穿戴方法，顺着耳廓的形状戴好。

3）将连接弓架放在头顶适当位置，尽量使耳罩软垫圈与周围皮肤相互密合。

4）如不合适时，应稍事移动耳罩或弓架，使调整到合适位置。

需要注意事项的是，无论戴耳塞还是耳罩，均应在进入噪声场所前戴好，在噪声区不得随意摘下，以免伤害耳膜。如确需摘下，应在休息时或离开后，到安静处取出耳塞或摘下耳罩。

5．防护鞋

防护鞋具有防物体砸伤或刺割、防化学性伤害、防高低温伤害、防触电伤害、防静电等作用。在使用时注意不得擅自修改安全鞋的构造；要穿着合适尺码的安全鞋；要注意个人卫生，保持脚部及鞋履清洁干爽；要定期清理安全鞋；贮存时将安全鞋放于阴凉、干爽和通风良好的地方。

阅读延伸　　防护手套使用的注意事项

（1）使用前检查手套是否损坏。

（2）带电作业用绝缘手套，要根据电压选择适当的手套，检查表面有无裂痕、发黏、发脆等缺陷，如有异常禁止使用。

（3）电、火焊工作业时戴的防护手套，应检查皮革或帆布表面有无僵硬、薄档、洞眼等残缺现象，如有缺陷，不准使用。手套要有足够的长度，手腕部不能裸露在外。

（4）摘下已污染的手套时应避免污染物外露及接触皮肤。

（5）再用式手套用后应彻底清洁及风干。

（6）选择适当尺码的手套，以免妨碍动作或影响手感。

（7）手套保存的地方应避免高温、高湿场所，焊工手套不能洗，并且不要密封在塑料袋内以免变质或发霉。

（8）避免重物压放或折叠存放。

（9）电用橡胶手套若有接触油污，应立即以酒精清洗，若以水清洗时，要立即用干布擦拭，并放置阴凉处风干。

（10）不能使用石油类有机溶剂清洁。

（11）避免受到太阳直接照射。

操作各类机床或在有被夹挤危险的地方作业时严禁戴手套。

6．防护手套

防护手套具有防止火与高温、低温的伤害；防止电磁与电离辐射的伤害；防止电、化学物质的伤害；防止撞击、切割、擦伤、微生物侵害及感染等作用。厚帆布手套多用于高温、重体力劳动，如炼钢、铸造等工种；薄帆布、纱线、分指手套主要用于检修工、起重机司机和配电工等工种；翻毛皮革长手套主要用于焊接工种；橡胶或涂橡胶手套主要用于电气、铸造等工种。

7．防护服

防护服由上衣、裤子、帽子等组成，设计成适宜的尺寸和形状。设计尺寸和形状及组合方式以有效地阻断有害物侵入为准，可以是连身式结构，也可以是分体式结构。防护服应结构合理，便于穿脱，结合部位严密。

（1）防护服的选用、储备原则。我国防护服的国家标准目前正在制定过程中，现尚无防护服标准体系，所以在选用时应遵循下列原则：

1）评估可能遇到的现场环境情况（毒物的种类、浓度、需要接触的时间及环境）。

2）挑选出可能用在相应现场条件下具有防护作用的防护服或用于制造防护服的材料。

3）对候选的防护服在相应现场条件下测试。

4）根据测试结果，确定适合的防护材料或防护服，做出使用条件标识以备应用。

5）应观察、测试洗消方法和重复性利用后的特征改变情况，决定是否可以重复使用及使用的次数。

在实际应用中，一些厂家已经将产品特征做了说明，用户可以根据说明书或标签上的适用范围和提示来使用。防护服可以是一次性的，也可以是限次使用的。对可以多次使用的防护服要在每次使用后对防护服进行洗消处理并对其性能进行检查。

（2）各类现场防护服的选用。

1）传染病疫情现场和患者救治中的防护。在传染性疾病的控制过程中，防护服的功用是为现场疾病控制、卫生监督和临床急救工作人员接触到具有潜在感染性的现场环境、患者的血液、体液、分泌物、排泄物等提供阻隔防护作用。在设计上除要满足穿着舒适和对颗粒物隔离效率的要求外，还应对防水性、透湿量、抗静电性、阻燃性等有较高的要求。现场使用的防护服应符合中华人民共和国国家标准《医用一次性防护服技术要求》（GB 19082—2009）的要求。在现场使用中，防护服内仅需穿着柔软保暖的棉织内衣即可，无须穿多套防护服。目前医疗机构制作的"隔离服"穿透性高，且其他性能难以判定，性能会随着使用次数的增加有所下降，所以不建议使用。

2）放射性尘埃的现场防护。放射性尘埃的防护一般用C级防护服即可，要求具有颗粒物隔离功能。

放射现场在处置过程中，防护服的功用是为现场工作人员接触到放射性废物、放射性尘埃提供阻隔防护作用。在设计上，除要满足穿着舒适性和严格的颗粒物隔离效率外，特别要达到表面光滑皱褶少，对防水性、透湿量、抗静电性和阻燃性也有较高的要求。根据放射性污染源的种类和存在方式及浓度，可对各防护参数提出具体要求。此类防护服要求帽子、上衣和裤子联体，袖口和裤脚采用弹性收口。防护服仅能阻隔放射性尘埃、放射性废物，无防辐射的功效。

3）化学物泄漏和中毒现场的防护。在化学物泄漏和中毒现场处置过程中，防护服的功用是为现场工作人员接触到现场有害化学物和空气中存在的有害气体、尘埃、烟、雾等提供阻隔防护作用。

根据毒源类型和环境状况，化学事故现场可分为热区、温区和冷区。在每个区域内所需要的防护有所不同，一个区域内使用的防护服不能够到其他区域使用。

防护服的选用原则应依据泄漏物的种类、存在的方式、环境条件及浓度等综合考虑。对具有腐蚀性气态物质（蒸汽、粉尘、烟雾等）存在的现场，防护服要具有耐腐蚀性、高隔离效率和一定的防水性，同时要求衣裤连体，袖口和裤脚有较好的密合性等；对于非蒸发性的固态或液态化学物，仅需要穿着有一定隔离效率的防护服即可。防护服可参照生产厂家产品说明书中的各技术参数和应用范围选用。

4）不明原因事故现场。事件发生的初期致害因素不明或在其浓度、存在方式不详的情况下，应按照最严重事件的要求进行防护。防护服要衣裤连体，具有高效液体阻隔效能（防化学物）、过滤效率高、防静电性能好等。此类防护服使用后要封存，等待事件性质明确后按照相应的类别处理。

8．防坠落护具

防坠落护具主要用于防止坠落事故发生。其主要有安全带、安全绳和安全网。

（1）安全带。安全带一般有建筑防护带和电工安全带。

1）建筑安全带是防止高处坠落的安全用具。高度超过1.5 m，没有其他防止坠落的措施时，必须使用安全带。建筑安全带的使用规范如下：

①高挂低用。

②过去安全带用皮革、帆布或化纤材料制成，按国家标准现已生产了锦纶安全带。按工作情况可分为高空作业锦纶安全带、架子工用锦纶安全带、电工用锦纶安全带等种类。

③安全带要正确使用，不要扭曲。三点式腰部安全带应系得尽可能低一些，最好系在髋部，不要系在腰部；肩部安全带不能放在胳膊下面，应斜挂胸前。

2）电工安全带是电工作业时防止坠落的安全用具。电工安全带的使用规范如下：

①安全带使用期一般为3～5年，发现异常应提前报废。

②安全带的腰带和保险带、绳应有足够的机械强度，材质应有耐磨性，卡环（钩）应具有保险装置。保险带、绳使用长度在3米以上的应加缓冲器。

③使用安全带前应进行外观检查，即组件完整、无短缺、无伤残破损；绳索、编带无脆裂、断股或扭结；金属配件无裂纹、焊接无缺陷、无严重锈蚀；挂钩的钩舌咬口平整不错位，保险装置完整可靠；铆钉无明显偏位，表面平整。

④安全带应系在牢固的物体上，禁止系挂在移动或不牢固的物件上。不得系在棱角锋利处。安全带要高挂和平行拴挂，严禁低挂高用。

⑤在杆塔上作业时，应将安全带后备保护绳系在安全牢固的构件上（带电作业视其具体任务决定是否系后备安全绳），不得失去后备保护。

（2）安全绳。安全绳是用来保护高空及高处作业人员人身安全的重要防护用品之一。正确使用安全绳是防止现场高空工作人员高空跌落伤亡事故、保证人身安全的重要措施之一。

1）安全绳的正确使用方法如下：

①将逃生绳带或逃生软梯一端固定在牢固的物体上，另一端挂扣在安全带上或缠绕在腰部，系好安全钩，并将救生绳顺着窗口抛向楼下。

②戴上防护手套双手握住救生绳带，左脚面勾住窗台，左脚蹬外墙面，待人平稳后，左脚移出窗外。

③两腿微弯，两脚用力蹬墙面的同时，双臂伸直，双手微松，两眼注视下方，沿救生绳带下滑。

④当快接近地面时，右臂向前弯曲，勒紧绳带两腿弯曲，两脚尖先着地。

2）使用安全绳时需要注意以下几个方面：

①严格禁止将麻绳作为安全绳来使用。

②如果安全绳的长度超过 3 米，一定要加装缓冲器，以保证高空作业人员的安全。

③两个人不能同时使用一条安全绳。

⑤在进行高危作业时，为了使高空作业人员在移动中更加安全，在系好安全带的同时，要挂在安全绳上。

（3）安全网。安全网是在进行高空建筑施工设备安装时，在其下或其侧设置的起保护作用的网，以防止因人或物件坠落而造成的事故。安全网由网体、边绳、系绳和筋绳构成。

使用安全网时要注意以下几点：

1）要选用有合格证的安全网。

2）安全网若有破损、老化应及时更换。

3）安全网与架体连接不宜绷得太紧，系结点要沿边分布均匀、绑牢。

4）立网不得作为平网使用。

5）立网必须选用密目式安全网。

9．护肤用品

皮肤防护用品在一般生产中很少用到，它主要是针对一些对皮肤有强烈刺激的生产。护肤用品分为膏状或液体两种类型。

在各产业中，劳动防护用品都是必须配备的。根据实际使用情况，应按时间更换。在发放中，应按照工种不同进行分别发放，并保存台账。

阅读延伸　　防护手套使用的注意事项

职业病防治专家指出，个人防护用品在预防职业病危害的综合措施中，属于第一级预防部分，当劳动条件尚不能从防护设备上改善时，还是主要防护手段。个人防护用品有防护服、防护鞋帽、防护手套、防护面罩及眼镜、护耳器、呼吸防护器和皮肤防护剂等，利用其屏蔽和吸收过滤的作用，达到防护目的。在选择个人防护用品时，不仅要注意防护效果，还应考虑是否符合生理要求，在使用时还需加强管理和检查维护，才能达到应有的防护效果。

专家指出，不少企业管理人员和劳动者在使用个人防护用品方面存在几个误区：

误区 1　个人防护用品可戴可不戴

专家指出，个人防护用品能消除或减轻职业病危害因素对劳动者健康的影响。《中华人民共和国职业病防治法》规定，用人单位必须为劳动者提供符合要求的防护用品，同时劳动者有义务佩戴防护用品。

误区 2　车间没有异味，可以不用佩戴个人防护用品

专家指出，许多有害气体是无色、无嗅、无味，不具有任何警示性，感觉不到。即使有味，感觉器官对外界的感知存在着局限性和个体差异。因此，过分相信感觉，可能会导致职业中毒。

误区 3　纱布口罩可用来防尘

专家指出，普通纱布口罩不能作为防尘口罩。我们现在用的纱布口罩虽便宜，夏天吸汗，冬天保暖，但这样的口罩（即使16层厚）不能防护容易导致尘肺的呼吸性粉尘的危害，防尘需要专门的防尘口罩。

误区 4　医用口罩用来防毒

专家指出，医用口罩可以防止病毒通过飞沫传播，但是不能过滤有毒气体。针对不同的毒物，需要使用不同过滤效果的防毒口罩。一般的可挥发性有机气体可以用活性炭防毒口罩。

误区 5　防尘口罩水洗再利用

专家指出，防尘口罩的滤料是不能水洗的。防尘口罩所使用的高效滤料通常为无纺布材料，有些还依靠纤维上带有的静电电荷过滤呼吸性粉尘。水洗后滤料的微观结构会受损，出现肉眼看不见的裂缝、孔洞，静电电荷也会大量损失，过滤性能严重下降。

专家指出，防护用品属于一种被动的防护措施，在任何情况下都应当首先采取先进生产工艺，做好工程防护设施，从而主动预防职业病；在防护设施不能够完全消除职业病危害因素的情况下，才考虑为劳动者配备合适的个人防护用品。值得注意的是，个人防护用品不是万能的，任何个人防护用品都有其适用性，存在局限性，需要考虑使用的环境和防护用品的适用范围。

思考题

1. 日常用到的劳保产品有哪些？
2. 在煤矿等处工作的员工应注意哪些问题？

第三节　劳动救护

日常生活中，无论在学校内还是学校外，大学生都有可能遇到一些突发情况，如果掌握现场急救知识，往往能为患者赢得宝贵时间并挽救患者的生命。另外，目前喜欢参加一些体育运动和野外活动的学生越来越多，掌握一些关于包扎、止血、冻伤、溺水、中暑等的急救知识非常实用。

一般急救常识

1. 心肺复苏

心肺复苏是挽救病人，使其恢复心跳和呼吸，避免脑损伤的一种急救技术。在日常生活中，人们难免会遇到各种疾病或意外事件。因此，学习掌握心肺复苏的操作和技能是很必要的。

下面介绍心肺复苏的程序。

（1）判断伤者有无反应。轻摇伤者肩膀及在耳边叫唤，并大声问："你怎么啦？"测试伤者神志是否清楚。如有回应，则表示气道仍然畅通；如伤者人事不省，应立即请旁人协助。

（2）呼救，拨打120急救电话。若呼唤无反应，则立即呼救，目的是叫人协助急救和通知医院与医疗急救部门，申请急救车服务。

"120"是我国统一实施的医疗急救电话号码。如果在场目击者只有一人，伤者呼吸、心跳停止，应先进行心肺复苏1~2分钟后再尽快打电话呼救；如果现场有多人，呼救与抢救可同时进行。如伤病者只有独自一人，在神志清醒时，应尽快拨通急救电话，将自己的伤情、地点详细告诉对方，请求速来急救或呼救邻居速来协助。

（3）摆好伤者身体。为使复苏有效，患者必须仰卧在坚实而无弹性的平面上，头部与躯干呈水平位，身体无扭曲，两臂放在身旁，解开衣领，松开裤带。抢救者跪于患者的右侧，两腿自然分开，一只膝关节位于伤者肩部,另一只膝关节位于伤者腰部,抢救者双腿与肩同宽,并尽量贴近患者。

(4) 清除伤者口腔异物。迅速清除其口、鼻、咽喉的异物,如凝血块、痰液、呕吐物等。一只手用拇指、食指拉出舌头,另一只手食指伸入口腔和咽部,迅速将血块、异物取出。

(5) 打开伤者气道。清理干净气道异物后,需要继续保持气道通畅。一只手放在患者前额上,手掌向后下方施力,使头向后仰;另一只手的食指及中指将下颌托起。此时,拉开颈部,尽量让头后倾。注意手指不要压向喉部,以免阻塞气道。

(6) 判断伤者呼吸情况。将面颊贴近伤者口鼻部,眼睛朝向伤者胸部,判断伤者呼吸是否存在。同时默数1001、1002、1003、1004、1005(5秒钟),如已无呼吸,应立即进行人工呼吸。

(7) 对伤者进行人工呼吸。口对口进行人工呼吸是为患者肺部供应氧的首选快速有效的方法。使伤员仰卧,施救人员位于其头部一侧,捏住伤员的鼻孔,深吸气后,将自己的嘴紧贴伤员的嘴吹入气体。之后,离开伤员的嘴,放开鼻孔,一手压伤员胸部,助其呼出体内气体。如此有节律地反复进行,每分钟进行15次。注意吹气时不要用力过度,以免造成伤员肺泡破裂。吹气时,应对伤员进行胸外心脏按压。一般吹一次气后,做4次心脏按压。

(8) 对伤者进行胸外心脏按压。胸外心脏按压是心肺复苏的主要方法,它通过压迫胸骨,对心脏给予间接按摩,使心脏排出血液,参与血液循环,以恢复心脏的自主跳动。具体操作方法如下:

1)让需要进行心脏按压的伤员仰卧在平整的地面或木板上。

2)施救人员位于伤员一侧,双手重叠放在伤员胸部两乳正中间处,用手向下挤压胸骨,使胸骨下陷3～4 cm,然后迅速放松,放松时手不离开胸部。如此反复有节律的进行,按摩速度为每分钟60~80次。

娄底市红十字会与娄底职业技术学院成功开展"急救知识进校园"活动

为普及应急救护知识,增强师生紧急避险和自救互救的能力,保障师生的生命安全和身体健康。3月23—24日,娄底职业技术学院特邀娄底市红十字会专业讲师,在主教楼110联合举办"急救知识进校园"活动,开展救护员培训。

　　活动主要由娄底市红十字会的几名资深讲师进行授课，培训主要内容有：一是急救理论知识与测验；二是学习现代心肺复苏和创伤急救等基本技能实操训练。首先，红十字会樊雄志部长为大家讲授了红十字会运动起源，救护新概念。蒋丽萍老师主讲了心肺复苏、气道梗塞急救法和AED机的使用方法。萧俊、彭润英老师为大家主讲了创伤救护理论实操讲解。樊亮、刘寅老师主讲了常见急症、意外伤害（中暑、溺水、交通意外）的现场救护原则。各讲师在现场与志愿者们展开了深入互动，切实向志愿者们传授了急救知识与注意事项。在老师细致与幽默的讲解下，同学们热情高涨，培训活动注重理论和实际相结合，参训学员理论和实操考核合格后，将由娄底市红十字会发放中国红十字会急救员证书，获得证书后方可参加各类应急现场的救护活动。

　　此次救护知识培训活动的开展，弘扬了"人道、博爱、奉献"的红十字精神，传播了爱心正能量，也使同学们学到了救护知识，提高了同学们面对突发状况的处理能力，达到了"人人学急救，急救为人人"的愿景，使广大师生真正认识到"时间就是生命"的深刻含义。

（资料来源：http://www.ldzy.com/16/23/content_25492.html）

2．止血

　　止血是创伤现场应急救护首先要掌握的一项基本技术。其主要目的是阻止伤口持续性出血，防止伤者因失血过多而导致死亡，为伤者赢得宝贵的抢救时间，从而挽救伤者的生命。

　　（1）包扎法止血。包扎法止血一般限于无明显动脉性出血。对于小创口出血，有条件时先用生理盐水冲洗局部，再用消毒纱布覆盖创口，用绷带或三角巾包扎。无条件时可用冷开水冲洗，再用干净毛巾或其他软质布料覆盖包扎。如果创口较大而出血较多时，要加压包扎止血。包扎的压力应适度，以达到止血而又不影响肢体血液流动为度。严禁将泥土、面粉等不洁物撒在伤口上，造成伤口进一步污染，而且给下一步清创带来困难。

　　（2）指压法止血。指压法止血用于急救时处理较急剧的动脉出血。这是一种简单有效的临时性止血方法，根据动脉的走向，用拇指压住出血的血管上方（近心端），使血管被压闭住，阻断血液来源，能迅速有效地达到止血目的；缺点是止血不易持久，而且需事先了解正确的压迫点才能见效。

第六章 加强劳动保障

> **阅读延伸　　常用压迫止血点**
>
> （1）头顶、额部、面侧部出血：可用拇指对准下颌关节处，压迫颞浅动脉。
>
> （2）面部出血：用拇指、食指或中指压迫下颌角前约1厘米凹陷处的面动脉。要注意，即使一侧面部出血，也要压迫双侧面动脉。
>
> （3）肩部与上肢出血：用拇指压迫同侧锁骨上窝中部的锁骨下动脉。
>
> （4）上肢出血：用四指压迫上臂内侧的肱动脉，将它压向肱骨止血。
>
> （5）手部出血：可用双手拇指压迫手腕部的尺、桡动脉。
>
> （6）手指出血：用食指、拇指分别压迫手指根部两侧的指动脉。
>
> （7）下肢出血：用两手拇指重叠压在大腿根部中点的股动脉上。注意要用力深压。
>
> （8）足背出血：可用两手拇指分别压迫足背中部近脚腕处的足背动脉和足跟内侧与内踝之间的胫后动脉。

（3）止血带法止血。如果是较大的肢体动脉出血，且为运送伤员方便起见，应上止血带，橡皮带、宽布条、三角巾、毛巾等均可。上肢出血时，止血带应结扎在上臂的上1/3处，禁止扎在中段，避免损伤桡神经。下肢出血时，止血带应扎在大腿的中部。上止血带前，先要将伤肢抬高，尽量使静脉血回流，并先要用毛巾或其他布片、棉絮做垫，然后再扎止血带，以止血带远端肢体动脉刚刚摸不到为度。止血带应松紧适宜，过紧易损伤神经，过松则不能达到止血的目的。扎好止血带后，一定要做明显的标志，写明上止血带的部位和时间，以免忘记定时放松，造成肢体因缺血时间过久而坏死。上止血带后每半小时到一小时放松一次，放松3～5分钟后再扎上，放松止血带时可暂用手指压迫止血。

3. 包扎

包扎是外伤急救时最常用的方法，具有保护伤口减少感染，加压止血，固定敷料和夹板及减轻疼痛等作用。一般可以用三角巾和无菌纱布包扎。在紧急情况下，也可用清洁的毛巾、被单等代替。

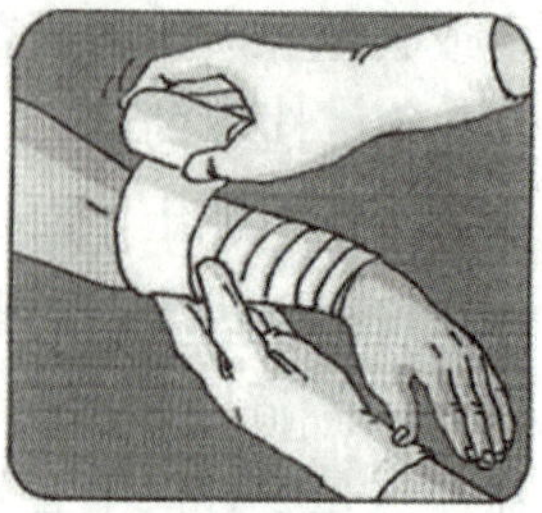

（1）简单螺旋包扎法（如图6-2所示）。先将绷带缠绕肢体两圈固定，然后由受伤部位的下方开始，由下而上包扎。包扎时应用力均匀，由内而外扎牢，每绕一圈时，遮盖前一圈绷带的2/3，露出1/3。包扎完成时应将盖在

图6-2　简单螺旋包扎法

伤口上的敷料完全遮盖。

（2）人字形包扎法（如图6-3所示）。先将绷带在患者肢体关节中央处缠绕一圈做固定，然后绕一圈向下，再绕一圈向上，反复向下、向上缠绕。结束时，在关节的上方重复缠绕一圈固定。

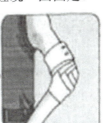

图6-3 人字形包扎法

（3）三角巾头部包扎法（如图6-4所示）。扶患者坐稳，去除眼镜和头饰。用干净的纱布垫或布（棉）垫按压在头顶部伤口上，加压止血约10秒钟。将三角巾的底边折叠约两横指宽，边缘结于患者前额齐眉处，覆盖好布垫，顶角拉向后颅部。将三角巾两底角沿两耳上方向后收，在后部枕骨下交叉并压紧顶角，然后绕回前额正中打结。将患者头后部的顶角拉紧并向上返折，将顶角塞进两底角的交叉处。

图6-4 三角巾头部包扎法

4．骨折的简易固定

当出现外伤后，局部组织有"红、肿、热、痛和功能障碍"时应考虑有骨折的可能。如前臂骨折是很多爱好体育的同学最容易出现的骨折类型。此时前臂出现皮肤发红、肿胀、发热和疼痛，前臂不能抬起功能障碍。固定是针对骨折的伤者所采用的一项急救措施。其目的是固定伤处，限制骨折部位的移动，避免骨折断端刺伤皮肤、血管、神经及重要脏器，减轻疼痛，便于运送。

（1）上臂和肘关节骨折（如图6-5、图6-6所示）。

1）发生上臂骨折（肱骨骨折）而肘关节没有损伤时，肘部可以弯曲，固定的方法如下：

①轻轻弯曲患者伤侧肘关节，将伤侧的前臂置于胸前，掌心向着

胸壁。

②在伤侧胸部和上臂之间垫上布垫，用三角巾或绷带将伤侧前臂悬挂固定。

③可再用一条三角巾或绷带围绕患者胸部将伤肢扎紧加固。

图 6-5　上臂骨折固定方法

2）如果肘关节有损伤，肘部不能弯曲，固定方法如下：

①扶患者躺下，保持伤侧上肢与躯体平行，掌心向肢体，在伤侧上肢与胸部之间垫上布垫。

②用三角巾或绷带轻轻围绕患者受伤的上肢和躯干，在未受伤的一侧打结。三角巾或绷带要避开患者受伤的部位。

图 6-6　肘关节骨折固定方法

（2）大腿骨折（如图 6-7 所示）。大腿骨折，即股骨骨折。股骨是人体中最长的骨，十分坚硬，发生骨折常由于强大的外力撞击。大腿血液循环丰富，骨折时如有大血管损伤，血液会大量流入组织间隙，引起严重的内出血；由于肌肉的牵拉，伤侧大腿可能缩短或向外翻，受伤处肿胀；伤侧的膝盖和脚会歪向一侧；有严重出血时，患者会出现休克。固定的方法如下：

1）扶患者仰卧，将未受伤的腿与受伤的腿靠在一起，同时呼叫急救车。

2）在患者两腿之间，从膝关节以上到踝关节加垫衣物或折叠后的毯子等。

3）用三角巾或绷带、布条，以 8 字形缠绕固定患者双足，使双足底和脚约呈 90°。

4）用三角巾或宽布带缠绕患者双膝及骨折处上、下方，达到固定目的，并在健侧打结。

5）包扎结束后，尽量不移动患者，直到急救车开来。

图 6-7　大腿骨折固定方法

5．搬运

（1）单人搬运。救护人站于伤者的一侧，使其身体略靠着救护人，一起行走；或者一人直接将伤者抱起行走；或者将伤者背起（如图 6-8 所示）。如伤者卧于地上，救护人可先躺其一侧，一只手紧握伤者肩部，另一只手抱其腿，用力翻身，使其伏于救护人背上，而后慢慢起来行走。

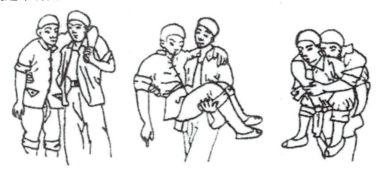

图 6-8　单人搬运方法

（2）双人搬运。一人站在伤者的头部，两手插入伤者腋下，抱入怀内，另一人站在伤者两腿中间，托起双腿，然后步调一致前行，或者急救者二人手臂交叉，呈坐椅状（如图 6-9 所示）。

图 6-9　双人搬运方法

二 常见疾病的急救

1. 猝死

猝死又称突然死亡，是指平素看来健康或病情已基本恢复者，在很短的时间内突然发生意想不到的非创伤性死亡，往往来不及救治，属于临床急症。由于猝死的高峰多发生在发病后1小时内，因此，心脏病专家将发病后1小时内的死亡定为猝死的标准。

（1）猝死的症状。多数人猝死前无明显预兆。有些病人以前有过心绞痛发作史，心绞痛突然加剧，表现为面色灰白、大汗淋漓，血压下降，特别出现频繁的室性早搏，常为"猝死"先兆。有的出现原来没有的症状，如显著疲乏感、心悸、呼吸困难、精神状态变化等。随后，由于心跳骤停，面部表现为神志不清、高度紫绀、痉挛、瞳孔固定而扩大，或出现几次喘息样呼吸而进入临床死亡。如果不及时发现并进行心脏复苏抢救，或抢救无效，病人可很快（4～6分钟）进入不可逆的生物学死亡。

（2）猝死的急救。一般来说，猝死有三个特点，即死亡急骤，死亡出人意料，自然死亡或非暴力死亡。多数患者在家中或正常工作时突然发病。因此，及时的现场救护就显得非常重要。当发现有人突然意识丧失倒地时，不能慌乱，首先应让病人平卧，拍击其面颊并呼叫，同时用手触摸其颈动脉部位以确定有无搏动。若无反应且没有动脉搏动，救护者应在几秒钟内使用拳击的方法，使病人恢复心跳：拳头举高20～30 cm，捶击患者胸骨中下1/3处1～2次，然后判断心跳有无恢复。

如病人未能立即出现自发的脉搏并开始呼吸，则需要进行心肺复苏。

只有当病人呼吸和心跳恢复后，才能以妥善的方式将其护送到医院继续接受治疗。

（3）猝死的预防。猝死发病急，但不是没有应对措施的。学生在生活中和参加运动时应该密切关注身体的变化，预防猝死等意外事件的发生。

1）出现不适早检查。学生应注意运动前、运动中或运动后出现的胸闷、压迫感、极度疲劳等症状，如症状明显应及时中止运动，进行详细检查。

2）运动强度要适宜。学生在体育锻炼时应该坚持循序渐进和因人而异的原则，运动前进行充分的准备活动，运动后进行整理活动，避免平时不运动,偶尔突然超负荷运动情况的出现。每位学生应根据自身身体状况采取不同的运动强度,防止出现过度训练和过度紧张,减少心律失常现象的出现和发生。

2)养成良好的生活习惯。养成良好的生活习惯对于预防猝死也很重要。学生平时不要吸烟,少吃高脂食品和盐,多吃蔬菜水果,保证睡眠时间和质量,保持良好的思想情绪,避免精神过度紧张和超负荷运动。

北京某职校一名男生小涛作为主力参加了学院组织的非足球专业学生的足球联赛,在比赛快结束时,小涛突然倒在地上,当时大家还以为他腿抽筋了,几个队友跑过去一看,发现他表情痛苦,已经无法说话。随后,小涛被送往医院,虽经医生尽力抢救,但已无济于事,最终宣布其已死亡。据悉,小涛送到医院时,没有任何外伤,可能因疲劳过度导致心脏衰竭而死亡。值得一提的是,小涛在当日早上6时30分,曾按时参加学校例行的早操,在操场上练习长跑,在早操后,小涛已经感到身体不适,没有去吃早饭,但他还是参加了随后进行的足球比赛。

2. 昏厥

昏厥又称晕厥、虚脱、昏晕、昏倒,是由过性脑缺血(缺氧)引起的短暂的意识丧失。学生晕厥比较常见,严重地影响学习、生活和身体健康。因此,掌握必要的急救常识很有必要。

(1)引起昏厥的原因。引起昏厥的原因很多,如由恐惧、焦虑、急性感染、创伤、剧痛引起的血管迷走性昏厥,因低血压引起的体位性昏厥,由风心病、冠心病及严重心律失常、心力衰竭引起的心源性昏厥等。但发生在学生身上的昏厥又有自己的特点。这类昏厥多以女生为主。部分女生平时很少运动,身体素质比较差,当出现疲劳、情绪低落、食欲差、能量补充不足等诸多不良因素时,容易出现意识丧失而突然晕倒。无论何种昏厥,发病多突然开始,有头晕、心慌、恶心呕吐、面色苍白、全身无力等症状,随之意识丧失,昏倒在地。

阅读延伸　　　各种晕厥的病因

1. 心源性晕厥

心源性晕厥是由于心脏疾病引起的心排血量减少或排血暂停，导致脑部缺血而发生的晕厥。中老年人往往都患有程度不同的高血压或冠心病，倘若过度劳累或兴奋，或较剧烈的体力活动后，由于心肌缺氧可诱发冠状动脉供血不足，导致脑部暂缺血而发生晕厥。特别是在心绞痛、心肌梗死发作时，更容易引起晕厥。

2. 脑源性晕厥

患有高血压、脑动脉硬化、肾炎、妊娠中毒症等疾病时，血压突然升高，脑血管强烈收缩，痉挛和脑水肿，导致脑缺氧而发生晕厥。此时，患者常伴有抽搐，甚至有暂时的肢体麻木或瘫痪，医学上称为"高血压脑病"。患有脑动脉硬化症的老年人，如果出现椎基底动脉供血不足，或者血栓形成，会常常因为头部位置的转动而发生晕厥。

3. 体位性低血压晕厥

突然改变体位，如平卧时突然从床上坐起，或久蹲而突然站起，也容易发生晕厥。这是因为平卧时血管紧张度较低，血压偏低，尚能满足脑部的血液供应。而当体位突然改变时，血管紧张度来不及调整，加上重力影响，会使脑部血液供应不足而发生头昏、眩晕、眼花、眼前发黑等晕厥症状。

4. 血管神经性晕厥

常见于体质较差的青年女性。情绪紧张、气候闷热、局部疼痛、疲劳、恐惧、饥饿等均可诱发。因为这些诱因能反射性地引起患者全身小血管的广泛扩张，使回流到心脏的血液减少，心脏血输出量也相应减少，因而引起脑部缺血、缺氧而发生晕厥。

（资料来源：https://baijiahao.baidu.com/s?id=1595623771336994695）

（2）昏厥的急救。一旦身边出现昏厥病人，应该抓紧时间进行急救。

1）使患者平卧，头放低，松解衣扣。见到病人前额出汗、脸色苍白或申诉头晕，或已昏厥，就应立即扶病人躺到床上，抬高下肢，不要用枕，解开领扣、腰带和其他紧身的衣物。如果现场环境无床或不允许病人躺下，可以让其坐下，头垂到双膝之间。如果病人不能躺下或坐下，可让其单腿跪下，俯伏上身，像系鞋带的姿势一样。这样，病人的头部就处在比心脏低的位置，同样能很快恢复。千万不要把昏倒在地的病人扶坐起来，而要让他躺在地下，身子放平。

2）用手掐患者人中穴。妥善处置好晕厥者的姿势后，急救者可用指甲掐患者的人中穴，迫使其很快清醒。病人一般在 5 分钟内便能恢复神志，否则应立即送往医院寻求专业急救。患者醒后至少仰卧 10 分钟，过早起身可使昏厥复发。患者意识恢复后，可饮少量水或茶。如果是原因不明的晕厥，应尽快送医院诊治。

户外劳动或户外活动是学生走出教室，投身大自然的怀抱，接受阳光、空气，体验和感受野外生活乐趣的重要途径。它不仅能锻炼学生克服困难的精神，提高适应自然环境的能力，而且能在集体活动中，增进同学之间的友谊，丰富社会生活。但是，其中也存在着一定的意外和危险，所以，学生掌握一定的户外急救技能很有必要。

1．伤口处理

伤口暴露容易被病菌感染，特别是在野外卫生条件不好的情况下，更应该及时处理好伤口。

（1）小伤口的处理。首先要清洁伤口，先将碎片、泥土等杂物清除，并且除去已经坏死的组织，然后用碘酒及酒精迅速擦拭伤口，进行消毒，再将大小合适、干净的纱布轻轻盖在伤口表面，贴上胶布固定。

（2）动脉出血的处理。动脉出血应立即用止血带或手指压在伤口近心端的一方，使血管被压闭住，中断血流，不能压得太松或太紧，以血液不再流出为度。缚止血带的时间，原则上不超过 1 小时，如需要较长时间缚止血带，则应每隔半小时松解止血带半分钟左右。在松解止血带的同时，应压住伤口，以免大量出血。同时，应争取时间送医院处理。

2．脱臼的急救

脱臼又称关节脱位，是因外力或其他原因造成关节各骨的关节面失去正常的对合关系。其中，肩部尤其容易脱臼。如果发现肩部脱臼，急救人员应脱去鞋子，用脚撑在伤员腋下，拖动脱臼的臂部，使之复位。另一种可行但是更冒险的方法是屈肘 90°，用作杠杆，顶住关节窝使之复位，用吊索支持臂部，并用绷带使之与胸部固定，让伤员好好休息。

3．骨折的急救

骨折是指由于外伤或病理等原因致使骨质部分或完全断裂的一种疾病。

如在野外劳动或者集体活动时发生骨折，应该首先固定伤肢，以避免搬动过程中骨折部位的软组织、血管、神经或内脏器官的进一步损伤。这时候需要用到的夹板应该就地取材,树枝、木棍、木板、枪支、滑雪杖、折叠的报纸等都可以用来做夹板。

4．冻僵的急救

冬天在野外劳动或者活动时,因为天气的原因,有可能会被冻僵。冻僵是指人体遭受严寒侵袭,全身降温所造成的损伤。伤者表现为全身僵硬,感觉迟钝,四肢乏力,头晕,甚至神志不清,知觉丧失,最后因呼吸循环衰竭而死亡。

发生冻僵的伤者已无力自救,救助者应立即将其转运至温暖的房间内,搬运时动作要轻柔,避免僵直身体受到损伤。然后迅速脱去伤者潮湿的衣服和鞋袜,为其盖上被子。用布或衣物裹热水袋、水壶等,放在伤者腋下,使其腹股沟处迅速升温,或将伤者放在38～42 ℃的温水中浸浴。如果衣物已冻结在伤者的肢体上,不可强行脱下,以免损伤皮肤,可连同衣物一起放入温水,待解冻后取下。当伤者出现有规律的呼吸后停止加温。伤者意识存在后可饮用热饮料或少量酒。

5．溺水的急救

游泳是不少青少年喜爱的体育锻炼项目之一,它既可以解除夏季的炎热,又能够起到锻炼身体的作用。但是,如果不做好准备、缺少安全防范意识,遇到意外时慌乱无措,极易发生溺水伤亡事故。因此,掌握一定的溺水急救技能分外重要。

(1)溺水的预防。为了确保游泳安全,防止溺水事故的发生,必须做到以下几点:

1)选择安全的游泳场所。不要独自一人外出游泳,更不要到不知水情或比较危险且易发生溺水伤亡事故的地方游泳。选择好的游泳场所,对场所的环境,如该水库、浴场是否卫生,水下是否平坦,有无暗礁、暗流、杂草,水域的深浅等情况要了解清楚。

2)要有专人带领。学生要在老师或熟悉水性者的带领下去游泳,以便互相照顾。如果集体组织外出游泳,下水前后都要清点人数,并指定救生员做安全保护。

2)做好游泳前的准备。下水之前要清楚自己的身体健康状况,平时四肢容易抽筋者不宜参加游泳或不要到深水区游泳。要做好下水前的准备,先活动身体,如水温太低应先在浅水处用水淋洗身体,待适应水温后再下水游泳;镶有假牙的同学,应将假牙取下,以防呛水时假牙落入食管或气管。

4)游泳时要谨慎。对自己的水性要有自知之明,下水后不能逞

读书笔记

能，不要贸然跳水和潜泳，更不能互相打闹，以免呛水和溺水。不要在急流和漩涡处游泳，更不要酒后游泳。

5）遇到不适要早防备。在游泳中如果突然觉得身体不舒服，如眩晕、恶心、心慌、气短等，要立即上岸休息或呼救。若小腿或脚部抽筋，不要惊慌，可用力蹬腿或做跳跃动作，或用力按摩、拉扯抽筋部位，同时呼叫同伴救助。

案例

天气炎热，加之汛期降雨强度加大，溺水事件进入高发期……防溺水这件事值得所有人深思！2020年7月17日19时28分，岳阳市蓝天救援队队接临湘市消防大队电话，称临湘某小型水库一名11岁女孩落水，请求支援。蓝天救援经过近半个小时的仔细搜索，将溺水女孩找到并打捞上岸，痛心的是女孩已无生命体征，生命永远停留在11岁。

（2）溺水者的岸上急救。

1）打120急救电话。如果溺水者情况比较严重，首先应该在周围群众的帮助下拨打120急救电话，待专业医生迅速赶到施以援救。在拨打120时一定要说清溺水的地点、人数及溺水者的大致状况，让医生做好准备。

2）清除溺水者口、鼻中的杂物。在急救人员到来之前，现场人员应该抓紧时间实施急救。将伤员抬出水面后，首先应立即清除口、鼻中的淤泥、杂草、泡沫和呕吐物，使上呼吸道保持畅通。如果发现溺水者喉部有阻塞物，则可将溺水者脸部转向下方，在其后背用力拍，将阻塞物拍出气管。如果溺水者牙关紧闭，口难张开，救生者可在其身后，用两手拇指顶住溺水者的下颌关节用力前推，同时用两手食指和中指向下扳其下颌骨，将口掰开。为防止已张开的口再闭上，可将小木棒放在溺水者上下牙床之间。

3）人工呼吸。对呼吸停止者应立即进行人工呼吸，一般以口对口吹气为最佳。急救者位于溺水者一侧，托起溺水者下颌，捏住溺水者鼻孔，深吸一口气后，往溺水者嘴里缓缓吹气，待其胸廓稍有抬起时，放松其鼻孔，并用一手压其胸部以助呼气。反复并有节律地（每分钟吹16～20次）进行，直至恢复呼吸为止。

4）胸外心脏按压。将溺水者救上岸后，如发现溺水者的心跳已

读书笔记

停或极其微弱，则应立即施行胸外心脏按压，通过间接挤压心脏使其收缩与舒张，恢复泵血功能。胸外心脏按压与人工呼吸的配合施行，是对尚未出现死亡现象的溺水者生命做最后的挽救，是使其恢复自主心跳与呼吸的重要手段。胸外心脏按压的具体做法为：让溺水者仰卧，背部垫一块硬板，头部稍后仰，急救者位于溺水者一侧，面对溺水者，右手掌平放在其胸骨下段，左手放在右手背上，借急救者身体重量缓缓用力，不能用力太猛，以防肋骨骨折，将胸骨压下 4 cm 左右，然后松手腕（手不离开胸骨）使胸骨复原，反复有节律地（每分钟 60～80 次）进行，直到心跳恢复为止。

6．中暑的急救

学生如果在夏季进行剧烈运动或长时间从事重体力劳动，如马拉松锻炼或军训均有可能引发中暑。中暑俗称暑热，是由于体温调节中枢功能障碍、汗腺功能衰竭和水电解质丢失过多引的疾病。中暑常发生在气温超过 32 ℃和湿度大于 60%、无风的夏季。

（1）中暑的症状。中暑的程度可以分为三级，即先兆中暑、轻度中暑和重度中暑。先兆中暑病人有头痛、眩晕、口干、舌燥、出汗、疲劳、注意力不集中和动作不协调等症状；轻度中暑除具有先兆中暑的表现外，还有肌肉痉挛疼痛或直立性晕厥、体温轻度升高、面色潮红、皮肤灼热、脉搏加快、呼吸急促和血压下降等脱水表现；重度中暑又称热射病或日射病，表现为高热、昏迷、惊厥和多器官衰竭。重度中暑是一种致命性急症，病死率极高，常死于呼吸、循环系统衰竭或急性肾衰竭。

（2）中暑的现场急救。中暑后体温升高的程度及持续时间与病死率直接相关。因此，发现中暑患者，应迅速采取以下急救措施，减少或防止悲剧性事件的发生：

1）将患者转移到阴凉通风处。对中暑者，要及时使其脱离高温环境，可将患者转移到阴凉通风处休息，使其平卧，头部抬高，松解衣扣。

2）补充体液。如果中暑者神志清醒，并无恶心、呕吐症状，可饮用含盐的清凉饮料、茶水、绿豆汤等，以起到降温、补充血容量的作用，也可饮淡盐水（0.2%～0.3%氯化钠溶液）。对神志不清的病人，最好不要喂水，以防止误吸。有条件者，可静脉输注 5%葡萄糖生理盐水或复方氯化钠溶液。

3）人工散热，物理降温。有条件时，可用电扇通风或空调降温，促进散热，但不能直接对着病人吹风，防止造成感冒。也可采用物理降温，如用冷水或用冰袋置于病人的头、颈、腋下、腹股沟等处，或用酒精擦病人的头、颈、腋下、腹股沟等处，都可达到迅速降温的效果。如无低血压或休克表现,将患者躯体浸入 27～30 ℃ 的水中 15～30 分钟,也可达到迅速降温效果。对血压不稳定者,可采用蒸发散热降温,如用 23 ℃ 冷水反复擦拭皮肤,同时用电风扇或空调促进散热。

4)拨打急救电话。对重度中暑者,在采取上述措施的同时,应立即拨打 120,将患者迅速送往有条件的大医院急诊科治疗。

阅读延伸　　降暑"两水"慎替用

入夏后,藿香正气水与十滴水几乎成了家庭中必备的防暑应急药品。由于这两种中成药均能治疗夏季暑热引起的胃肠不适、腹痛恶心等症状,所以不少人都误认为这两者功效相等,可以相互代替使用。其实,藿香正气水与十滴水无论在药物组成、功效主治与用法用量上都有着很大的差别,贸然替用,必将引起不良后果。

藿香正气水主要擅长治疗夏季风寒湿邪所引起的夏季感冒、胃肠炎等疾病,治疗范围较广泛,既可以治疗夏秋的各种感冒及胃肠炎等,也可以用于中暑而引起的胃肠不适;而十滴水仅用于中暑症,即感受暑热引起的头晕昏迷、胃肠不适等。藿香正气水主治风寒湿之邪所致疾病,十滴水主治暑热湿之邪所致疾病,两者的功效主治截然不同,因此应当对症选用。

(3)中暑的预防。

1)注意饮食。饮食方面,首先应注意补充水分。夏季人体水分挥发较多,不能等渴了再喝水,那时身体已处于缺水状态。另外,身体中的一些微量元素会随着水分的蒸发被带走,应适当喝一些盐水。食物方面,要补充足够的蛋白质,如鱼、肉、蛋、奶和豆类等;另外,应多吃能预防中暑的新鲜果蔬,如西红柿、西瓜、苦瓜、桃、乌梅、黄瓜等。

2)做好防晒工作。在外出时,要做好防晒工作,戴太阳镜、遮阳帽或使用遮阳伞,着浅色、透气、宽松的棉、麻、丝质服装,便于汗液挥发,有利于散热。烈日炎炎下长时间骑车最好穿长袖衬衫,或使用披肩,戴遮阳帽。中午至下午 2 时阳光最强时,尽量不要待在户外,有条件的可适当进行午休。曾经发生过中暑的病人,恢复后数周内,应避免进行室外剧烈活动和在烈日下暴晒。

3)随身携带防暑药品。进行长时间户外运动时,要准备好防暑

读书笔记

药品，如藿香正气水、十滴水、仁丹等。出汗较多时应多饮含盐类和多种水溶性维生素的清凉饮料，保持水和盐的代谢平衡。

7. 咬伤与蜇伤的急救

学生在户外活动时，经常会遇到各种各样的动物咬伤、叮伤或蜇伤，很多人因为受伤后处理不当而造成不必要的感染或病情加重。现将一些常见的动物咬伤、蜇伤的紧急处理办法介绍如下：

（1）蜂类蜇伤的急救。被蜂蜇伤后，其毒针会留在皮肤内，必须用消毒针将叮在肉内的断刺剔出，然后用力掐住被蜇伤的部位，用嘴反复吸吮，以吸出毒素。如果身边暂时没有药物，可用肥皂水充分洗患处，然后再涂些食醋或柠檬汁。如果伤者发生休克，在通知急救中心或去医院的途中，要注意保持伤者的呼吸畅通，并进行人工呼吸、心脏按压等急救处理。

（2）猫狗咬伤的急救。狂犬病是人被狗、猫等动物咬伤而感染狂犬病毒所致的急性传染病。狂犬病毒能在狗或猫的唾液腺中繁殖，咬人后通过伤口残留唾液使人感染。有的狗、猫虽无狂犬病表现，却带有狂犬病毒，它们咬人后照样可以使人感染狂犬病毒而得狂犬病。目前，狂犬病治疗无特效药物，死亡率高达100%，所以人被狗或猫咬伤后必须及时救治。

1）挤血排毒。如果伤口流血，在流血不多的情况下，不要急于止血，因为流出的血液可以将残留在伤口的猫狗唾液一并带走。对于渗血的伤口，尽量从近心端（伤口离心脏近的位置）挤压伤口出血，排除残留的唾液。

2）冲洗伤口。冲洗伤口一是要快。分秒必争，以最快的速度将沾染在伤口上的狂犬病毒冲洗掉。二是要彻底。由于狗、猫咬的伤口往往外口小，里面深，这就要求冲洗时，尽量把伤口扩大，让其充分暴露，并用力挤压伤口周围软组织，而且冲洗的水量要大，水流要急，最好是对着自来水龙头急水冲洗。三是伤口不可包扎。除个别伤口大而且伤及血管的情况下需要止血外，一般不上任何药物，也不要包扎，因为狂犬病毒是厌氧的，在缺乏氧气的情况下，狂犬病毒会大量生长。

3）注射狂犬疫苗。伤口反复冲洗后，再送医院做进一步伤口冲洗处理，接着应接种狂犬病疫苗。这里特别要指出的是，在被狗、猫咬伤后，不可对伤口直接涂上红药水包上纱布。切忌长途跋涉赶到大医院求治，而是应该立即、就地、彻底冲洗伤口，在24小时内到医院注射狂犬疫苗。

（3）毒蛇咬伤的急救。毒蛇的种类很多，有的甚至含有剧毒，被毒蛇咬伤后如不及时抢救会危及生命。因此，在有蛇出没的地区活动，应掌握毒蛇咬伤后的急救措施。

1）防止毒液扩散和吸收。被毒蛇咬伤后，不要惊慌失措，奔跑走动，这样会促使毒液快速向全身扩散。伤者应立即坐下或卧下，自行或呼唤别人来帮助，迅速用可以找到的鞋带、裤带之类的绳子绑扎伤口的近心端。如果手指被咬伤可绑扎指根，手掌或前臂被咬伤可绑扎肘关节上，脚趾被咬伤可绑扎趾根部，足部或小腿被咬伤可绑扎膝关节下，大腿被咬伤可绑扎大腿根部。绑扎无须过紧，其松紧度掌握在能够使被绑扎的下部肢体动脉搏动稍微减弱为宜。绑扎后每隔30分钟左右松解一次，每次1～2分钟，以免影响血液循环，造成组织坏死。

2）迅速排除毒液。立即用凉开水、泉水、肥皂水或1∶5 000高锰酸钾溶液冲洗伤口及周围皮肤，以洗掉伤口外表毒液。如果伤口内有毒牙残留，应迅速用小刀或碎玻璃片等尖锐物（使用前最好用火烧后消毒）挑出。以牙痕为中心做十字切开，深至皮下，然后用手从肢体的近心端向伤口方向及伤口周围反复挤压，促使毒液从切开的伤口排出体外，边挤压边用清水冲洗伤口，冲洗挤压排毒须持续20～30分钟。此后如果随身带有茶杯可对伤口做拔火罐处理，先在茶杯内点燃一小团纸，然后迅速将杯口扣在伤口上，使杯口紧贴伤口周围皮肤，利用杯内产生的负压吸出毒液。如无茶杯，也可用嘴吮吸伤口排毒，但吮吸者的口腔、嘴唇必须无破损、无龋齿，否则有中毒的危险。吸出的毒液随即吐掉，吸后要用清水漱口。

3）排毒之后要治疗。由于毒液是剧毒物，只需要极小量即可致人死亡，所以绝不能因惧怕疼痛而拒绝对伤口切开做排毒处理。若身边备有蛇药可立即口服以解内毒。病人若出现口渴，可给足量清水饮用，切不可饮含酒精类饮料以防止毒素扩散加快。经过切开排毒处理的伤员要尽快用担架、车辆送往医院接受进一步的治疗，以免延误治疗时机。

4）转运送过程中要消除病人的紧张心理，使其保持安静。

另外，被蜈蚣、蝎子、蜂、毒蜘蛛等毒虫咬、蜇伤时，人也会像被毒蛇咬伤那样引起中毒以致死亡。所以，也要及时自救或及时送往医院救治。其救护措施与被毒蛇咬伤的救护措施类似。被昆虫叮咬或蜇伤时，可先用冰块或凉水冷敷，然后在伤口处涂抹氨水。如果被蜜蜂蜇了，应先用镊子将刺拔出，然后再抹氨水或牛奶。

读书笔记

第六章 加强劳动保障

读书笔记

话题讨论

近年来，校园安全、实践活动中频频出现意外，且责任争议大，让部分学校不得已压缩学生课外活动实践，以期减少对学生和学校的伤害。但是也有人认为学校不应以安全为由将学生课外活动挡在门外。对此你有什么看法？

实践课堂

伤员包扎与搬运练习

活动场地：室内。

人员要求：不限。

材料准备：绷带、三角巾、止血带。

活动目标：使学生掌握急救的简单技能。

活动流程：

1. 包扎练习：根据本章所学到的知识，分别进行以下三种包扎方法的练习。

（1）简单螺旋包扎法。

（2）人字形包扎法。

（3）三角巾头部包扎法。

2. 搬运练习。

（1）单人搬运法。

（2）双人搬运法。

思考题

1. 请列举骨折的救助方法。

2. 在野外被毒蛇咬伤，应该怎样进行急救处理？

附　录
劳动实践项目

附　录　劳动实践项目

读书笔记

2020年3月26日,《中共中央　国务院关于全面加强新时代大中小学劳动教育的意见》中明确指出,实施劳动教育重点是在系统的文化知识学习之外,有目的、有计划地组织学生参加日常生活劳动、生产劳动和服务性劳动,让学生动手实践、出力流汗,接受锻炼、磨炼意志,培养学生正确劳动价值观和良好劳动品质。

2020年7月15日,教育部印发的《大中小学劳动教育指导纲要(试行)》中明确指出,劳动教育主要包括日常生活劳动、生产劳动和服务性劳动中的知识、技能与价值观。日常生活劳动教育立足个人生活事务处理,结合开展新时代校园爱国卫生运动,注重生活能力和良好卫生习惯培养,树立自立自强意识。生产劳动教育要让学生在工农业生产过程中直接经历物质财富的创造过程,体验从简单劳动、原始劳动向复杂劳动、创造性劳动的发展过程,学会使用工具,掌握相关技术,感受劳动创造价值,增强产品质量意识,体会平凡劳动中的伟大。服务性劳动教育让学生利用知识、技能等为他人和社会提供服务,在服务性岗位上见习实习,树立服务意识,实践服务技能;在公益劳动、志愿服务中强化社会责任感。

本附录重点从日常生活劳动、生产劳动、服务型劳动三个维度,利用项目、任务的形式列举了部分实施劳动教育的实践途径。

项目一　日常生活劳动

任务一　开展卫生清洁劳动

　任务目标

1. 培养学生良好的卫生劳动习惯。
2. 培养学生吃苦耐劳精神。
3. 培养学生自我管理和服务能力。

二 知识准备

1. 卫生的定义

卫生是指个人和集体的生活卫生和生产卫生的总称。一般是指为增进人体健康,预防疾病,改善和创造满足生理、心理需求的生产环境、生活条件所采取的个人的和社会的卫生措施。

2. 卫生的分类

卫生可分为个人卫生和环境卫生。

(1) 讲究个人卫生是一种良好的行为,可以让每个人的身体维持在最健康的状态,它也会影响别人对你的观感。

(2) 环境卫生是指城市空间环境的卫生。其主要包括城市街巷、道路、公共场所、水域等区域的环境整洁,城市垃圾、粪便等生活废弃物收集、清除、运输、中转、处理、处置、综合利用,城市环境卫生设施规划、建设等。目前环境卫生研究的内容有空气卫生、饮用水卫生、土壤卫生、住宅卫生与居民区规划(见住宅建筑设计卫生)、公共场所卫生。

3. 讲究卫生的意义

(1) 讲究个人卫生能够使个体预防疾病,保持身心健康,使人看起来精神焕发,自信满满。

(2) 整齐干净的个人卫生能够展示个体对生活的积极态度,体现一种辛勤劳动、吃苦耐劳的品质。

(3) 环境卫生是一个城市和国家的形象名片,是营造良好发展环境的需要,是顺应民意的需要,是展现国家综合竞争力的关键因素。

4. 卫生要求

(1) 个人卫生要求。着装干净整洁、勤洗脸、勤换衣、仪容仪态端庄得体、不抽烟不喝酒、不吃不干净食物。

(2) 宿舍卫生要求。

1) 住宿生要养成良好的卫生和劳动习惯,共同维护和创造良好的生活环境。寝室成员整理好自己的个人物品,值日生每天须将宿舍打扫整洁,并及时将垃圾倒入指定地点。各宿舍全体成员每天共同维护好宿舍卫生,每周进行一次室内清洁大扫除。

2) 宿舍布置要求格调高雅,力求反映专业特色。宿舍卫生标准:达到地面干净、无垃圾;桌面、门窗无灰尘,墙壁、天花板无蜘蛛网,床上被褥、衣物、洗漱用品、鞋子等用品摆放整齐,室内无异味。学生管理部门定期检查,并评出文明宿舍,按照学院有关规定予以奖励和处罚。有关宿舍卫生检查的标准及检查办法见文明宿舍检查规定。

读书笔记

3）不准向楼道、窗外泼水，不准乱扔废纸、塑料袋等物品。杂物不得倒入水池或便池。违者处以批评或处分，并承担相关费用。

4）垃圾不得堆放在宿舍门口及楼道内，不准在墙壁上乱写乱画、踩脚印。

（3）公共卫生要求。

1）凡入校学生要从自身做起，养成良好的公共卫生习惯，自觉遵守公共卫生道德和公共卫生制度，认真维护公共环境卫生，并积极参加宿舍区公共卫生义务劳动。

2）要保持室内外及公共场所墙壁、地面的清洁，不得在墙壁上乱涂、乱画、乱张贴。

3）要爱护公共区绿化草地，不得随意践踏、破坏绿化，不得向绿化草地内扔垃圾等，保持校园绿化带等公共场所"24小时无垃圾"。

三 任务实施

学生根据卫生要求自觉做好个人卫生，自觉清洁宿舍，主动承担打扫公共区、教室、实训室的卫生；积极参与校内外卫生清洁、园林工艺、垃圾分类宣传和管理、饮用水安全防护、控烟活动等环境保护工作。

四 任务评价

学生劳动实践项目任务评价表

姓名：		性别：		班级：		学院：	
劳动实践项目名称：							
评价维度		评价内容				配分	评分
劳动能力		A. 应用劳动工具的能力				10分	
		B. 分析、解决问题的能力				10分	
		C. 团队协作能力				10分	
		D. 自主管理能力				10分	
劳动过程		A. 劳动态度				10分	
		B. 劳动纪律				10分	
		C. 劳动持续性				10分	
劳动效果		A. 劳动完成的效率和质量				10分	
		B. 劳动创新性和创造性				10分	
		C. 经验借鉴及可推广性				10分	
教师评价						总分	

说明：评价等级分为优秀、良好、合格、不合格，大于等于90分为优秀等级，大于等于75分小于90分为良好等级，大于等于60分小于75分为合格等级，小于60分为不合格等级。

任务二　学习烹饪技术

一　任务目标

1. 培养学生热爱劳动的情感。
2. 培养学生动手操作能力。
3. 提高学生的自我价值感。

二　知识准备

1. 烹饪的定义

烹饪指的是膳食的艺术，是一种复杂而有规律地将食材转化为食物的加工过程，是对食材加工处理，使食物更可口、更好看、更好闻的处理方式与方法。

2. 常用的烹饪方法和常识

烹饪方法有26种，分别是炒、爆、熘、炸、烹、煎、贴、烧、焖、炖、蒸、氽、煮、烩、炝、拌、腌、烤、卤、冻、拔丝、蜜汁、熏、卷、滑、焗。

烹饪常识有烧肉不宜过早放盐、油锅不宜烧得过旺；肉、骨烧煮忌加冷水；未煮透的黄豆不宜吃；烧鸡蛋不宜放味精；酸碱食物不宜放味精；反复炸过的油不宜食用；冻肉不宜在高温下解冻；吃茄子不宜去掉皮；铝铁炊具不宜混合。

3. 烹饪的意义和作用

（1）提供富含营养的膳食，强人体质，满足人类饮食生活中的物质需求。

（2）提供健康安全的膳食，保证饮食卫生。

（3）提供色、形、味兼美的膳食。

（4）创造、发展饮食文化，推进人类文明建设。

三　任务实施

积极参与美食烹饪活动，如班级农家乐、校园美食节、志愿服务活动等，给自己和身边的人烹饪美食；主动承担家庭其他家务劳动，如洗碗洗衣服、消毒灭菌、农活等，积极参与校内外家务劳动。

四 任务评价

学生劳动实践项目任务评价表

姓名：	性别：	班级：	学院：

劳动实践项目名称：			
评价维度	评价内容	配分	评分
劳动能力	A. 规划执行能力	8分	
	B. 团结协作能力	8分	
	C. 劳动技术能力	10分	
	D. 问题解决能力	8分	
劳动过程	A. 劳动态度	10分	
	B. 劳动内容、形式的创新性	10分	
	C. 劳动过程的完整性	10分	
劳动效果	A. 学校、教师、学生评价	10分	
	B. 社会效益	8分	
	D. 成果推广	8分	
自我评价		10分	
教师评价		总分	

说明：评价等级分为优秀、良好、合格、不合格，大于等于90分为优秀等级，大于等于75分小于90分为良好等级，大于等于60分小于75分为合格等级，小于60分为不合格等级。

任务三 参加勤工助学

一 任务目标

1. 培养学生正确的劳动观点和态度。
2. 培养学生自立、自强、艰苦奋斗、感恩孝顺的劳动品质。
3. 加强理论与实际联系，掌握一定的生产知识和劳动技能。

二 知识准备

1. 勤工助学的含义

勤工助学是指学生在学校的组织下利用课余时间，通过自己的劳动取得合法报酬,用于改善学习和生活条件的社会实践活动。勤工助学是学校学生资助工作的重要组成部分,是提高学生综合素质和资助家庭经济困难学生的有效途径。

勤工助学是学校学生资助政策体系的重要组成部分,是提升学生综合能力和素质的有效途径,是实现全程育人、全方位育人的有效平台。勤工俭学不仅可以帮助学生掌握系统的理论知识,提高实践能力,顺利完成学业,而且使他们把握在勤工俭学过程中带来的契机,培养创新意识、凝聚创造能力,为将来就业、创业打下良好的基础,成为建设现代化社会主义的栋梁之材。

2．勤工助学简介

（1）活动管理。学生在学有余力的前提下,向学校提出勤工助学的申请,接受必要的勤工助学岗前培训和安全教育,再由学校统一安排到校内或校外的岗位上进行勤工助学活动。学校不得安排学生参加有毒、有害和危险的生产作业,以及超过身体承受能力、有碍健康的劳动。任何单位和个人未经学校同意,不得聘用在校学生打工。

（2）时间安排。学生参加勤工助学不应当影响学业,原则上每周不超过 8 小时,每月不超过 40 小时。

（3）劳动报酬。学生参加校内固定岗位的勤工助学,其劳动报酬由学校按月计算。每月 40 个工时的酬金原则上不低于当地政府或有关部门制定的最低工资标准或居民最低生活保障标准,可以适当上下浮动。学生参加校内临时岗位的勤工助学,其劳动报酬由学校按小时计算。每小时酬金原则上不低于 8 元人民币。学生参加校外勤工助学的酬金标准不低于学校所在地政府或有关部门规定的最低工资标准,具体数额由用人单位、学校与学生协商确定,并写进聘用协议。

（4）权益保护。学生在开始勤工助学活动前应当与有关单位签订协议,保护自身的合法权益。学生在进行校内勤工助学前,应当与学校的学生勤工助学管理服务组织签订具有法律效力的协议书。学生在进行校外勤工助学前,应当与代表学校的学生勤工助学管理服务组织、用人单位签订具有法律效力的三方协议书。协议书应当明确学校、用人单位和学生三方的权利和义务,意外伤害事故的处理办法以及争议解决方法。

3．勤工助学的重要意义

（1）有利于经济困难学生缓减经济压力,保持自尊和自信的良好心态。

（2）有利于学生进一步增长知识、得到能力上的锻炼。

（3）将已经掌握的理论知识进行适当的、深入的运用,培养学生的社交能力、组织协调能力、处理突发事件的能力等，使学生更全面了解自己，提前做好职业生涯规划。

三 任务实施

学生利用课余或假期时间，结合自身能力结构、专业特点、职业规划，主动参加校内或校外的工作；如与专业相关的基层工作、销售或服务工作等。

四 任务评价

学生劳动实践项目任务评价表

姓名：		性别：	班级：	学院：
劳动实践项目名称：				
评价维度	评价内容		配分	评分
劳动能力	A.组织执行能力		8分	
	B.沟通表达能力		8分	
	C.团结协作能力		8分	
	D.问题解决能力		6分	
劳动过程	A.劳动持续性		8分	
	B.劳动态度		8分	
	C.劳动内容、形式的创新性		8分	
	D.劳动过程的完整性		6分	
劳动效果	A.社会影响力		8分	
	B.服务对象认可度		8分	
	C.学校、教师、学生评价		8分	
	D.成果经验借鉴		6分	
自我评价			10分	
教师评价			总分	

说明：评价等级分为优秀、良好、合格、不合格，大于等于90分为优秀等级，大于等于75分小于90分为良好等级，大于等于60分小于75分为合格等级，小于60分为不合格等级。

项目二　生产性劳动

任务一　开展专业实训劳动

一　任务目标

1. 培养学生专业知识技术应用能力。
2. 培养学生实际动手操作能力。
3. 培养学生技术创新创造能力。

二　知识准备

1. 专业实训的概念

专业实训是指将学生带到实训现场去学习，通过对某一专业工种或岗位技能的模拟仿真训练，深化理论知识，使学生基本掌握实训工种的操作技术和工作方法的一种实践性教学活动。

2. 专业实训的分类

专业实训可分为单项实训、专项实训、综合实训、毕业设计等。

（1）单项实训是指配合理论课程，针对课程中的某一技能点所进行的实践性教学活动。

（2）专项实训是结合某一门课程所有知识所进行的实践性教学活动。

（3）综合实训是结合多门课程知识进行的实践性教学活动。

（4）毕业设计是教学过程最后阶段的一种总结性的实践性教学活动。

3. 专业实训的特点

（1）实践性。通过理论联系实际，开展多种形式的专业技能训练，掌握相关专业知识，强化对专业技术知识的理解和实际运用，提升专业动手能力和解决实际问题的能力，为高质量就业打下坚实基础。

（2）针对性。专业实训针对具体的专业知识目标进行科学设置，训练的内容具体、明确、有针对性，学生在专业实训的过程中有目标、有方向，教师能通过专业实训有针对性地了解、发现学生训练中存在的问题和不足，提高专业教育教学质量和水平。

（3）自主性。学生是专业实训的主体，它客观要求学生主动参与实践性学习的全过程，在教师的有效指导下自主学习、自主实践、自主反思。

三　任务实施

学生根据专业教学任务开展单项实训、专项实训、综合实训、毕业设计，完成实训规定要求，提交相关佐证材料。

四　任务评价

学生劳动实践项目任务评价表

姓名：	性别：	班级：	学院：

劳动实践项目名称：			
评价维度	评价内容	配分	评分
劳动能力	A. 应用专业知识和技术的能力	10 分	
	B. 分析解决问题的能力	10 分	
	C. 团队协作能力	10 分	
	D. 自主学习能力	10 分	
劳动过程	A. 劳动态度	10 分	
	B. 劳动纪律	10 分	
	C. 劳动规划和执行	10 分	
劳动效果	A. 劳动完成的质量和效率	10 分	
	B. 劳动创新性和创造性	10 分	
	C. 成果经验借鉴	10 分	
教师评价		总分	

说明：评价等级分为优秀、良好、合格、不合格，大于等于 90 分为优秀等级，大于等于 75 分小于 90 分为良好等级，大于等于 60 分小于 75 分为合格等级，小于 60 分为不合格等级。

任务二　开展专业实习劳动

一　任务目标

1. 培养学生岗位认知能力。
2. 培养学生企业文化适应能力。
3. 培养学生职业素养。
4. 培养学生自我管理能力。

二　知识准备

1. 专业实习的概念

专业实习是指将学生带到生产现场去学习,通过参加生产实践,深化理论知识,培养和提高学生的专业工作技能水平与综合运用专业知识、专业技能解决生产现场中的技术及管理问题的能力的一种实践性教学活动。

2. 专业实习的分类

专业实习可分为认识实习、跟岗实习、顶岗实习等。

（1）认识实习是指组织学生到实习单位参观、观摩和体验,形成对实习单位和相关岗位的初步认识的实践性教学活动。

（2）跟岗实习是指不具有独立操作能力、不能完全适应实习岗位要求的学生,在专业人员指导下,到实习单位的相应岗位部分参与实际辅助工作的实践性教学活动。

（3）顶岗实习是指初步具备实践岗位独立工作能力的学生,到相应实习岗位,相对独立参与实际工作的实践性教学活动。顶岗实习累计时间原则上以半年为主,可根据实际需要,集中或分阶段安排实习时间。

3. 专业实习的特点

（1）教育性与职业性。专业实习与专业培养目标密切相关,是学校培养合格人才十分重要的一个教学环节。在专业实习的过程中,通过学校和实习单位教师的指导,学生的专业知识能获得一定的增长,实践操作技能也能实现一定的提高。专业实习时,学生到企（事）业等用人单位工作,教学场所由校内转向校外,学生从以课堂和学校为中心转变为以岗位和企业为中心,学生在实习单位通过岗位上的职业操作开展相关的教学计划,是一种职业劳动过程。

（2）学生具有双重身份。在专业实习中，实习的学生既是学校的学生，也是企业的员工，身份具有双重性。专业实习的学生必须接受学校和实习单位的双重管理。在专业实习期间，学生既要完成学习任务，也要履行专业实习单位员工的岗位职责；既要遵守学校的规章制度，也要遵守实习单位的相关规定。

（3）教学模式的特殊性。专业实习强调教学实践与工作过程相结合，是实施工学结合人才培养的有效模式。在专业实习过程中，学生是实习单位的准员工，应将所学的理论知识与工作相结合。专业实习是职业院校人才培养过程中特殊的环节，这种特殊性决定了学生在专业实习中必将有一个学习和角色转变与适应的过程。

三 任务实施

根据专业特点，学生根据学校安排开展认识实习、跟岗实习，通过学校推荐企业或自主选择企业开展顶岗实习，根据指导教师要求提供相应的实习佐证材料。

四 任务评价

学生劳动实践项目任务评价表

姓名：		性别：		班级：		学院：	
劳动实践项目名称：							
评价维度		评价内容			配分		评分
企业评价		A. 专业知识和技能			10分		
		B. 劳动完成的质量和效率			10分		
		C. 遵守企业规章制度			10分		
		D. 团队协作意识			10分		
学校评价		A. 应用专业知识和技术的能力			10分		
		B. 分析解决问题的能力			10分		
		C. 劳动态度			10分		
		D. 劳动纪律			10分		
自我评价					20分		
教师评价					总分		

说明：评价等级分为优秀、良好、合格、不合格，大于等于90分为优秀等级，大于等于75分小于90分为良好等级，大于等于60分小于75分为合格等级，小于60分为不合格等级。

项目二　生产性劳动

任务三　开展创新创业活动

一　任务目标

1. 培养学生创新精神、创业意识、创造能力。
2. 培养学生可持续发展能力、受挫抗压能力、解决问题能力。
3. 培养学生探索精神、进取精神、拼搏精神、担当精神、合作精神。

二　知识准备

（一）创新创业的定义

创新与创业是两个概念。创新既是一种思想也是一种行动；而创业就是一种行动，一种将创新思想落实到实践的活动。关于创新思想，在我国远古的神话中可以找到影子，如夸父逐日。我国春秋时期的《大学》："大学之道，在明明德，在新民，在止于至善"，如果说这个"新"可以解释为"亲"，那么它的"苟日新，日日新，又日新"则是明确提出了高等学校创新的宏大命题。不仅要如此，而且振聋发聩地提高到"周虽旧邦，其命惟新"的高度。将创新与民族的命运国家的兴衰紧密地联系在一起。关于创业，在我国远古时期的神农氏教人稼穑和盘古开天地，具有原始创业意义的神话色彩。自从2010年开始，我国官方文件将其合并使用，有的又称为"双创"。在本文，所谓创新创业，就是指大学生尤其是高职学生利用所学的最新专业知识和技能，充分发挥"90后"和"00后"综合素质，创办前所未有的新的业务品种和公司的这样一种学习和经营活动。

（二）创新创业的内涵

作为一种崭新的教学活动和经营活动，创新创业的内涵包括以下几个方面：

（1）就是在创新性专业教师的指导下，将高职院校教师的专利产品或者最新的知识组合，加以创造性地改造，制造出将要投入市场的产品，抑或是过渡产品，譬如人工智能机器人的部分芯片、皮肤、材质等。

（2）为了扩大就业，增强自身的增产能力，结合最新的通信手段和工艺，在体制外从事传统的业务，比如创办网约和扫码的租车公司；

（3）在传统产业和产品的基础上进行技术革新与工艺的改造，从而

201

提高工作效率和生产效率。这主要是在原有公司和机构的基础上，充分体现高职生动手能力强的特点，从而促进公司的业务增长和市场开拓。

（4）完全利用新的技术新的理念组建一个从未有过的公司，或者制造市场上没有的新产品，譬如，组建区块链职业技术学院，实现4D打印，进行5G手机软件的开发等。

（三）国家对大学生创新创业的政策支持

为支持大学生创新创业，国家相关部委出台了《教育部关于大力推进高等学校创新创业教育和大学生自主创业工作的意见》（教办〔2010〕3号）、《人力资源社会保障部等九部门关于实施大学生创业引领计划的通知》（人社部发〔2014〕38号）、《关于进一步支持和促进重点群体创业就业有关税收政策的通知》（财税〔2019〕22号）等支持政策，涉及融资、开业、税收、创业培训、创业指导等诸多方面。

（1）大学毕业生在毕业后5年内自主创业，到创业实体所在地的工商部门办理营业执照，允许零资本办理营业执照。

（2）大学毕业生新办咨询业、信息业、技术服务业的企业或经营单位，经税务部门批准，免征企业所得税两年；新办从事交通运输、邮电通信的企业或经营单位，经税务部门批准，第一年免征企业所得税，第二年减半征收企业所得税；新办从事公用事业、商业、物资业、对外贸易业、旅游业、物流业、仓储业、居民服务业、饮食业、教育文化事业、卫生事业的企业或经营单位，经税务部门批准，免征企业所得税一年。

（3）各国有商业银行、股份制银行、城市商业银行和有条件的城市信用社要为自主创业的毕业生提供小额贷款，并简化程序，提供开户和结算便利，贷款额度在2万元左右。贷款期限最长为两年，到期确定需延长的，可申请延期一次。贷款利息按照中国人民银行公布的贷款利率确定，担保最高限额为担保基金的5倍，期限与贷款期限相同。

（4）政府人事行政部门所属的人才中介服务机构，免费为自主创业毕业生保管人事档案（包括代办社保、职称、档案工资等有关手续）2年；提供免费查询人才、劳动力供求信息，免费发布招聘广告等服务；适当减免参加人才集市或人才劳务交流活动收费；优惠为创办企业的员工提供一次培训、测评服务。

（5）鼓励创业风险投资优先投资大学生创业，国家对投资大学生创业的天使投资将给更多税收优惠。国家财政资本参股的（譬如青年创业引领计划公益扶持基金、中小微企业扶持基金等）在选择投资对象时，应该把对大学生创业的投资放在首位。

三 任务实施

学生可以根据自身专业特点和兴趣特长，以团队方式参与学校组织的各类创新创业活动和比赛，包括教育部主办的"互联网+"大学生创新创业大赛、科技部主办的中国创新创业大赛、人社部主办的"中国创翼"创新创业大赛、团中央主办的"创青春"青年创新创业大赛、湖南省教育厅主办的黄炎培职业教育奖创业规划大赛等。

四 任务评价

学生劳动实践项目任务评价表

姓名：	性别：	班级：	学院：

劳动实践项目名称：			
评价维度	评价内容	配分	评分
项目质量	A.项目的创新性、推广性	8分	
	B.项目的可操作性	8分	
	C.项目的可持续性	8分	
	D.项目同专业结合的联系性	6分	
项目执行过程	A.职业劳动作风（吃苦耐劳、开拓进取精神）	8分	
	B.团结协作能力	8分	
	C.分析解决问题的能力	8分	
	D.组织执行能力	6分	
项目执行效果	A.社会效益	8分	
	B.经济效益	8分	
	C.获奖情况	8分	
	D.成果经验借鉴	6分	
自我评价		10分	
教师评价		总分	

说明：评价等级分为优秀、良好、合格、不合格，大于等于90分为优秀等级，大于等于75分小于90分为良好等级，大于等于60分小于75分为合格等级，小于60分为不合格等级。

附 录 　劳动实践项目

项目三　服务性劳动

任务一　开展志愿服务

一　任务目标

1. 培养学生奉献意识、责任意识、担当意识。
2. 培养学生组织协调能力、沟通表达能力、团结协作能力。

二　知识准备

（一）志愿服务的概念

志愿服务是指在不求回报的情况下，为改善社会，促进社会进步而自愿付出个人的时间及精力所做出的服务工作。

（二）志愿服务的范围

志愿服务的范围主要包括扶贫开发、社区建设、环境保护、大型赛会、应急救助、海外服务等。

（三）志愿服务的功能

志愿服务的功能包括社会动员、社会保障、社会整合。社会教化、促进社会和谐、促进社会进步。

（四）志愿服务精神的内涵

志愿服务的精神概括起来为奉献、友爱、互助、进步。奉献、友爱、互助、进步的志愿精神与中国传统文化一脉相承，与社会主义核心价值观相契合。

1. 奉献

"奉献"是志愿者以无偿奉献独特方式，推动人类文明发展。奉献精神是高尚的，是志愿服务精神的精髓。志愿者在不计报酬、不求名利、不要特权的情况下参与推动人类发展、促进社会进步的活动，这些都体现着高尚的奉献精神。

2. 友爱

"友爱"是志愿者跨越人类一切障碍与差异，传递关爱，使社会充满温暖。志愿服务精神提倡志愿者欣赏他人、与人为善、有爱无碍、平等尊重，这便是友爱精神。志愿者之爱跨越了国界、职业和贫富差距，没有文化差异，没有种族之分，没有收入高低，是一种平等之爱，它让社会充满了阳光般的温暖。如医者仁心，他们不分种族、政治及宗教信仰，为受天灾、人祸及战火影响的受害者提供人道援助，他们奉献的是超国界之爱。

3. 互助

"互助"是志愿者以爱心、所长助人自助，促进社会和谐。志愿服务包含着深刻的互助精神，它提倡"互相帮助、助人自助"。志愿者凭借自己的双手、头脑、知识、爱心开展各种志愿服务活动，帮助那些处于困难和危机中的人们。志愿服务者以"互助"精神唤醒了许多人内心的仁爱和慈善，使他们付出所余，持之以恒地真心奉献。"助人自助"帮助人们走出困境，自强自立，重返生活舞台。受助者获得生活的能力后，也会投入关心他人、帮助他人、为社会做贡献的志愿活动中，这些志愿活动都涵盖着深刻的"互助"精神。

4. 进步

进步精神是志愿服务精神的重要组成部分，志愿者通过参与志愿服务，使自己的能力得到提高，同时促进了社会的进步。在志愿活动中无处不体现着"进步"的精神，正是这一精神使人们甘心付出，追求社会和谐之境的实现。

（五）志愿服务精神的原则

开展志愿服务应当遵循自愿、无偿、平等、诚信、合法的原则，不得违背社会公德、损害社会公共利益和他人合法权益，不得危害国家安全。

1. 自愿参加

自愿原则体现了两个方面的意思：一是任何组织和个人不得胁迫他人从事志愿服务；二是志愿者参加志愿活动具有自觉性，是主动的，而不是被动的，是自觉的，而不是被强迫的。只有"自愿"才能成为"志愿者",只有"自愿"才能发自内心地积极参加志愿活动,只有"自愿"才能调用志愿者的积极性和主动性。因此,自愿是开展志愿服务活动的前提。

2. 无偿帮助

无偿原则,指的是一切志愿活动都不得收取任何费用。志愿服务不应该被当成达到其他目的的手段。志愿者在提供志愿服务时应该始终坚持利他和公益的基本出发点。志愿者服务可以获得回报,但是不应该以获得回报为基本目的,即使完全没有回报,也应坚持志愿服务。因此,无偿是从志愿服务的动机而确定的志愿服务的基本原则之一。

3. 人人平等

在公益活动中,志愿者对救助对象应一视同仁。同时,志愿者和受助者之间也是互相帮助的平等精神,志愿者不应有"施与"和"救世主""赠与"的心理和态度。志愿者在活动中不能高高在上,要对受助者尊重和爱护,保护他们的隐私,尊重他们的人格,保障他们的权益不受侵犯。同时,被救助对象之间也是平等的。人与人之间,虽然有种族、信仰等的不同,但都是平等的,志愿者在活动中要树立人人平等的意识,不能厚此薄彼。

4. 讲求实效

讲求实效首先就是要办实事。志愿者行动的出发点和立足点,就是要上为政府分忧,下为群众解难,为社会、为群众办实事。其次是要在志愿服务中狠抓落实。面上的示范性的活动要搞,但工作重点是狠抓在基层的落实。志愿服务只有落实到基层,落实到具体人、具体事,真正成为基层广大志愿者的经常行为,才有生命力和发展前途。最后是求实效。求实效集中表现为在实践中使社会和群众体验并享受到志愿服务的成效。这三点缺一不可。

5. 合理合法

志愿服务要遵守我国的一切法律法规,上至宪法、民法、刑法、民事诉讼法,下至志愿服务条例、中国注册志愿者管理办法,皆需要遵守。而且,近年来志愿服务越来越规范化和制度化,青年学生在志愿服务的过程中,要严格按照流程操作,听从组织安排,且不可单独行动。

6. 量力而行

对青年学生来说,要进行志愿服务活动,还要注意量力而行。要根据公益组织自身的人力、物力和财力允许条件的程度来开展工作。志愿服务要从自身的实际出发,从社会需求的实际出发,将主观愿望和客观实际结合起来,将社会需求和服务能力结合起来,实事求是。对于自己能力有限无法承担的工作,要主动提出,不可强行接受。

社会需要关注需要帮扶的人很多,需要努力的方面也有很多,但是作为青年学生力量有限、能力有限,我们不可能满足所有的社会需求。我们要做的便是知道自己能做什么,既不能无所作为,也不能大包大揽。

三、任务实施

学生主动参加学校或社会公益机构组织的各类志愿服务活动,包括爱心支教、技能服务、卫生清扫、文明劝导、关爱空巢老人、帮扶留守儿童、绿色植树等主题活动,提供活动计划准备、活动执行过程、活动效果总结等佐证材料。

四、任务评价

学生劳动实践项目任务评价表

姓名:		性别:		班级:		学院:	
劳动实践项目名称:							
评价维度		评价内容		配分		评分	
劳动能力		A. 组织执行能力		8分			
		B. 沟通表达能力		8分			
		C. 团结协作能力		8分			
		D. 问题解决能力		6分			
劳动过程		A. 项目的可持续性		8分			
		B. 劳动态度		8分			
		C. 劳动内容、形式的创新性		8分			
		D. 劳动过程的完整性		6分			
劳动效果		A. 社会影响力		8分			
		B. 服务对象认可度		8分			
		C. 学校、教师、学生评价		8分			
		D. 成果经验借鉴		6分			
自我评价				10分			
教师评价				总分			

说明:评价等级分为优秀、良好、合格、不合格,大于等于90分为优秀等级,大于等于75分小于90分为良好等级,大于等于60分小于75分为合格等级,小于60分为不合格等级。

读书笔记

参考文献

[1] 王琳，等.劳动教育与职业素养［M］.北京：外语教学与研究出版社，2019.

[2] 刘向兵，等.新时代高校劳动教育论纲［M］.北京：社会科学文献出版社，2019.

[3] 张建.顶岗实习指南［M］.2版.北京：中国人民大学出版社，2019.

[4] 吴顺.工匠精神传承与创新［M］.北京：中共党史出版社，2018.

[5] 黄震.工匠精神［M］.北京：北京工业大学出版社，2017.

[6] 向德荣.劳模精神职工读本［M］.北京：中国工人出版社，2016.